要不要生小孩

Jordan Davidson
喬丹・戴維森——著

倪志昇——譯

The Definitive Guide for Those Who Aren't Sure If, When, or How They Want to Become Parents

獻給 Zack

關於本書用語

本書將盡可能使用性別包容的語言，以及最能代表本書中涉及的人物身份的首選術語。在育兒領域中，遠離性別化的育兒語言對於為所有人創造公平非常重要。性別差異只會促進有關育兒的陳舊觀念，失衡對待不同的照顧行為和照顧者。不幸的是，由於調查、研究和其他形式的數據收集往往依賴於性別二元論，因此無法完全避免使用性別化的語言，若將所有內容都變成性別中立，將會改變引文或研究結果的意義。因此，有些語言保留原始形式。

目錄

第三部 如何懷孕？

引言

在人生的某些時刻，你或許曾經思考過是否想要小孩。在你的內心深處，你可能已為孩子選了個你喜歡的名字，或者想像小孩的眼睛可能長得像你，鼻子像另一半。或著剛好相反：你喜歡別人的小孩，卻無法想像自己有小孩。你可能會想，當我的房間角落堆滿了發臭的髒衣服時，我怎麼能生小孩呢？或是你可能在想，學生貸款都還沒還清，怎麼負擔得起育兒費用？你的生理時鐘是否真的就像臉書上不斷彈出的凍卵廣告所說的那樣，正在倒數呢？

事實上，你有比你想像的還要多的時間，去組成一個家庭。至於確切還有多少時間，則取決於許多因素。當然，首要條件是具備生育能力。即便不孕，還是有其他方法。除了治療不孕，也可以收養或代養別人的孩子，如此便能排除生理上的限制。

即便不是最重要的決定，成為父母仍是人生中的重大決定之一。儘管生小孩後必須承擔起龐大的責任，但是針對這個主題所能找到的指南，多半是該如何懷孕，或者有了小孩後該如何養育。然而，對於那些不確定是否、何時該成為父母，或不了解為何想要成父母的人而言，能夠得到的資訊則相當有限。

想一想，你曾經做過哪些改變你生活軌跡的決定。如果你想上大學，或許會研究一下不同的學校，查看獎學金，算一算要花多久時間才能償還學貸。當你開始找工作時，你或許會先研究一下公司，看看公司提供的福利。又或者當你買了一間房（恭喜你！），在你決定買哪一間房和貸款之前，也可能做了很多的研究。

大多數的人都不主動計畫何時成為父母，因為我們都認為這一天總會到來。求學、工作、結婚、買房，再來就是生小孩。有時候這個順序或許會些許改變，但我們總認為生活大致上就是這個樣子。

在從前，決定生小孩並不像現在一樣困難，因為那是一種使命，當你和異性伴侶成家後便開始生兒育女。隨著社會觀念的進步，成為父母這件事變得非常不一樣。女性再也不必須是「家庭主婦」了。現今，初為人母的平均年齡是二十六．三歲，比一九七〇年代時年長五歲。[1] 擁有大學學歷的女性初為人母的平均年齡更高達三十．三歲。[2]

當然，不只有順性別的男性和女性想生小孩。同性伴侶、單身者，還有跨性別人士也能透過生殖技術的輔助獲得親生子女，或藉由捐贈受孕和代理孕母的方式獲得小孩。同性婚姻現今已是美國聯邦政府的保障權利，酷兒伴侶在五十個州內皆能合法收養小孩。

有了這麼多選擇，你該如何選擇並安排時間表，才不會讓你驚慌失措呢？我們會努力在這本書裡找到答案，我的意思確實是指「我們」：你是讀這本書的人，而我是寫這本書的人。

我一直都知道自己想要小孩，但想要小孩並不等於已經準備好擁有孩子。我在二十四歲時被診斷出卵巢儲備功能下降。我的醫生告訴我，如果想要生小孩，現在就該生了。彷彿生小孩很容易。沒錯，在世俗觀點的假設下，我的年紀更大、事業有成，而且有自己的房子，我應該準備好了。然而現實是，二十四歲的我住在沒有電梯的五樓房子，身上背了好幾萬的學貸，生小孩讓我覺得不太負責任。

被診斷不孕之後，憂鬱情緒鋪天蓋地而來，渴望懷孕的念頭將我吞噬。絕望之中，我嘗試戒掉含有麩質、糖、酒精和咖啡因的食品，我甚至考慮報名臨床試驗，將卵巢切丁浸泡在培養液裡，然後再植回體內，希望這樣可以製造出更多卵子。我想要、我必須知道我的身體可以這麼做，就算因此失去生命，也在所不惜。

幸運的是，我意識到自己有了賠上身體冒死生孩子的想法，意味著我的狀況並不理想。我開始看心理醫師，正巧她也是在不得已的情況下沒有小孩。由於時間寶貴，我也安排讓生育專家看診。當我告訴他，自己還沒準備好生孩子也負擔不起凍卵費用，但仍想要有其他選擇時，他建議我開始進行不設防的性行為，因為「你永遠都不會知道奇蹟何時發生」。

消極的醫療建議著實令我感到失望，因此我找了第二位專家，他的專長是幫助年輕癌症病患維護生育力。我不太記得看診的內容，但當我聽見他對著已經和我在一起兩年的伴侶說：「能和她這種人在一起，你真是個好男人」時，我的腦袋已無法繼續進行之後的對話。

在那個時候，現代醫學對我而言看似死路一條。把我本來就沒有的錢，投注在凍卵這件事情上似乎並不值得，因為沒人能保證一定會成功。此外，我也還沒準備好懷孕。因此，我決定暫時不再去看醫生，先存一些錢，當我準備好做試管受精時，才有辦法負擔。

停止就診期間，我的焦慮並沒有消失。我知道自己必須安排好時間表。我的卵巢情況很糟，可能是因為我在十幾歲時動過五次子宮內膜異位症的手術，但在那之後我每個月還是有月經和排卵（這是個好現象）。你怎麼知道自己何時準備好生小孩呢？我問了每一個能問的人，包含朋友、家人，甚至是酒吧裡的陌生人，但只得到一堆的「我不知道」。

儘管感到孤獨，但我越深入挖掘，就越意識到我的擔憂相當常見。還有許多二、三十歲的人，有些有生育問題，有些沒有，都在思索各種與現代育兒相關的問題，諸如：打零工如何負擔的起生小孩？或是，在全球暖化的時代，生小孩真的有意義嗎？我因為受夠了找不到這些問題的答案，便開始自己做起研究。而這些研究最終讓我找回足夠的自信，開始接受不孕的治療。

我希望這本書也能為你帶來類似的效果。這是你的書。你可以在書裡寫字、畫重點，或在書頁上折角以便日後重讀。你也可以拍下章節中一頁，當你媽開始聊到想抱孫子時，就把那張照片寄給她，藉此處理別人對你的期望。如果你覺得家庭計畫的想法對你來說負擔太重，你也可以對著這本書吼叫，我不會因此感到被冒犯。

本書共分成四大部分，幫助你決定是否、何時、如何成為父母。我建議你一頁一頁的讀這本書（噢，我這麼說並不是因為這本書是我寫的）。之所以建議你該讀完整本書的部分原因是，這本書的內容廣泛、應有盡有。本書並未替性小眾者（LGBTQIA+）開闢專區，因為整本書都會談到酷兒經驗，所以沒必要將其侷限在特定章節裡。如果你對收養感興趣，或許可以將閱讀重點放在關於收養的章節，然而收養的議題也經常出現在書中其他不同的情境裡，如果你不閱讀整本書，就可能錯過一些內容。此外，還有一個你必須讀完這一整本書的理由：你可能會受到一些鼓舞而做出改變。我自己就是如此。

許多人為了成為父母而尋求不同的管道，他們的故事使我明白，組成家庭的方法有很多種。我已經不想為懷孕賭上性命，因為我必須活著才能成為人母。我想看著我的孩子成長，告訴他們這個世界多麼美麗（即使有時候很難找到）。我想幫助他們在學校作業繳交期限的前一晚完成功課，因為我們家的人都有拖延的習慣，該死的基因！

學習各種成為父母的方式，或許也能帶給你不同的感受。或者，你可能在讀完這本書之後，確定自己並不適合成為父母。這樣也很好。你可以探索各種選擇，並找出適合你的決策與時間表。我無法告訴你該怎麼做比較好，但能提供你一些研究、專家意見，以及一些和你經驗類似的人生故事，讓你可以做出最適合自己的決定。如此一來，下次有人問你何時要生小孩時（儘管這並不關他們的事），你就會知道該怎麼回答了。

你想要小孩嗎？

01 伺機而動

亞曼達・史密斯（Amanda Smith）在三十歲時告訴自己和她的母親，三十五歲是個生小孩的絕佳時機。她有個計畫，在當時這個計畫近乎完美。為了避免在五年內懷孕，亞曼達在子宮裡置入避孕器（IUD），等她計畫的時間到了之後再取出，接著她就能按照計畫開始談戀愛、生小孩。倘若到時候她沒有伴侶，她也要自己生小孩。但她深信到時候一定可以遇到某個人，一同組成家庭。

對三十歲的亞曼達來說，三十五歲可能是那個「這些事情都會成真」的年紀，但如今三十六歲卻還單身的亞曼達可能不同意這一點。「我很憤怒。」她說。「現在的生活並不符合我的期望，這一點都不公平，真的很糟糕。我看著身邊的朋友都有了孩子，而我現在的生活狀況也讓獨自生育孩子變得很困難。」

亞曼達並不是唯一一個覺得自己還沒準備好成為父母的人。自一九九〇年以來，三十歲以上順性別女性的生產率逐漸攀升。現今，介於三十至三十四歲之間的產婦所生下的孩子，數量高於其他年齡層的產婦。三十五歲以上的生產率更高於青少年，這和幾十年前的情況有所不同。[1]

這麼多人在等待是有道理的。美國的學生透過聯邦助學金貸款的，每人平均負債三萬六千五百一十美元，私人借貸的，則每人平均負債五萬四千九百二十一美元，房價中位數為三十七萬四千九百美元，而一年的托兒費用超過一萬七千美元。[2]然而，等待「完美時機」似乎意味著能夠提升社會、財務和心情等方面準備充分的機率，但社會學家勞倫・潔德・馬丁（Lauren Jade Martin）博士認為，這些相對新興的社會壓力帶來的問題是，「生小孩之前必須考慮一些情況」的想法越來越強烈。因此，那些相對有特權的人在生育選擇上較為自由，比起其他人也更容易達到做好準備的標準。[3]

延遲生育的現象在高知識分子或中產階級等族群更為普遍。[4]研究認為這是因為不同社經地位的族群，對於生育小孩抱持不同的看法。年輕的中產階級和高知識分子傾向規避風險，而社經地位較低的族群則視生育小孩為一種尋求生命意義的方式，因此限縮了他們向上流動的機會。[5]

設想好各種條件看似萬無一失，能讓自己做好準備成為父母。但事實上，達到自己所設定的目標，並不保證你會覺得自己已經為生育小孩做好準備。馬丁博士針對七十二位膝下無子的美國女性進行研究，她們的年齡分布在二十五歲到四十歲之間。馬丁根據她們的生育意願將其分為三類：延遲生育者，想要生育小孩的人；談論生育者，生不生小孩都行的人；拒絕生育者，不想要生育小孩的人。四年後，當她再次面談這些人時，只有部分的延遲生育者和談論生育者生下小孩，屬於拒絕生育者的族群中，沒有一個人生下孩子。有些人在完成目標後，最終生下小孩。其他人即便已滿足先前設下的條件，依然膝下無子。那些仍然覺得不適合生小孩的人，則是一直改變他們的目標。因此馬丁相信，這些決定之後再成為父母的人，較多是因個人選擇，而非受到外在因素的影響。[6]

這並不意味著推遲生小孩的時間是一件不好的事。研究發現，等待生小孩也是有它的益處。年紀較長的父母隨著孩子的出生，更能體驗到生活滿足感的增加。[7] 推遲生育小孩的人，則更能感覺到自己對生活的掌握，因此比起那些在二十三歲以前就生下小孩的人承受更少壓力。然而，對於順性別的男性來說，推遲成為人父的時間越久好處似乎越多，而順性別的女性在三十歲之後則漸漸轉為不利。[8]

亞曼達並未在此刻做決定，她採取的是保險的策略：凍卵。這不是個容易的選擇。作為一位住在洛杉磯的作家，亞曼達對於花費一萬美元凍卵感到猶豫，因為當時她甚至不確定自己是否想要生育孩子。然而，最後她還是認為這筆花費相當值得，因為可以為她排除選擇所帶來的負擔。她不想在五年後回頭懊悔自己沒有採取行動，所以她為自己爭取了更多時間。

「我可能會在四十歲時重新評估，」她說。「我不認為自己四十歲之後還會想生育小孩，我無法想像自己在四十五歲時，還有足夠的精力生育小孩。我深信自己到了四十歲時，將會再次改變心意，而凍卵可以減輕我需要做出決定的壓力。」

做決定是相當困難的一件事。那不僅僅關乎財務或社會壓力，而是一連串因人而異且隨著時間改變的因素。如果你想理解自己的感受，那麼可以看看外面的世界，看看整個社會和我們的成長背景如何形塑我們對於成為父母的理解。接著，再看看自己的內心，看看自己想從生活中得到什麼，成為父母的好處和壓力是否符合這些目標。我們將在接下來的章節中討論這些問題。

我一直想當媽媽，但我不確定這算不算是一種「決定」。對我來說，這就是一件該做的事：上大學、找工作、結婚、生小孩。我不認為自己還想過其他選擇。我在二十九歲時結婚，接著便積極嘗試生小孩，我並沒有避孕，心想懷孕應該很容易。幾個月之後，我開始留意自己的排卵周期和子宮頸黏液這類的事。我們試了一年，因為所有醫生都告訴我們至少必須自己嘗試一年，之後才能開始和生育專家約診。我們所有的檢查報告都沒問題，他們將此稱為一種無法解釋的不孕症。試了三次的人工受孕後，我終於懷孕了。我在三十二歲時生下兒子。

大部分的時候，我並不享受當一個媽媽，別人對此感到訝異，因為在這之前我是那麼想成為一位母親。我希望我當初能更加了解，成為母親需要自我犧牲的程度。我希望能回到二十五歲時的自己身邊，告訴她享受當時的生活，好好思考成為母親後將會有那些變化，並和她分享此時的我所知道的一切資訊，以便她能夠決定是否或何時真的準備好當一個媽媽。或許，我還是會做出同樣的選擇，但我真心希望當時自己已經對此有所了解。

我是主要的照顧者。我想這是因為我們兩人過著南轅北轍的生活。他有一份全職工作，而我則是兼職工作。因此，我必須打理房子、照顧小孩、照料他們的需求、掌握他們的行程、閱讀育兒書籍，並研究如何養育不同階段的小孩，還有一堆數不清的事要做。我扛著沉重的心理負擔，然而這些負擔對他而言似乎並不存在。我們試著改善分工家務，但這只能處理表面的問題。我常常感到孤獨，覺得我們的價值觀不再一致，而這都是我在生小孩之前未曾想過的。我們正在進行婚姻諮商，但此時我寧可快樂地分開，也不願得過且過。

凱瑟琳（Kathleen）

三十七歲、加州、女性、會計、順性別、異性戀、已婚

人們為什麼生小孩？

倫理學家克莉絲汀（Christine）總述：「很諷刺的，在當代西方文化中，人們需要一些理由來拒絕生育孩子，而生育孩子卻不需要任何理由……沒有人會問一個剛懷孕的女性或自豪的新生兒父親說：『你為什麼要生小孩？你的理由是什麼？』」[9]

皮尤研究中心（Pew Research Center）的調查顯示，當他們被問到為什麼要生小孩時，百分之八十七的父母都會回答：「生育小孩帶來喜悅」。然而，其中近半數的父母也說：「沒有什麼理由，自然而然就發生了。」[10]這些幾近矛盾的答案顯示出，社會如何形塑我們對於成為父母這件事情的認知，並且過去我們在做決定時顯然考慮不周。

決定成為父母是一件複雜的事，因此有些人寧可不做決定，順其自然。然而，每年有將近一半的美國新生兒，在產婦非自願和缺乏計畫的情況下誕生。[11] 小孩提供了研究人員所謂的「減少不確定性」。[12] 人類天生傾向於減少不確定因素，通常透過以下兩種做法實現：我們蒐集資訊以便做出風險最低的決策，或者我們在可預測的、設定好的途徑中採取行動。這本書屬於第一種行動策略，你正在了解是否成為父母、有哪些職責和選擇，藉此做出最合適自己的決定，降低未來可能後悔的風險。在不做任何研究的情況下決定生小孩，是降低不確定因素的第二種形式。小孩將迫使我們走上一條固定的道路上，因為他們將帶來長期的責任。當你有小孩後，你可能必須照顧他們至少十八年。所以，你或許不知道自己未來的樣貌，但至少知道養育小孩會是你生活中的一部分。

對未來感到不安是一股很強大的力量。當我詢問那些**幾乎**篤定不生小孩的人猶豫的點在哪，絕大多數的答案都是他們擔心年紀漸長後沒人照顧。當然，有小孩並不保證當你年老後他們必然會照顧你，然而，比起老了之後孤身一人或住在養老院裡，有家人陪伴你邁入老年的想法，能讓你減輕一些焦慮。

然而，研究顯示，多數父母更傾向援助已成年子女，而非接受他們的援助。[13] 聽起來有點哀傷，但確實無法保證你的孩子將來必定會照顧你。你可能與孩子的關係疏遠、他們可能比你先離世，或者可能因無法照顧你而把你送到療養院。如果臨終照護是你想成為父母的唯一理由，那麼更好的做法是，把需要花費在孩子身上的數十萬美元存放在退休基金裡。一般中產家庭每年在養育小孩上平均花費一萬六千美元。[14] 如果把這些錢以每年百分之四的報酬率進行投資，除了這十八年來可存下將近三十萬美元之外，你還能額外獲利十二萬美元。雖然這些錢不夠退休後的生活，但你還是能比原先多得到四十萬美元。

孩子能在我們年老時照顧我們的觀念已經過時。成年子女和父母的生活關係緊密相連的結果是，成年子女的生活問題會為父母的身心健康帶來負面的影響。因為我們告訴父母們某些養育小孩的方式，能培養出成功的孩子，所以當成年子女在社會標準下被判定「失敗」時，父母會將其內化為自己的失敗。[15] 所以，如果你只是樂觀地認為自己之後的生活會更好而想要生小孩，那麼必須先認清事實並非總是如此。

年輕人漸增的經濟焦慮也會影響到父母。那些認為自己的成年子女需要比別人得到更多援助的父母，在生活滿意度方面也較為低落。[16] 現今的父母需花費更長的時間養育子女，並為子女提供更多的經濟援助。[17] 父母投注在已成年子女身上的花費，大約是養育兒女至十八歲所需費用的三分之一。[18] 所以，倘若從上面的例子來看，從出生到十八歲的育兒費是三十萬美元，孩子成年後則需再付出十萬美元來支持他們。

我還沒有決定是否要生小孩。我不確定是自己想要小孩，還是只是想要順應社會期望而生小孩，特別是來自我母親的期望。她寄給我一些關於寶寶的照片，並告訴我她有多麼期待孫子出生。我感覺到如果自己不生小孩，她會很失望。我很努力想區分出她想要的和我真正想要的。我很害怕告訴她其實我不想生孩子。我想要隨心所欲地去旅行，不希望我的生活因此中斷。去年我養了一隻狗，這讓我調適的很辛苦。即便天氣很冷或下著雨，只要牠想出去，我就必須帶牠出去。我因這隻狗介入我的生活而感到十分沮喪。我的天啊，如果我是這麼看待這隻狗，那麼我又會如何看待小孩呢？

那些讓我想要生小孩的理由似乎都錯得離譜：我希望我老的時候有人照顧我、我想要讓媽媽開心、那是我應該做的事。小孩很可愛，也很可怕。或許我心中早有定見，或許我還沒到能夠真誠面對自己的時候，還無法真的接受自己不想要小孩。

梅根（Megan）

二十九歲、威斯康辛、女性、律師、白人、順性別、泛性戀、單身儘管某些人默許以不安全性行為來決定自己是否成為父母，但並非每個人都可以或希望接受這種生物性的選擇。研究員茱莉亞．摩爾（Julia Moore）博士認為，生育小孩的路徑並非總是線性的，而是常常會遇到轉折或改變。我們的態度會隨著時間而改變，改變也取決於我們身處的環境和境遇。

茱莉亞面談了三十二位成為母親後，卻表示不想要小孩的女性，部分的研究結果發表在《婚姻與家庭》（*Journal of Marriage and Family*）這本期刊中。這份研究顯示，在這些改變父母身分態度的人背後有三種機制：意外懷孕、意圖不明、蓄意決策。[19]這些意外懷孕的人懷上小孩時皆尚未結婚，她們大多數人正在使用避孕藥，卻意外的失敗了。部分人則因為曾被診斷無法受孕而沒有使用保護措施，或是過去從未因為沒有避孕而懷孕。對於這些女性而言，懷孕並不是證明了她們瞞騙自己或別人她們想生小孩這件事。當她們發現自己懷孕時，內心沒有一絲喜悅或安慰。相反的，她們大多感到憤怒或認為自己的人生要毀了，甚至想要墮胎，只是最終沒有這麼做。

從不想生小孩轉變為不確定是否生小孩的第二類人，通常是在擁有固定伴侶之後，他們的伴侶很渴望有孩子。因此，這一類人中有許多女性停止避孕措施，選擇藉由順其自然來為她們心中的猶豫做決定。儘管這類人在往後的日子裡也獲得為人父母的喜悅，但多數人當初對於懷孕的結果漠不關心，部分的人甚至考慮將小孩拿掉，只是最後決定不這麼做。

研究中，最後一類女性的轉變是，從決定不生小孩轉變為要生小孩。成功懷孕的人談到，儘管已達到當初設定的目標，但她們仍然感到空虛。此外，伴侶之間的交流及家庭成員的離世，都是激發這種改變背後的動力。

對於酷兒而言，決定生孩子這件事需要更多的動機。研究認為，男同志和女同志渴望成為父母的比率低於他們的異性戀同儕，原因正是異性戀霸權主導了理想父母的型態（孩子需要一位母親和一位父親的想法），以及自我汙名化和一些阻礙，例如生育治療、墮胎和代孕方面遭遇到的歧視。[20]

然而，這種情況受到婚姻平權的影響而起了一些變化，酷兒族群逐漸被社會接受，成為父母的管道也日漸增加。如今，越來越多的酷兒子女（酷兒的小孩）出生於已公開出櫃的父母親；相比之下，從前酷兒往往被認為膝下無子，且大部分的酷兒父母是沒有公開出櫃的。儘管酷兒成為父母的阻礙已減少，但對於大部分被歧視的有色人種的酷兒族群來說，成為父母的平等權依舊受到侷限，並且大部分的酷兒家庭都無法負擔昂貴的生育服務和收養所需的費用。[21]

對於跨性別者來說，成為父母的道路更是坎坷。大約有百分之二十五至百分之五十的跨性別者已成為父母，而大部分的跨性別父母在公開出櫃之前，就已經有了孩子。[22] 已出櫃但尚未成為父母的跨性別族群中，跨性別女性更傾向收養小孩，其中有一半的跨性別男性則表達他們願意懷孕。[23]

雖然跨性別與非二元性別族群傾向和他們的順性別同儕一樣，擁有育兒的渴望，卻很少有人在使用賀爾蒙和進行性別確認醫護手術之前，保存自己的生育能力。性別確認醫護已相當昂貴且耗時，因此對於跨性別和非二元性別族群而言，很難再負擔保存生育能力所需的費用，也不太想為此延後轉性的時間。[24] 此外，儘管已保存生育力的跨性別族群，都相當肯定自己的決定，凍精或凍卵仍會增加他們對於自己性別的焦慮，更不用說懷有身孕的跨性別男性（又稱為海馬爸爸）所感到的性別焦慮。「海馬爸爸」一詞源於海洋生物海馬，牠們是唯一從懷孕到生產皆由男性負責的生物。

我在二十三歲時有了第一個孩子，因為我讓交往一個月的女友懷孕了，而我的生長背景使我對於任何墮胎方式都感到相當罪惡。家人希望我「做對的事」的信念，讓我飽受壓力。我曾試著搞清楚自己的性向並入伍從軍。

我們在孩子出生後的一年半結了婚，接著我們又接連生了兩個小孩，再來就離婚了。我很開心成為父母，但我和孩子在一起的時間並不多。他們住在西岸，而我在東岸。和他們度過的每一秒鐘，即便只是視訊通話，對我而言都非常珍貴。

我愛我的孩子，但如果能重新選擇，我不會選擇生下他們。這背後有許多因素，但主要是我一開始就不是真的想要小孩，何況是三個小孩。我比較希望自己的角色是個阿姨，時不時帶著禮物去探望孩子們，讓他們既興奮又新奇，但我從來沒有真的想讓自己成為父母。

馬蒂達（Matilda）

三十四歲、女性／跨性、白人、性別酷兒、酷兒、離婚異性戀和酷兒出於相同的原因想要小孩，人們常見的主要理由是情感上的滿足、取悅伴侶、滿足生理上的欲望，以及延續他們的家族。儘管對於一些人而言，與孩子之間的血緣關係相當重要，但對於酷兒、非二元性別和跨性別族群來說，這點似乎不太重要。研究人員修正了一項源自一九七〇年代的理論，使其較符合現代社會，藉此檢視人們為什麼決定要生小孩。[25]人們之所以決定生育小孩，是因為他們認為有小孩可以得到：[26]

- 成人地位與社會認同
- 自我延續、存在的連結、生生不息
- 道德：宗教、利他主義、群體利益；關於性行為、衝動行為和美德的規範
- 心理上的益處：與小孩互動時激發的情感
- 獲得激勵、新奇與樂趣
- 獲得成就、能力與創造力
- 獲得力量與影響力
- 社會比較與競爭
- 經濟效用：財務分配、家務分擔及老年保障

不生小孩的人心裡想的是，無償照顧小孩，且付出勞力卻得不到正面評價（雖然說實際上這些事比較可能發生在有小孩的人身上）。對二十二歲的伊恩（Ian）而言，生育小孩與延續家族姓氏緊緊相連。他表示：「每個人都會死去，而後代子孫就像是『我們還在這裡的標誌。』我了解小孩可能很惱人，有時候很難應付，但是終究會得到回報。我很喜歡和我的表弟妹們互動，我認為小孩很有趣。」

正如人們想生小孩的原因有很多種，也有許多原因使人們不願生育小孩。其中包含父母的負面典範（例如，你的父母親很糟糕）、對小孩抱持負面觀感、擔憂人口的成長、個性、偏好以成人為導向的生活方式、缺乏照顧小孩的技巧、追求事業目標、工作壓力大，以及優先考慮伴侶關係、健康和教育。[27]

研究人員研究人們的生育意願時，通常會利用一種稱為「計畫行為理論」的研究架構。基本上，生小孩這個決定取決於你是否認為生小孩有好處與生小孩所需的花費；再來就是社會壓力的影響，例如來自伴侶、家人、朋友和整個社會的壓力；以及你是否認為自己能夠勝任父母的角色。你的個性、價值觀、過去的行為、教育背景、年齡、性別、收入、宗教信仰、種族、文化、知識和媒體等，也是左右你做決定的因素。[28]

但這個理論架構並不完美。畢竟，倘若非自願懷孕的現象在美國占據了一大半，那麼科學家又要如何預測生育小孩的意圖呢？意圖無法完全呈現行為模式，因此批評該理論的觀點認為，生育小孩或許更像是一種無意識的行為。我們的大腦經由圖式理解資訊，圖式是思考或行為的模式，用以分類和處理這世上的事物。例如，某人邀請你去參加一場生日派對，他們毋須向你說明這場活動的細節，你還是可以了解生日派對的用意。你腦中的圖式使你能夠很快地處理這項訊息，並理解生日派對上可能會出現蛋糕，以及走音的生日歌唱。這些圖式和社會脈絡（不同的場合、規範和人們）相互匹對，進而影響我們的意圖和行為。有個例子可以說明這個過程，某人意外懷孕了，卻因家人反對而沒有墮胎。[29]

不論是否在計畫之中，成為父母與否取決於你如何看待這個世界，無論你的看法是有意識還是無意識的。這就是為什麼正反意見屢屢不足，它們並未全盤考量所有的因素，只將重點擺在自己看得見的正面意見和負面意見。做一個讓自己滿意的決定，不僅取決於深度的自我了解，更取決於形塑著你思想的社會規範與其他的外部因素，以及作為父母的意義。因此，讓我們深入的了解吧。

我二十七歲時懷上我的兒子，當時我已經結婚，也有服用避孕藥物。三年後，我離婚了，之後和小我十歲的男人成為固定伴侶，並在子宮內放置避孕器，但我又懷上了我的女兒。我並沒有計畫要生小孩，一點念頭也沒有。我在想，肯定有什麼原因，讓我用了兩種避孕方式都還懷孕，所以我就接受了。我從來不曾抱怨或後悔生下孩子，現在我的孩子都已經獨立了，我感到非常的孤單，非常想念當「媽媽」的角色。奇怪的是，經歷了這麼多之後，我還是想念養育小孩的過程。我總以為，孩子長大成人之後，我就能享受自由自在的中年生活，但事實並非如此。我的孩子們住在這個國家的另一端，而我卻希望他們都伴隨左右。

埃姆（M.）

五十一歲、加州、白人、身障、非二元性別、泛性別、離婚

02 育兒的欲望從哪裡來？

你或許曾聽說，有些人知道自己想要孩子，因為他們打從心裡就想這麼做。當你知道自己想要孩子時，做決定就變得容易許多。每個人都有想要生小孩的生理衝動，這樣的想法不禁讓那些見到嬰兒車卻不為所動的人開始懷疑自己，是否哪裡出了錯。打從心裡的預感指的是什麼？為什麼不是每個人都有這種直覺呢？

人類和其他生物一樣，被認為是一種「生存機器」。[1] 從演進的角度來看，我們的存在是為了將基因傳給下一代，但是我們的基因並不會明確地告訴我們要生育小孩。「人類不會擅自散播他們的基因；基因會自我散播，方式就是透過建造大腦。」心理學家史蒂芬．平克（Steven Pinker）在〈違反自然〉（Against Nature）一文中如此寫道：「經由讓我們享受生活、健康、性愛、朋友和子女，基因在下一代的身上賭上了再現的機會，然而我們會在有利的環境中演進，因為健康、長壽且有愛的父母普遍將更多的基因遺傳給後代。」[2]

行為遺傳學家相信，我們的基因已決定了我們的天性。換言之，我們的基因決定了我們的行為能力與行事風格。然而，這並不是一種生物上的宿命，而是這個複雜的過程在一開始就受到ＤＮＡ、我們生長背景和環境的影響。[3]語言就是一個好的例子。我們大多數人天生具備學習和理解語言的能力。如果我們在失去語言能力的情況下成長，那麼基於成長的環境，我們或許會學習其他的溝通方式。我們不可能一開始就具有語言能力，能神奇般地說出一種可辨識的語言。環境教導我們語言，我們的基因使我們具備學習語言的能力。

性慾是另一個可能使我們傾向生小孩的基因因素。雖然不是唯一的影響因素，但基因在我們的性慾上扮演了決定性的角色。在避孕方法問世之前，擁有越高漲的性慾，生育小孩的機會就更高。這並非意謂高漲的性慾使你更喜愛小孩，而是讓你更可能從事性行為，而在沒有保護措施的情況下，生小孩的機率就增加了。[4]

利他主義是第二個潛在的基因影響因素。人類和其他少子的哺乳類動物的生存方式，就是為自己的親屬帶來利益。繁殖數量龐大的物種則無需將時間和精力投注在自己的後代，因為他們沒必要這麼做，自然淘汰能確保最強壯者生存下來，他們的基因也會遺傳給下一代。然而，如果你一次只能生下一個孩子，他的生存便需仰賴長期的照顧。我們的祖先有能力也願意供給孩子們所需的密切照顧，這種基因的遺傳造就了我們支持下一代的天性。當然，這種照顧小孩的基因，並不表示你內心具備了其他人那種所謂生育小孩的欲望。這種天性的傳遞也取決於有利的生長環境，例如間接見證或親身經歷了良好且有益的親子互動關係。[5]

然而最重要的是，我們的大腦並沒有演化到能夠自然而然地處理我們在這個時代所面臨的所有選擇。「人類存在以來，百分之九十九的時間過著狩獵採集的游牧生活，我們的大腦更適應那個久遠的生活方式，而非嶄新的農業與工業文明。」平克如此寫道。「我們沒有必要為自己所做的所有事找出合適的解釋……在有效的避孕方法問世之前，我們很難推遲生小孩這件事，而身份地位和財富也可能帶來數量更多也更健康的小孩。」

我的生理時鐘讓我非常著迷於生育小孩這件事。我有很強烈的性慾，心裡總是想著要和另一半生小孩。儘管我們的事業都剛起步，也沒有足夠的時間，還是決定看看結婚之後「會發生什麼事」。不到三個月我們就懷了孩子，諷刺的是，大約在這個時候我開始重新思考著，嘿！或許沒有小孩的生活持續久一點也不錯。在我二十七歲的時候，我的孩子出生了。

我知道自己想要孩子，因為對我而言，傳承是一件很重要的事，而讓下一代具備推動改變的能力與權力，是最好的傳承。我一直以為自己不會只有一個小孩，但在勉強度過過去的五年後（我沒誇張），我無法再繼續下去了。我的身體狀況無法再次承受，為了心理健康，我也不想讓自己再受制於此。我無法再次暫停我的工作，老實說，那一次中斷預告了我在學術工作上的結束。我們無法再負擔另一個小孩的花費，也買不起更大的房子。而且這個地球已經人口過剩了，我們覺得生孩子似乎只是加劇了這個問題。

我並非真的樂於成為父母。那是個很困難且吃力不討好的工作，令我感到身心俱疲。話雖如此，我還是深愛著我的孩子。我很開心能夠認識他們，特別是他們現在已經獨立自主了。我會百分之百完全為他們盡最大的努力，盡我所能的照顧他們，持續為他們犧牲奉獻，讓他們可以平安地在充滿愛的家庭中長大，成為一個獨立且善良的大人。

萊絲莉（Leslie）

三十二歲、佛羅里達、女性／中性、企業培訓師、波多黎各人、雙性人、泛性別、已婚

若非本性，便是教養

我們做出育兒決定時，並不會想到我們最後是否真的有孩子。早在結婚或懷孕之前，我們便開始計畫成為父母。研究人員將這些關於父母職責的想法稱為「育兒的初蕾」。這些初蕾所反映的是我們被激發的育兒照顧機制，也反映出我們孩童時期所接受的照顧方式。

一般認為，生兒育女的動機可用約翰・鮑比（John Bowlby）和瑪莉・安斯沃斯（Mary Ainsworth）的依附理論來解釋。幼時被照顧的經驗影響了我們對各種事物的信念和期望，包括我們有多麼討人喜愛、人際關係的安全感，以及照顧他人的能力。雖然照顧別人是一種與生俱來的能力，但擁有該潛力並不代表每個人都已養成這種能力。基因確實起了一定的作用，但我們早期與父母和照顧者的關係，才是為我們成為照顧者的欲望與能力設下藍圖的關鍵。

孩子們主要的認同來自父母，父母的照顧行為將成為孩子性格的一部分。在情感維護下，依附的安全性持續提升，並使我們有能力照顧他人。漠不關心、缺乏信賴及否決的照顧關係將進一步動搖依附性，導致孩子害怕被拋棄，或對別人的依附感到不適。倘若想要進一步了解自己對於父母職責的想法，那麼不妨先檢視自己在成長過程中與父母親的關係。研究顯示，我們童年的依附風格將會延伸至長大成人，並影響未來的親子關係、人際關係和伴侶關係。[6]

下方的問卷調查包含了四種情況，心理學家藉此幫助成年人確定自己屬於哪一種依附型態。[7]請選出最接近你對於愛情關係的想法。（注意：親密關係與情感有關，而非性愛。）

1. 對我來說，與他人建立情感上的親密關係是很容易的。我喜歡依賴他人，也喜歡他們依賴我。我不擔心孤獨，也不擔心別人不接受我。
2. 與他人親近讓我感到不自在，我希望在情感上獲得親密的關係，但我發現自己很難完全相信或依賴別人，我擔心如果和別人變得太親密，自己會受到傷害。
3. 我希望能擁有非常緊密的感情關係，但我發現別人並不想要如我所願般的親近。沒有親密的關係讓我感到不自在，有時候我會擔心別人不像我珍惜他們那樣珍惜我。
4. 就算沒有親密的感情關係，我也感到很自在。我認為獨立和自給自足的感覺相當重要，所以我不依賴別人，也不讓別人依賴我。

如果你選擇的是第一項，那麼你屬於安全依附的類型。大致上，你不會擔心被拋棄，也能自在的與人發展親密關係。其他選項則代表不穩固的依附型態。如果你選擇第二項，代表你屬於恐懼迴避依附型，並且缺乏條理。雖然你想要發展親密關係，卻難以對他人敞開心扉拉近關係。選項三代表的是一種憂心忡忡、焦慮不安的依附型態，選擇這一項的人雖然想要與他人發展關係，卻非常害怕被拋棄。第四個選項則意味著你的依附型態使你不考慮或迴避與人發展關係，你並不想依賴別人，也不願別人依賴你，同時你也不擅長表達自己的情感。

童年時期依附關係穩固的人較具有成為父母的想法；反之，依附關係較不牢靠的人則較傾向不成為父母。不穩固的依附型態也導致我們相信自己無法成為好父母。

儘管早期我們與照顧者的關係確立了依附的型態，但是人生中的其他經驗，例如歧視和壓迫，也會導致依附型態的改變。例如，出櫃後的性小眾（LGBTQIA+）受到來自同儕和愛侶的負面反應時，可能採用迴避的世界觀來自我保護。[8]研究顯示，迴避式的依附型態可能是一種處理壓迫的方法，因為這讓人們在遭遇歧視時能夠對自己抱持正面的看法。[9]

大約百分之三十六的成年人所屬的依附型態是不穩固的。[10]所以，屬於這類依附型態的人也不用覺得很糟糕。依附型態具有可塑性。在社區資源、治療或伴侶的支持下，不穩固的依附型態也可能轉為穩固。然而，穩固的依附型態也可能崩塌，這通常會在失去父母或伴侶這類依附對象的情況下發生。我納入這份問卷調查表的目的，是要幫助你了解早期的生活經驗如何影響我們對於成為父母的想法，以利分析我們如何看待成為父母這件事。但是，不穩固的依附型態並不會毀了你或你的感情關係。

見證父母離婚也會影響我們對於生育小孩的想法。一份關於荷蘭成年人育兒意向的研究顯示，曾在童年時期經歷父母離婚的人，傾向生育少數的小孩或選擇不生育小孩。然而，這個負面的趨勢，對於那些長大成人後與父母維持正面關係的人來說影響較小。[11]

二十八歲的曼紐爾（Manuel）提到父母在他七歲時離婚，這是他不想生育小孩的部分原因。「身為一個破碎家庭的產物，我的童年經驗早已澈底扭曲了我對於育兒的想法」，曼紐爾如此說道。「在離婚的過程中，我的父親有很嚴重的酗酒問題，因此他和我的關係未曾好過。他對我媽和我有些言語和情感上的虐待，給我留下相當糟糕的印象。常常有人跟我說，我和父親分屬兩個極端，我將來一定會是個很棒的爸爸。我可以理解，也能夠理性看待，但是在我的內心深處和情感上卻很難克服。」即便他的成長過程讓他擔心自己是否會和父親一樣，曼紐爾最終還是決定生育小孩，因為這對他的妻子而言非常重要。

有關育兒初蕾的其他研究發現，屬於迴避型依附的年輕人對於生育小孩興致缺缺，認為照顧小孩並不會帶來多少滿足感。[12] 迴避與焦慮也使得年輕人更難想像自己與小孩的關係會是什麼樣子。許多人覺得自己可能會對孩子冷酷、嚴厲，或容易被孩子激怒。[13] 雖然酷兒族群更有可能屬於迴避型依附且較不渴望擁有孩子，但研究顯示，酷兒的迴避型依附並不會影響他們養育小孩的意願。當比較異性戀和酷兒族群的生育意願時，迴避型依附只會降低異性戀女性生育小孩的意願。14

我從來都沒想過要生小孩。小時候，我的父母常常吵架。我非常清楚地知道，要不是因為他們已經有了孩子，他們早就分開了。我很討厭女性在有了孩子之後，就失去了自己的身分。我花了三十三年成為現在的我，我並不想失去自己成就的一切，只為了成為「某某人的媽媽」。我認為生育孩子是一種使命感，是一件在內心深處早已確定的事情，而我未曾有過那種使命感。我患有子宮內膜異位症，最近接受子宮切除手術，所以對我而言這件事已經不會改變了。我丈夫從以前就對生育小孩感到猶豫，他現在也很支持我。

凱莉（Kelly）

三十三歲、伊利諾、女性、白人、順性別、異性戀、已婚

社會的角色

若只從先天或後天因素來討論生育意願，則忽略了許多影響我們生育意願的外部因素。一份關於英國女性沒有生育小孩的研究發現，社會規範是影響女性生育意願的主要原因。生育力因年齡而下降則不是決定女性生育意願的主要原因。[15]

人們選擇生育小孩的理由可分為有意識和無意識兩部分。社會壓力和「母親的義務」，也就是順性別女性有義務生小孩的觀念，往往導致一些人對生孩子產生莫名的嚮往，儘管這種想法令人費解。[16] 然而，這種鼓勵生育的社會力量，使得育兒成為一種「正常」的生活方式。鼓勵生育主義的基本態度是，如果你不想生育小孩，那麼你一定有什麼地方出了問題。

研究顯示，我們與生育主義的首次互動經驗來自於家庭。不論是否有意無意，父母會教導子女，成為父母是人生中的一個階段。尤其是母親往往會傳遞母性天職的重要性這類區分性別的概念給下一代。[17] 既然我們部分關於父母責任的觀念承自父母親，那麼便有必要探討社會影響力如何形塑他們與他們的父母親的觀念。

人類歷史上大部分的時間裡，生育小孩並不是個選擇。至於古代人是否知道體外射精法，就留待他日再討論。（希波克拉底〔Hippocrates〕認為小孩是由精液與經血混合而來的。）[18]隨著一九六〇和一九七〇年代避孕技術問世與墮胎合法化，是否生育小孩才真的成為一種選擇。

百年以來，長大成人大致被定義為離家、完成學業、進入職場，以及結婚生子。然而，不同世代的人完成這些目標的時間表都會改變。為了了解這個趨勢如何形成，讓我們回顧一百年前的情況，那個年代的小孩不像現在這樣受到百般呵護。一九〇〇年代初期，大部分的人在十幾歲時便離家工作，或是留在家裡幫忙務農。如同今日，大部分的年輕人期盼自己能夠經濟獨立，並足以建立自己的家庭。然而，一九二〇年末至一九三〇年初，經濟大蕭條使得追求經濟獨立的腳步大大放緩，不論是結婚或成為父母的時間也因此往後延遲了。[19]

一九〇〇至一九四〇年間，誰該生育小孩的想法反映了新興優生學的思潮。符合社會期許特質的白人女性不僅被鼓勵生育，也被期待擁有一個大家庭。有色女性以及被認為「智力低下」的女性則被勸阻生育，她們會被勸告少生一點小孩或進行結紮手術。許多州政府頒布法令，以疾病防治和社會「最大利益」為幌子，強制那些被認為不適合生育的人結紮。直到一九四七年，共有三十個州頒布節育法令，將近四萬四千人被迫結紮。[20]

當時，大部分鼓勵生育的說法皆立基在優生學的基礎上。女性媒體也認同生育是順性別女性的道德義務，於是將愛國主義和母性天職畫上等號。經由生育小孩，女性將人類的需求擺在自己的需求之上，這是一種為「品格培養」而做出的自我犧牲。拒絕生育小孩的女性則被認為是有缺陷的、長不大的、自私自利的、缺乏目標與自我放縱的。書籍和雜誌向被認為適合生育的女性強調家庭與責任的重要性。至於那些較不適合生育的女性，則被灌輸將來孩子可能殘疾或成為罪犯的觀念，使她們相信選擇結紮比起照顧那種孩子還要省錢。

抱持這些觀點的人並非少數，不論學界、大眾媒體，甚至是美國政壇中，都可見到優生學家的身影。美國總統羅斯福曾參與一九一二年在倫敦舉辦的第一屆國際優生學大會，他定期在女性雜誌上發表書信譴責節育和女性主義。一九〇五年時任總統的他在一封書信中寫道：

> 那些故意迴避婚姻、冷血無情、膚淺自私不願生子的男人或女人，實際上是違背族人的罪犯，應被所有健康的人唾棄。[21]

人們將大蕭條後逐漸下降的生育率，歸咎於那些他們認為無法生育的人身上，而不是歸咎於生育環境或個人選擇。被社會認為「適合」的人卻選擇不生育小孩，這樣的想法被視為是如此荒謬，以至於人們更容易相信那些人之所以沒有生育小孩，是因為他們生理上不能生。當第二次世界大戰於一九四五年結束時，優生學運動也失去了動能。當時，人們完成學校教育後就結婚生子，戰後經濟復甦引發了一波嬰兒潮，使得組建家庭成了成人的代名詞。

二十世紀中葉，核心家庭崛起成為主流：丈夫外出工作，妻子打理家務並照顧小孩。一九五〇年至一九七〇年間，大部分的女性約莫在二十一歲之前結婚，二十三歲之前至少會誕下一子。[22]一九六二年的一份調查發現，百分之八十五的媽媽相信生育小孩是已婚夫婦的責任。[23]這個時期也為女性在職場或高等教育上帶來新的機會，但是不論男性或女性都不需要接受大學教育。當時不論是哪一個社經階級都蓬勃發展，若想有個體面的生活，高中文憑便已足夠了。一九四九至一九七〇年間，較底層和中間階層的收入都成長了百分之一一〇以上，位處頂層的人的收入至少增加了百分之八十五。[24]七十年至五十年前，這二十年的戰後繁榮所創造出的成人典範，是現今的我們難以做到的。

鼓勵生育主義並非總是能輕易地被察覺。一九六〇年代，社會學家茱蒂斯・布雷克（Judith Blake）認為，鼓勵生育的意圖也暗藏在職場的性別差異之中。[25]女性因就業選擇上的限制，以及無法享有和男性同等的薪資，最終被迫走向婚姻和生育小孩。

儘管現在職場上的性別差異已不像一九六〇年代明顯，但女性仍然較不容易進入公司高層，且男性平均每賺一美元，女性只賺取八十二美分。[26]然而，對於絕大部分的家庭而言，夫婦中有一人離開職場照顧小孩已不再符合經濟效益。一九七〇年，將近一半擁有十八歲以下孩童的家庭，依然順應著一九五〇和六〇年代核心家庭「男主外女主內」的模範。然而到了二〇一六年，這個數字幾乎減少一半。只有百分之二十七的家庭是男主外女主內。夫婦組成的家庭中，約百分之四十六是父母兩人皆進入職場，比一九七〇年代多出百分之三十一。此外，更有高達百分之四十的美國家庭中，媽媽是主要養家餬口的人。[27] 諷刺的是，現今的職場已形成一股反對生育的力量。如果沒有帶薪產假、彈性工作地點和其他針對父母的獎勵措施，選擇生育小孩的結果就是你必須願意犧牲，犧牲穩定的經濟與未來的職涯。

導致核心家庭興起的繁榮時期於一九七〇年代告終。薪資停滯、通貨膨脹加劇及就業市場萎縮，尤其影響工人階級。隨著工業類型的工作減少，追求高等教育變成進入中產階級的敲門磚。新的經濟與就業挑戰，連同生育選擇意識的推廣，再一次改變了成為父母的時間表。

儘管許多媒體報導使得出生率下降看似為一個新的問題，事實上出生率早已衰退了數十年了。此一趨勢始於一九七〇年代，隨著美國食品藥物管制局（FDA）在一九六〇年允許使用口服避孕藥、最高法院於一九七三年將墮胎合法化之後，出生率便開始下降並不時破底。即便是一九七〇年代之前，出生率也有所波動。

一般出生率（1950－2020年）

每千名女性（15－44歲）該年的生育數

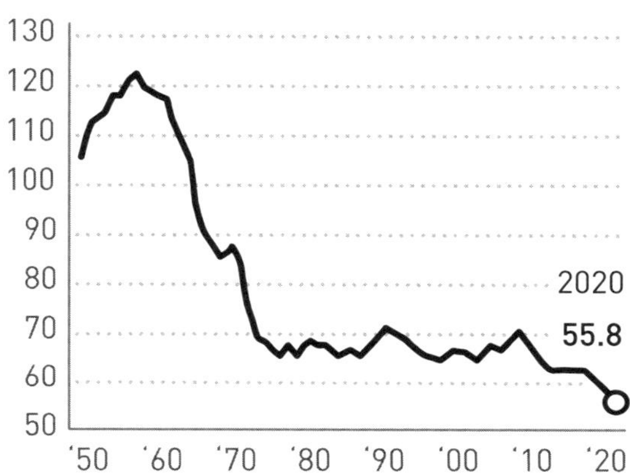

資料來自利文斯頓（Gretchen Livingston）〈美國的生育率總是低靡嗎？〉（Is U.S. Fertility at an All-Time Low？Two of Three Measures Point to Yes）一文。皮尤研究中心（網站資料），2019 年 5 月 22 日。

不出所料，人們在充滿危機的時代中並不想生育小孩，尤其是面臨財務危機的時候。大蕭條後十年間，出生率驟降百分之二十六，二〇〇八年經濟衰退之後又再次下降。新冠肺炎疫情期間，出生率也出現下降的情況。二〇二〇年，美國只有三百二十多萬新生兒，這個數字創下一九七九年以來最低點。然而二〇二〇年住在美國的總人口卻比一九七九年高出百分之四十七。[28]

研究人員在分析人口出生率時使用了三種估算方式：一般出生率，是指當年子女的出生數；完全生育率，是指一人一生中生育子女的總數；以及總和生育率，也就是每位婦女在育齡期間的平均生育子女數。社會一般預期每位育齡期間的婦女生育二．一個孩子，即所謂的人口替代率。其中的〇．一是用來替代那些成年前夭折的小孩。假設每個具生育力的人都能生下兩名子女，人口總數則大致持平。儘管出生率降低可能看起來是件好事，因為那代表人口成長得到控制，且降低自然資源的消耗，但是部分經濟學家卻抱持相反的看法。照顧老化人口的重擔通常會落在年輕人的肩膀上。由於上幾個世代的人口太過龐大，所以需要更多的經濟資源來照顧他們。然而隨著各個世代人口萎縮，年老世代消耗掉的資源遠遠勝過年輕世代所能貢獻的資源。

雖然出於經濟考量而生育看起來是個粗劣的資本主義問題，但背後「**當我老了之後誰能照顧我？**」的恐懼是真實存在的。現今，千禧世代的人比嬰兒潮世代的人還多。對於嬰兒潮世代的人而言這是一件好事，因為年輕人繳納給政府的老年人基金能夠照顧這些年長的人，但是對於年輕世代則未必是一件好事。這個社會是否能為老年人創造出更好的照顧體系呢？**我們會這麼做嗎？**這又是另一道完全不同的問題了。

年輕時，我想像自己會走上和母親相近的人生道路，就和我所認識的大部分年長女性一般：二十出頭就結婚，幾年後便有孩子圍繞身旁。我在二十五歲左右開始了解到，這樣的想像和我真正想要的生活不一樣。懷孕、生產或養育嬰兒並不吸引我，我完全不想這麼做。我母親和其他人都認為，當我遇見「對的人」時，我就會想要生孩子。雖然我不能預測未來，但我打從心裡不相信這種事會發生。

我選擇單身已有三年之久了。我確實也擔心自己會愛上某人，然後生小孩的議題又讓我們的關係破局。我不知道自己是否真的擔心會後悔，但是我的確有些疑惑，如果我老了之後，身邊沒有子孫陪伴，那麼我的人生會變成怎樣？由於身邊沒什麼同類的人，我對於晚年與走到生命盡頭的模樣缺乏可以參考的對象，因此內心有些恐懼。

人們往往會假設我不喜歡小孩或者不是一個有愛心的人，只因為我不想生孩子。事實上，我喜愛小孩，我非常珍視他們在我人生中的存在。我偶爾也會感覺到這個社會似乎認為我比其他擁有小孩的同齡女性還要不成熟，還稱不上是個真正的成年人，尤其是我還未婚。感覺就好像我還缺少許多成年後應具備的外在特徵。

布萊爾（Blair）

三十歲、麻州、女性、經理、白人、順性別、異性戀、單身有別於我們的父母和祖父母輩，另一項重要的改變是，結婚和生小孩這兩件事情已經脫鉤。傳統上，結婚是長大成人過程中關鍵的一步，從前不是在婚姻關係中出生的孩子總是被汙名化。由於生活花費高昂，現在有許多人選擇在結婚之前同居。既然情侶們已經同居，婚姻自然成為一種實現和事件，而不再是生育小孩的墊腳石。一九六〇至一九八〇年間，結婚的平均年齡從二十歲上升至二十三歲。[29]今日，新人的平均年齡已接近三十。[30]皮尤針對千禧世代的一項調查顯示，今日生育小孩的世代認為，成為父母比進入婚姻更加重要。約百分之五十二的受訪者表示，成為好父母是他們人生中最重要的目標之一，然而只有百分之三十的受訪者認為最重要的是成功的婚姻。

考量到現今我們有許多避孕的方式，在婚姻關係之外出生的小孩逐漸增加的現象，表示生育小孩是一種有意識的選擇。大約有百分之四十的孩子非出自婚姻關係，相較於一九九〇年增加了百分之二十八。[31]這些新生兒中，百分之六十二主要來自同居伴侶，他們大多是計畫生育小孩，而非意外有了小孩。倘若我們能改變想法，不再認為婚姻是長大成人或成為父母的必經過程，那麼我們就可以重新審視「為人父母」看似具義務性的這項性質。

我是獨子也是整個家族中的單傳。我的父母從不強求我生育小孩。他們總是支持我任何決定。我想要有孩子，卻不希望他們正值壯年時，自己已邁入垂暮之年。我和我的理想對象組成了家庭，三十歲的時候有了第一個孩子，到了三十二歲時有了第二個孩子。

有了小孩之後，我意識到自己有些不知所措。我們經歷了不太順利的分娩過程，又必須面對產後憂鬱症，以及其他事情。雖然此刻我並不享受育兒，但我非常愛我的孩子。我明白當他們長大一點後，我就能樂在其中。有一個已經當爸爸的人告訴我，當他的孩子還小時，他也有同樣的感受。這讓我在有這些想法時，覺得自己不那麼可怕。看著孩子學習成長，是一個令人滿足的過程。我等不及要和他們一起去健行、玩電遊，並教他們如何開車。

我希望能改變的主要是睡眠。我的小孩持續好幾年無法睡過夜，而我老婆並不同意任由孩子哭鬧的睡眠訓練。五年來，我胖了大約二十七公斤，疲憊不堪使我每週都能碰到瓶頸，日子過得戰戰兢兢。我知道這聽起來很淒慘，而且我已經這樣過好幾年了，但我相信這一切終將有所回報。

我並不後悔生下孩子，但後悔自己安排時間陪伴他們的方式。我承擔「養家糊口」的角色，但是我們又不像「以前的夫妻」一樣分攤家務。我老婆確實付出更多晚上的時間，白天則負責將小孩送到托嬰中心，但她為小孩換尿布時，我也會在一旁幫忙並陪伴孩子。她的工作時間並不規律，所以我除了白天工作之外，晚上她工作時我還必須獨自帶小孩。那段時間真的很辛苦。

一但有了孩子，你將會犧牲許多自主性，你的生活方式將以小孩為主。我認為，你會為了孩子而活，所以你必須意識到在小孩出生後，不能再只想到自己。

卡爾（Carl）

三十五歲、紐澤西、男性、順性別、異性戀、已婚

03 應付外界期望

阿奴琵雅（Anupriya）知道必須重新改造自己是什麼感覺。一九七九年，阿奴琵雅的父母從印度移民到美國，由於當時美國政府的政策提倡，許多亞洲國家的移民湧進美國。當時他們並未計畫久留，她的父親希望自己完成住院醫師的培訓後，他們就可以返回印度。不過，事情總是不按照計畫進行。

阿奴琵雅在「嚴格」的亞洲家庭中長大。她的母親是一位心理學家，在印度擁有碩士學位，卻無法在美國執業。因此她留在家裡，全心照顧她的孩子。身為三個孩子中最年長且唯一的女兒，阿奴琵雅被寄予厚望，並且必須順從傳統的性別角色，因此她對於自己所承受的壓力相當反感。

隨著年紀增長，阿奴琵雅決定不生育小孩。她不想變得和母親一樣，所以排斥應該安定下來並過著傳統生活的想法。同時，她又急著想要結婚。「在我心裡，結婚是一種可以讓我擺脫這種家庭生活形態的方式，我不願困在裡面被保護著，什麼事都不能做，每天只有上下學。我認為結婚之後，我的父母多少會鬆綁這樣的控制，」她如此說道。

阿奴琵雅並沒有順應自己的心願。她在二十多歲時進入醫學院，沒有太多多少時間和精力好好審視內心。她在三十多歲時遇見了另一半並和他訂婚。然而，在她快完成住院醫師培訓時，卻發現自己努力建立的生活迅速崩解。她經常覺得疲憊不堪，漸漸變得虛弱。她將這些症狀歸因於嚴格的培訓課程。在一趟海外醫療援助的任務結束之後，她的症狀變得更糟了。直到返家驗血後，她才得知自己罹患了血癌。

不論是她的父母或她的伴侶，在情感上都無法面對她的病情及彼此的關係，常常任由阿奴琵雅獨自緩解緊張情緒。她病情太重，沒有時間凍卵，即將接受的治療也可能會讓她無法懷孕。阿奴琵雅內心五味雜陳，因為她將失去一些她之前從未想要過的東西，而她的母親對此十分傷心。在結婚計畫、化學治療、放射治療，以及骨髓移植的過程中，她和未婚夫分手了。

十八個月後，阿奴琵雅成功戰勝病魔，她和她的狗從費城搬到波士頓展開新生活。到了波士頓之後，她開始進行一項獎學金的計畫，並試著線上交友，後者顯然比較困難。「我不得不接受自己可能無法遇見能接受我不能生育的人，」阿奴琵雅如此說道。「我一開始約會時，有些人不想理睬我，有些人則告訴我他們沒興趣涉入這樣的關係。」不論她用什麼方式透露自己不孕的事實，總是會招來嚴厲的回應。她嘗試將它放在交友資料上，坦率的告訴大家，並將它分享給一些交往的對象，但沒有奏效。然後，她遇見了內森（Nathan），他並沒有因此退縮，也沒有口出惡言，只是接受了她現在的樣子。這時，阿奴琵雅意識到或許自己還是想生孩子。

「我認為我想要小孩的渴望，在很大程度上源於我和移民父母一起生活時所經歷的負面成長經驗，以及我在情感上需要但從未擁有過的東西，」她說。「我希望能被全然地接受，只因為我是我，而不被嚴格的學習、成績、成就，以及許多讓我覺得扭曲的事情所束縛，這些事情都不曾發生在我的非亞洲朋友身上。」

阿奴琵雅有這樣的感受相當合理。在國外教養小孩有其特別的難處，而且這些壓力會慢慢的滲入家庭中。移民父母更可能感受到教養子女的壓力，因為在他們適應外國的生活方式時，同時承受文化和經濟上的挑戰。然而，這種與融入生活相關的壓力，不僅影響著移民父母們，同時也漸漸地影響著下一代。研究顯示，第二代移民父母於融入生活時面臨的衝突越多，他們對於身為父母這件事情就越缺乏自信。[1] 尤其當你身負壓力還必須維持跨世代家庭或支持家庭的傳統時，問題就不僅只是適應一個新文化這麼簡單了。該如何做出對自己最好的決定，就變成一件困難的事。

大約在十六歲的時候，我就知道自己想要小孩，但並不覺得自己需要找一個伴侶，或是一定要生下自己的孩子。我在二十四歲時有了第一個小孩，當時我還是個研究生。我很清楚自己想讀博士，但又不想等到完成學業之後再有小孩。因為我患有慢性病，所以知道自己無法保證未來依舊健康。

我感覺身為媽媽的壓力特別大，但是我可以忽略那種性別壓力下該扮演的母親角色。我的大兒子以為我不喜歡教養小孩，因為我不想管控他們的行為。我認為自己不願順應社會的期待，並不表示我不樂於承擔父母的角色。我的老公做了很多事，但情感方面以及行為管理都落在我的身上。我們必須更加努力地支持被社會化為男性的人，幫助他們處理自己的情緒，並培養他們養育小孩的方式。

薩布莉娜（Sabrina）

四十歲、麻州、女性、公衛、雙種族／黑人、順性別、異性戀、已婚

生育與家庭的種族偏見

雷吉娜・湯森（Regina Townsend）和她的丈夫在二十三歲時結婚，當時覺得自己還太年輕，也還沒準備好生孩子。二十五歲時，雷吉娜不再服用避孕藥，她期待自己能很快懷孕，卻不如所願。

「常常有人提醒黑人女性應該如何克服她們的刻板印象，諸如無法上大學或者是成為少年媽媽。對我們而言，將這樣的思維擱置一旁，承認自己想要成為父母，是需要花費極大心力的。」雷吉娜說。

不論是黑人或白人族群，沒有生養小孩的原因都很相似，教育背景是主要的影響因素。儘管對於黑人族群來說，非婚生子較少被汙名化，但黑人女性若選擇獨自生養小孩或非婚生養小孩時，還是會承受一些壓力，因為身為一個單親的黑人母親，還是容易遭受汙名。[2]

「有時候，當我們決定要有小孩的時候，我們已經非常努力確認我們不屬於刻板印象中的黑人女性、確認我們有一份好工作、確認已經三十五歲或四十歲的我們，已經有一間合適的房子。」雷吉娜表示。「有時候我們等待太久了，因為我們試著確保每件事都到定位，當我們最後終於表達自己想要有小孩時，我們又要對抗汙名：**我是不是會受到批評？對於我的**

族人來說，我這麼做是否被認為不夠上進？」

在沒有健康保險的情況下，雷吉娜的醫療保障僅限於緊急救援。她在那裡得不到任何答案，醫生只有給她一些無用的建議，像是減肥或是利用避孕藥來調整不規律的生理期，然而事實上她想要的是懷孕。在黑人社區裡，不孕症不太常被討論，十五年前更是罕見。高生育力的黑人女性刻板印象，以及因事業而不孕的白人女性問題，皆暗示著誰可以懷孕或誰不能懷孕的社會觀念。儘管研究認為黑人女性不孕的比率可能較高，黑人女性在接受體外人工授精的比例上依然不足。[3]

密西根大學的一項研究顯示，百分之二十六的黑人女性相信在她們的經驗中，有關不孕的醫療照護充滿著種族或階級的歧視。接受訪查的女性表示，醫生們假設她們性淫亂或無力育兒。[4]「受到這些刻板印象的部分影響，相較於白人女性，黑人女性在忍受較長時間的不孕期之後才尋求治療。她們需要接受更多的卵巢刺激，才能增加試管嬰兒的成功率，因此需要更多昂貴的治療周期。然而，相較於白人女性，黑人女性接受治療後，胎兒平安出生的可能性卻較低。[5]「總是有人告訴我說，我們不會遇到這方面的問題，因此我不認為我們會不孕」她如此說。

身為圖書管理員，雷吉娜開始進行研究，看看自己身上可能有哪些問題。為了找出答案，雷吉娜開始在網路上討論不孕的問題。「我在臉書上提問：『你知道那位總是幫忙帶小孩、哄小孩睡覺並包辦所有事情，但是不曾生過小孩的姨媽嗎？你有沒有想過，或許她沒辦法生小孩呢？』然後，我開始收到人們的回應，他們傳訊息告訴我：『謝謝你說出這件事，因為從來沒有人提到過。』」

雷吉娜開始在圖書館主持一些生育的計畫，幫助他人了解一些她在試著了解自己狀況時所遭遇的事情。在這過程中，她發現自己患有多囊性卵巢症候群，那是一種因賀爾蒙失調而引起的經期紊亂和輸卵管阻塞。然後她的丈夫得知自己嬰兒時期的疝氣問題導致不孕時，這個事實已無法改變。對他們而言，自然懷孕已是不可能的事情了。

「我發現在許多事情上黑人都承受著羞恥和汙名。我開始研究這些汙名究竟來自何處，然後發現大多起因於懼怕，害怕黑人身上的病或被認為有病的地方。黑人經歷過奴役，因此具有危害。如果你無法懷孕或是有許多流產的經驗，那麼你更可能被犧牲掉，你可能被賣掉或被迫離婚。因此那不只是個健康的議題，更是一個生存的問題，」雷吉娜說。「隨著世代的更替，不論我們面對的是心理或是生理上的問題，我們都懂得在出現問題時保有隱私，因為對我們而言，躲在家裡面自己找出問題比較安全。不要提問、不要製造麻煩、不要引起注意。然而，如果這樣的背景不存在，那麼這一切看起來只是我們自己選擇不去看醫生罷了。」

透過在圖書館舉辦的計畫，雷吉娜找到了一位能為他們治療不孕的醫生。雷吉娜在完成一次試管嬰兒流程後懷上小孩。他們為她取出二十顆卵，其中有十三顆卵已成熟，接著有九顆受孕，七顆成為胚胎。其中一個胚胎被植入雷吉娜體內，就是她現在五歲的兒子。她還保留了六顆胚胎，並期待很快再次懷上小孩。

「我在懷孕的時候感到很焦慮。我不清楚自己為什麼焦慮，因為懷孕應當是我想要的，也是我期待的。我認為自己不該覺得沮喪或不適，因此有點陷入困境，」雷吉娜說。「當他出生時，我非常的焦慮。我沒辦法開車。我搞不清楚哪裡出了錯，因為我心裡想的是，**你現在應該要開心，因為那就是你想得到的**。我意識到自己正飽受折磨，因此我開始接受治療，並被診斷出患有產後憂鬱症。這是一件很不容易的事，因為不孕對我來說是個創傷，卻沒有被納入諮商。就算懷孕生了小孩，我並不會把它忘得一乾二淨。孩子已經五歲了，我內心還是充滿掙扎，認為自己不像個『真正的母親』，無法真正融入他人。人們開始問：『你什麼時候要再生一個啊？』或者『你不覺得他很孤單嗎？』但是對我來說，再生一個小孩要考慮的事情可能比其他人還多。」

黑人父母要擔憂的事情很不一樣，尤其是關於他們孩子的安全。黑人的教養裡充滿了高度的警覺性；父母必須教導他們的孩子如何在瀰漫著種族歧視的社會上走跳，其中也包含如何應對警察或學校的權威人物。[6] 對於黑人母親而言，母親的責任也非常不一樣。儘管在黑人社區裡，親屬和社區居民更願意一起幫忙照顧小孩，黑人母親表示仍舊感到孤單，認為自己必須獨自照看孩子，避免他們惹上麻煩。黑人母親也更容易在孩子面對困境時責備自己。[7]

我們可以很公正地說，母親的職責對於有色人種的母親而言是一種監督的概念，意味著母親們在社會的強諸之下必須遵守僵化的行為準則。尤其對於黑人母親來說，這不僅只是社會層面上的監督，而是確實存在的監督。此外，種族差別待遇充分體現在兒童福利制度中。與其他家庭相較之下，黑人家庭在疑似虐待的報告中占比過高，因此面臨更多兒童保護服務方面的調查。相較於其他孩童，黑人和原民孩童也更可能被安置接受家外的照顧環境中。黑人兒童約占美國的幼兒人口百分之十四，但是在兒童的寄養比例上卻高達百分之二十三，而原民孩童在寄養人數的比例中只有百分之二，僅占美國兒童人口的百分之一。[8]

四十七歲的可拉（Cora）曾經因為長相與兒子不相似而被警察盤查。可拉是雙種族的混血兒，她的丈夫是白人，因此他們的兒子是淺膚色的混血兒。人們常誤以為她兒子是收養來的，或者詢問：「他的媽媽到哪去了？」有一次，有人看見可拉親餵母乳而報警，他以為可拉只是名褓母，不應做出親餵行為。

「身為混血兒有自己的壓力和顧慮。在成長的過程中，我未曾感覺自己融入社會。對於黑人來說，我的膚色太白了；對於白人來說，我又太黑了。」可拉這麼說。「我一直認為自己會生一個棕色的小孩，但沒有。我的孩子非常白。對我來說最困難的部分是，當人們在他面前說一些難聽話的時候，像是『他長得和你一點都不像。』我看得出來他很難過。他的態度和臉上的表情立刻變了。他是媽媽的寶貝，他也非常的愛我。我曾和別人談論這些話為什麼會傷害孩子，回家之後我也會和孩子談話。現在他已經九歲了，他會很快做出回應：『事實上，我和她長得一模一樣。你看不出來是因為妳忽略不了膚色。』他為自己說出這句話感到自豪。但是曾有一段時間，在他能為自己挺身發言之前，發生這種事情真的令人很難受。」

生養眾多，繁衍昌盛？

在另一個平行世界，瑪格麗特（Margaret Bienert）在三十歲前成為一位全職媽媽，擁有一間房、一條狗、兩個小孩，以及一個負責賺錢養家的丈夫，而且她很快樂。至少瑪格麗特認為，那個版本的瑪格麗特可能是快樂的。

現實中的瑪格麗特也很快樂。她有一間房子、一條狗，也有一個老公，只是少了孩子。瑪格麗特在美國中西部的宗教家庭中長大，她花了十年時間放下貞節文化灌輸給她的觀念：她這一生中最重要的事情就是繁衍下一代。

「在我成長的過程中，我們的宗教課程教導我們，女性的誕生是為了生下孩子。那是我們的使命，也是上帝希望我們做的事。」瑪格麗特說道。「倘若我相信那些被灌輸的信仰，那麼生小孩不過只是一攬子交易中的一部分。我從來沒聽過或見到過哪個女人直接拒絕履行她『被生下來的義務。』」

宗教信仰是預測生育率的最佳預測指標之一。擁有信仰的人比無信仰的人更可能生下孩子。擁有信仰與否和小孩出生率的差異之間的關係非常重要，因為它可能徹底改變某些國家宗教與世俗脫離的價值觀。那些有宗教信仰的人平均比沒有信仰的人多生一個孩子。因為兩方生育率的差異，全球的信教父母誕下的小孩更勝於殞命的小孩數量，研究人員因此預測到了二〇五〇年之前，無信仰的世俗人口數將大幅降低。[9]

宗教對於生育既有直接影響，也是間接的：它宣揚「傳統的」家庭價值並設定準則，使人們往合乎規範的道路上前行。擁有宗教信仰的人更可能步入婚姻，可能在年輕的時候就結婚，而且較少避孕。[10]同時，宗教也為人們帶來一種群體感，可以降低認知上需付出的成本，對於熱衷成員而言，更可以減輕養育小孩的重擔。

三十一歲的瑪格麗特與她三十三歲的丈夫柯瑞（Corey）兩人都來自大家庭。瑪格麗特有五個兄弟姐妹，柯瑞則有六個。這對情侶是在就讀中西部一所附屬於宗教的大學裡相遇。訂婚之後，瑪格麗特的家人贈送了幾本關於自然家庭計畫的相關書籍給她。「書中甚至有幾個章節都在討論使用保險套有多糟糕，」她說道。「然而我姐姐對我說，『如同你所知，我們不信那一套，你可以使用保險套沒關係。』」

瑪格莉特最擔心的事情就是懷孕。她像其他二十歲的女孩一樣，開始追蹤自己的經期，但是她們這麼做是為了懷孕，而瑪格莉特卻不是。她和丈夫從未認真討論過生小孩這件事，彷彿兩人都假設會有孩子，認為這是婚姻關係中毋須言明的部分。教會裡的每個人都有小孩，生小孩是一件很自然的事情。但是，如果他們不要孩子呢？

「金錢是改變我看法的關鍵之一。在我生長的家庭中，男人負責養家，女人生養小孩，從來都不需要特別的討論，事情就是這樣。」瑪格麗特說道。「所以，當我結婚後，我甚至沒意識到自己是如此期望著。當我突然不得不去工作時，所有事情真的就在一夕之間改變了。我心想，『很抱歉，你難道還期待我也生個小孩嗎？』」

另一個替瑪格麗特塑造出非「媽媽」身份的因素是柯瑞。有別於父母期待她過的生活方式，柯瑞鼓勵瑪格麗特去探索自己的內心。如果他們搬到洛杉磯並試著成為藝術家呢？那麼他們可以創造出忠於自我樣貌的新身份。「我覺得大概是和柯瑞結婚之後才能有這樣的改變，柯瑞太會讓人失望了，這是我能想到最好形容他的詞了，」她說道。「讓別人失望是我最害怕的事，最後當我說出：『如果我再也不想生小孩呢？』這聽起來像是一件天大的事。但他的回應不過就是『那就別生了，就這麼辦吧。』」

將近十年之後，瑪格麗特還是無法完全不在乎她父母的想法。瑪格麗特和柯瑞已經創造了自己的新身份，他們住在洛杉磯，在中西部買了間房子，並且擁有一間屬於自己的製作公司。他們巡遊鄉間，並為美國夢幻飯店製作編目。儘管如此，她父母的身影仍舊藏在那個已被她拋諸腦後的世界裡。每當瑪格麗特打電話要告知他們重要事情時，他們心裡仍希望瑪格麗特要說的是她懷孕了。他們完全不知道柯瑞早在好幾年前已經結紮了。柯瑞進行這項手術前，夫妻倆花了好幾年的時間討論，因為瑪格麗特不希望他們的家人為此事感到憤怒。一年後，當柯瑞向他的家人吐實之後，瑪格麗特做出完整的回應，說明自己讓他結紮的原因。

「我認為其他家人很難和我們產生共鳴的一部分原因，是因為我們在生小孩之外找到了生命的意義。」瑪格麗特說道。「他們對於我們正在做的事情感到有些訝異，但是我必須慢慢了解到一件事，雖然他們生養我，但這並不代表我的餘生都虧欠他們。我必須大幅的改變我原先的想法，才能釐清自己真實的樣貌。即便多年來我都在釐清自己的想法，有些時候我還是會有罪惡感。」

宗教是否能左右你的決定，取決於你的信仰強度。信仰強度越低且世俗價值較高的人，比較不會有小孩。這正是為什麼無宗教信仰的人最不可能生小孩的原因。[11]雖然有些宗教相當推崇家庭規模，但是宗教和生養小孩之間的關聯性並沒有特定屬於哪一個宗教派別。比方說，伊斯蘭就非常強調結婚，「他們認為結婚之後，你的信仰就完成了一半。」三十六歲的阿茲米亞·馬葛尼（Azmia Magane）說。「很少人會認為一個家庭只包括你和你的伴侶。母親的地位崇高。先知穆罕默德強調尊敬女性，尤其特別推崇母親的重要性；你的母膝下便是天堂。生養小孩為你帶來祝福，身行好事也使你得信仰。」

阿茲米亞在三十歲的時候，透過共同的朋友認識來自摩洛哥的丈夫。他們在一起不久後，就開始計畫生小孩，但是阿茲米亞的健康狀況讓他們有了其他的考量。「男人可以選擇第二個妻子的理由之一是，他的第一個妻子無法生孕。」阿茲米亞說道。「這對於任何一個牽涉其中的人來說都很艱難，對女性來說更是如此。」

儘管阿茲米亞包裹著頭巾且信仰堅定，宗教卻不是她想要生下小孩的原動力，真正的原因來自她的童年創傷，她想要比自己的父母做得更好。她和原生家庭的關係並不緊密，但是她丈夫的家人卻完全支持他們走自己的路。如果最後他們沒有辦法生下孩子，阿茲米亞希望能認養小孩，身為社工的她已非常熟悉兒童福利體制。

「我花費太多時間對自己做出錯誤的評價，以為自己無法生養就不能當個好母親。我感覺自己白白浪費好多年的青春歲月，不斷內化那些別人對我的想法。」阿茲米亞說。「這使我很後悔沒有早一點結婚，早一點嘗試生小孩。」

你應該生小孩嗎？

04 將渴望變成計畫

你在公共場合裡見到小孩大哭大鬧時，心裡是否曾想過：**我還要生小孩嗎？**從許多方面來看，有能力對自己提出這個問題的人是幸運的。儘管過去一百年來我們有許多進展，但相較於想要成為父母的人，決定不生小孩的人仍在文化上受到輕視。因為這個社會不僅期待大部分的人願意生小孩，同時也希望他們能生下小孩，而我們實在很難忽略這些社會壓力。長大成人的概念通常和父母職責息息相關，放棄生孩子猶如錯失了人生重要的里程碑。當然擁有小孩也不是不用做出犧牲，越晚生小孩的人，個人自由的失去就越明顯。

本書第一部討論的是，想成為父母的渴望：這些欲望從何而來？又如何造成影響？為什麼人們會做出不同的選擇？分析欲望需要大量的自我反省。本書前幾個章節旨在幫助我們檢視，一些有意或無意間接收到的父母職責的訊息，看看這些訊息如何形塑我們對小孩的看法。但是，如果你審視內心後仍發現自己沒有特別的偏好，或者因為這些外在因素而遲遲無法下決心，那又該怎麼辦呢？若要主動下決心生小孩，就必須將心裡的渴望轉變成執行的計畫。這也是本書第二部的主旨：探索那些使我們裹足不前的原因：失去個人自由、照顧小孩須勞心勞力、我們的人際關係、大環境、金錢、基因、懷孕和生產。成為父母真的值得我們犧牲這些嗎？

計畫本來就容易產生變化。設立目的和付諸行動的間隔時間越長，你的計畫就越可能因未知變數而改變。例如，你或許會說，等到三十五歲再生小孩，但結果卻是你和原先打算一起生小孩的對象分手了，澈底打亂了你的計畫。儘管你現在可以設定一個計畫，但最好持開放態度處理這些事情，並接受環境可能改變你的決策的這個事實。

四十歲的米蘭達（E. Miranda Hernandez）在成長過程中不曾想要小孩，但她在將近二十歲時改變了想法，並且決定先安定生活，等到三十歲時再生小孩。雖然這個想法聽起來很棒，但米蘭達約在二十五歲便開始擔心無法如她所願，那時她便開始思考獨自生養小孩的可能性。如同米蘭達，許多人生養小孩的計畫會隨著時間和環境改變而產生變化。找到想要生小孩的伴侶，或許能讓對此事冷漠的你開始積極地計畫。財務保障的概念可能讓你意識到，你的矛盾來自於害怕自己無法負擔生活。這裡的答案並沒有對或錯，但值得思考的是你為什麼會有這些感覺，並意識到此刻的想法在未來可能會改變（或許讀完這本書之後）。

米蘭達在快三十歲時結束了一段認真的戀情之後，明白自己無法實現三十歲生下孩子的目標，也必須開始計畫獨自生養小孩。她並不急於行動，但也清楚自己不想等到四十多歲之後才有小孩。米蘭達想要還清債務，並更加投入自己的工作。等到她覺得準備就緒時，已經三十四歲了。不久，她開始尋找精子捐贈者，並在三十五歲跟三十八歲的時候，透過人工授精生下兩個孩子。

年紀常常創造出時間的緊迫感，催促人們在很短的時間內做出決定。有些人不顧一切情況，藉由積極的生小孩計畫來處理這種時間的壓力；有些人則是開始捨棄生小孩的念頭，藉此紓解「沒時間了」的打擊。人們不論採取哪一種策略，都和他們的個性和解決問題的風格有關。[1]也可這麼說：你想要正面對決，還是想要迴避問題或改變期待？

研究顯示，我們處理時間壓力的方式會隨著年紀而改變。相較於年輕、單身、異性戀、無子女的順性別女性，三十五歲左右卻單身、沒有小孩的女性對於生小孩的計畫更趨向兩極化。她們要麼有短期的計畫，希望能趕快生下小孩，要麼決定不生小孩，而年紀較輕的族群顯然較少對此做出決定。觀察同年齡層的男性，三十五歲左右的男性最常見的答案是計畫之後再生小孩，年紀更輕的單身、無子女的男性大多也提出相同的答案。在三十五歲左右的女性中，只有百分之十九計畫之後再生小孩，然而同年齡層有類似想法的男性卻高達百分之四十二。在此年齡層中，百分之四十八的女性表示她們不打算生小孩，男性則只有百分之三十三。[2]

最終，就算你不斷逃避自己所做的決定，也必須有個了斷。假如你認為自己無論如何都想生小孩，並且不想讓時間成為決定的關鍵，那麼就該像米蘭達一樣拿出決心，讓生小孩這件事情付諸實行且不再是個壓力。能夠幫助你做出決定的其中一件事情就是，對於父母的職責有務實的期望，並且清楚知道自己在做選擇時還剩下多少時間，例如還能生育的時間剩下多少？這點留待之後再討論。

這些年來，我不停地透過網路或在現實生活中與人交往，卻始終找不到適合一起生養小孩的人，而且這個社會讓我們幾乎無法獨自生養小孩。

我總以為自己會遇見對的人，很難相信我還沒有遇到。我很羨慕我兩個妹妹最近都生下了小孩。同時，我也無法相信妹妹們現在的生活有多麼不容易，她們還要持續在我外甥和外甥女的身上投入更多金錢。此外，當這些小嬰兒到我的年紀時，這個世界的氣候不知道會變得多糟糕。或許將來有一天，我會為自己的處境感到萬幸，但是此時此刻對我而言是很痛苦的。

柯思坦（Kirsten）

三十八歲、奧勒岡、女性、白人、順性別、異性戀、單身

05 育兒的要求和回報

稍微停下來想一想，這個星期你有哪些事情要做。現在再將照顧小孩這件事加到你的行事曆裡吧。但是你的計畫很有可能無法全然配合照顧小孩這件事。除非你有一大筆錢，否則一旦有了孩子，你就很難像之前一樣過生活。就算你的財務可以支持生活，日子還是會過得很漫長。如果你不確定照顧新生兒需要做些什麼，可以參考底下由一位正在育嬰的新手媽媽所分享的餵奶時程表。請留意，「小睡片刻」指的是嬰兒，不是媽媽。

上午七點：餵奶
上午八點：小睡片刻
上午十點：餵奶
上午十一點：小睡片刻
下午一點：餵奶

下午兩點：小睡片刻

下午四點：餵奶

下午五點半：小睡片刻

下午六點半：玩樂

晚上七點：洗澡

晚上七點半：餵奶

晚上八點：上床睡覺

凌晨兩點：餵奶

日復一日

如果你看過社群媒體上那些討論親職教育的意見領袖，可能會覺得如果不買蒙特梭利幼兒教具給小孩的話，他們會跟不上同儕；或者必須做出健康美味的午餐，並用模具把飯菜打模成可愛動物的樣子；又或者必須訂下嚴格的看電視時間。現今，父母被期待投注在孩子身上的金錢、感情和體力，已經讓父母的責任變得不僅困難，而且到了不可思議的地步。但是，父母的責任並不總是如此。回想一下你的童年，或是你父母親的，甚至是祖父母的童年。說實在的，美國的童工法只不過和有些人的祖父母一樣老而已。那時的孩子們很早就下課去賺錢，幫忙養家活口，而不會被迫去上一大堆課後的才藝班。甚至在我們父母親那個世代，小孩們都必須自行處理生活上的問題。

隨著時代的改變，好父母的標準也變得不一樣。今日，密集式育兒法被認為是較好的育兒方式。這個改變始於第二次世界大戰不久之後，並在一九八〇和九〇年代時逐漸成為主流。典型的密集式育兒法強調順性別女性做為主要照顧者的角色，並要求父母付出大量的時間和金錢，此外還強調情感上的關懷，以及兒童為中心的勞力密集付出。這項起始於一九五〇和六〇年代轉變，促使母職從有酬工作中分離出來。[1]到了一九八〇和九〇年代，全職媽媽已不再符合經濟效益，職業婦女逐漸變多，全職媽媽則減少。

這些世代轉變不僅解釋了我們和父母親的童年為何不相同，也解釋了我們和下一代孩子們的童年為何不一樣。二〇〇八年金融危機伴隨而來的經濟焦慮進一步鞏固了「教養決定論」的觀點，認為父母在培養小孩技能的同時，也決定了小孩的教育和發展結果。[2]

與日俱增的財務不安全感，導致父母強調在孩子童年時須培養他們敬業的態度。中上階層的父母強烈要求小孩至少維持和父母相近的社會地位，低收入的父母親們則卯足全力細心地為子女規畫課外學習，並負擔起密集式教養所需的費用。若要孩子在童年時期得到更多保護，父母就必須承擔更多壓力，確保他們完美履行父母的角色。這個社會期待父母們，特別是母親們，為孩子奉獻己身。要求父母必須完美又需奉獻自我，這種雙重的壓力使得為人父母看起來是一件非常不吸引人的事。

研究員珍娜·阿貝茲（Jenna Abetz）博士和茱莉亞·摩爾（Julia Moore）博士認為，我們現在所認同的教養方式是大部分母親們無法達成的。他們如此描述：「創造一個受自然且本能啟發的完美小孩是個危險的想法，因為這種犧牲且本質化女性的觀點，使女性透過母親身分達到最高的使命……對於職業婦女和單親媽媽而言，這些做法都太不切實際了。因此，它對於美國大多數媽媽而言，只是一種遙不可及的理想。」[3]

我是獨生女，但我和爸媽的關係並不融洽。在成長過程中，我覺得很孤獨，一直渴望擁有一個關係緊密的家庭。我想像在這樣的家庭裡，為人父母是快樂且滿足的。但我沒有意識到這件事情多麼不容易，也沒有表達過自己不生小孩的想法，我希望自己在這方面能有多一些空間。為人父母是一份全職工作，而我的工作是需要照顧人的治療師，回到家後還要照顧其他人是很辛苦的。是的，我仍開心且充實地過生活，但

> 我希望能有更多空間和對話可以討論成為父母之後的憤怒和不滿。
>
> **克萊兒（Claire）**
>
> 三十五歲、維吉尼亞、女性、治療師、白人、順性別、異性戀、已婚

我們被教導相信密集式育兒法會讓小孩變得更成功，然而當父母們面臨育兒壓力、無法滿足需求、父母身分矛盾和較低的幸福感時，小孩的發展結果往往更差。[4]此外，研究更顯示，相信或已實踐密集式育兒的媽媽容易感到內疚、焦慮、壓力和沮喪。完美主義的父母也更容易產生焦慮感，表現出過度保護小孩的行為，和小孩的互動時則更加嚴厲。這問題在於你無法選擇密集式育兒之外的育兒方式。

研究認為，即便是那些不贊同密集式育兒觀點的父母，同樣也面臨更多壓力、焦慮和罪惡感，因為「完美媽媽」的刻板印象已深植人心。為求完美而感到壓力的媽媽們壓力較大，自我效能較差。因為無法達到標準而產生罪惡感的媽媽們，不論是否相信這些做法，還是會承受非常大的壓力，並感受自我效能變低，變得更加焦慮。[5]

追求完美的壓力似乎無法避免走向罪惡感和羞愧的結果，這使得母親的職責變成一種吃力不討好的工作。即使小孩已經成年，將他們的行為舉止和幸福與否，歸咎在母親身上的比例過高，媽媽依舊被認為該為這些事情負責。這種「歸咎母職」的觀點，只會加深不適任感和罪惡感。不論你的工作是兼職或全職，或者你是全職媽媽，都無法打破這種完美主義的模範。

父親們同樣也能感受到社會對父母角色高度期望所帶來的壓力。爸爸們通常因經濟壓力而感到焦慮。為了養家活口而備感壓力的爸爸們，也認為自己在育兒方面的信心不如媽媽們。皮尤研究中心的一項調查顯示，只有百分之三十九的父親認為自己在育兒方面「表現很好」，反觀媽媽們的比例則有百分之五十一。[6]儘管爸爸們可能對自己的育兒能力較沒自信，但他們還是認為育兒是身為父親重要的一環，也幾乎都認同他們在育兒過程中得到回報和喜悅。[7]

儘管你可以起身挑戰這些存在生活中的信仰體系，但真正大規模的改變還是只能來自社會層面。改變自己的育兒想法和信仰，或許能減緩密集式育兒的束縛，但是在你決定生小孩之前，追求完美的壓力還是會深深地影響著你。就算你不知道自己生小孩後會有什麼立場，還是值得提早思考如何挑戰這種密集育兒的模式，因為相信完美育兒模式的新手媽媽們，往往在成為父母的轉變中會經歷更多的焦慮。[8]

> 我認為自己對於要不要生小孩的想法，都來自於長久以來因性別（或感知上的性別）而加諸在人們身上的壓力，現在的問題已經從「你想要生小孩嗎？」變成「你認為這種社會責任對你的家人或朋友而言是正常的嗎？」我很樂意成為父母，我認為成為母親對自己而言意義深遠，也清楚性別對自己的意義是什麼……但是無論這意味著什麼，想要有小孩的欲望並不等於想要成為一個「正常的」母親。
>
> 我想當你談到什麼是女性身分時，每個人都有不一樣的答案。但是這當中有一個人們最常談到的觀念，那就是女性身分像是遺產繼承。我從母親身上接收女性的身分，在我成為母親之後再傳承給女兒。我們教導後代子孫進入這一種循環，在這當中有一部分真的深具意義並且充滿能量。我知道自己和母親的關係真的很好，只要想到自己也能像她一樣做一個好母親，就會在情感上產生共鳴。當她談到她的母親時，同時也是從我的身上談論她自己。事實上，這些責任之所以存在，是因為父親的身分往往不需承擔這麼多責任。這讓我感到悲哀，如果這是一件美好的事，那為什麼只讓女

性專注在照顧嬰兒這件事情上呢，真的很不公平。

我們在網路上討論跨性別族群時會談到融入社會的概念。在這裡，存在著一種二元對立：「你想要成為一個像異性戀一樣的跨性別女性，或是想當一個和同性戀生活在一起的同性戀？」我想在三十歲前生下自己的孩子，並在郊區安定下來的部分原因是，某種程度上我想要變成正常並融入社會。雖然我仍舊是個社會主義者，但是部分的我還是想要這麼做。在跨性別族群中，有一股積極的正能量告訴我們，你不需要變得正常，你也不必做那些異性戀做的事，事實上那並沒有很棒。不過，我心中還是有個矛盾，在我印象中很多（至少有一些）跨性別者還是會花費大量時間帶孩子去參加活動。

泰絲（Tess）

二十三歲、緬因州、女性、插畫家、白人、跨性別、單身

為人父母的「五味雜陳」

成為父母可以帶來生活上的滿足感，但是這樣的滿足感或許也容易因金錢和時間的壓力而抵消。當你試著評估小孩是否值得你承擔這些壓力時，列出優缺點清單的方式或許幫助不大，因為優點和缺點常常相互抵消。社會學家對此提出一個說法，從付出與回饋的視角思考該問題。本質上，養兒育女是個「五味雜陳的過程，有歡樂，有意義也有回饋，但這些經驗卻又同時交織著令人沮喪的挑戰與耗費心力的照顧工作。」[9]

為人父母容易得到情感上的滿足。或許你也曾聽過這種說法：「直到我有了小孩，我才明白愛的真諦。」小孩為我們帶來興奮感，激勵了我們的心。三十三歲的萊斯利（Leslie）說自己之所以有小孩，是因為她突然開始渴望有小孩。「我找遍了各種理由來合理化擁有小孩這件事，但最根本的原因是我認為我會是個好媽媽，並且樂在其中。再也沒有比這更棒的理由了。」萊斯利如此表示。這個念頭解決了她的問題，她也對自己的選擇感到滿意。

小孩是一種社會資本。在鼓勵生育的社會中，擁有小孩是一種身分的象徵。小孩可以增加父母參與地方社群的機會，並透過一些活動幫助他們交到其他朋友（其他小孩的父母）。[10] 成為父母的同時也為自己創造出新的身分。這並不表示生小孩之前的你已消逝，而是你因孩子的需求而形成的第二種身分。你仍可以擁有朋友、嗜好和假期，只是這些都會變得很不一樣。如果你喜歡的是現在的生活方式，也不希望有所改變，那麼這或許是你不想擁有小孩的預兆，或至少此時此刻不想要有小孩。

你不需要、也不會愛上父母這個角色中的所有面向。一項觀察人們如何利用時間的研究發現，父母們認為照顧小孩是他們一天中最不喜歡的活動。照顧小孩只勝過工作、打理家務和通勤。[11] 雖然父母們並不喜歡照顧小孩，但他們在陪伴小孩時卻能樂在其中。父母若花較多時間陪伴小孩做一些有趣的活動，例如閱讀和玩樂，就能減輕壓力，甚至還能為爸爸們帶來降低憂鬱的好處。[12]

本書中受訪的父母們經常談到的另一個好處，就是增加了對生活的意義和目標感強。生下孩子是你最接近得到永生的方式。父母們從孩子身上再一次體驗生活，你開始分享你的喜悅和愛好，並且希望孩子有朝一日也能愛上這些。身為父母的滿足感也會隨著孩子長大而改變。擁有五歲以下小孩的父母們認為自己有較高的自我肯定、自我效能和滿足感，比起擁有年紀較大的孩子的父母們也較不感到憂鬱。[13] 儘管照顧小小孩會被剝奪睡眠，照顧工作的負擔也較大，父母們往往認為照顧小小孩的意義最重大。當孩子們上中學，邁入人生中最棒的里程碑之一——青春期時，媽媽們認為自己此時滿足感最低。[14] 孩子處於青春期的父母也比孩子還年幼的父母還要不快樂。[15] 此外，除非子女成年後過得並不好，否則他們往往能為父母的幸福帶來正面的影響。[16] 普遍來說，孩子已成年的父母們認為他們和沒有子女的人們一樣幸福。[17]

壓力歷程模式提供一些見解，幫助我們了解育兒壓力來源，以及如何對某些人造成影響。壓力的組成過程可分為三部分：壓力源、資源，以及壓力的後果。典型的壓力源主要來自生活中的事件或例行的事務，例如照顧小孩、工作、人際關係、經濟壓力或時間壓力。養育子女的壓力主要有四種：育兒負擔過重、親子衝突、育兒角色的限制，以及不同角色之間的衝突。育兒負擔過重，指的是父母感到養育子女時其需求超過負荷；親子衝突，則是父母和孩子間的不融洽關係，對心理健康造成負面的影響。育兒角色的限制和不同角色之間的衝突，指的是父母被迫陷入各種責任中，以及身為父母的角色和工作時的角色彼此矛盾的情況。

資源可以使這些壓力源得到平衡。簡言之，資源能幫助我們處理這些問題。資源包括個人的資源，例如自我效能和社群或政府的援助、來自家人或朋友的社會資源、來自職場上的幫助，以及其他福利機制。壓力造成的後果會影響身體和心理的健康狀態。養育子女的壓力源是否對你的建康帶來影響，取決於父母角色所承受的壓力滲透到不同生活層面的程度。換言之，養育子女本身是一件充滿壓力的事，但是如果這些壓力源使其他生活問題變得更糟時，你也會更容易感受到這些壓力帶來的影響，例如增加財務困境或產生新的問題，又或者是和你的伴侶頻頻爭吵。在這個壓力歷程模式中，另一個重要的部分就是社會因素帶來的影響。你的種族、人種、性向、性別、社會階級和移民身分都會影響你的壓力源、資源和壓力結果。[18]

最終，許多因素都會決定你是否滿足於父母的身分，然而你卻無法事先預料所有的事。你能做的就是，對於為人父母這件事抱持著務實的期望。是的，生兒育女可使家族世代延續，卻也是一份相當辛苦的工作。這兩者是否相等？是否值得這麼做？這件事只有你自己能決定。

我在三十一歲的時候決定生小孩，或者可以說是我們共同的決定。一直以來，我都表示對生小孩不感興趣。在我結婚約七年後、畢業後工作約兩年，我們終於有足夠的錢去旅行和享受生活。但是坦白說，我還是感覺少了點什麼。現在回想起來，當時在婚姻裡的我並不快樂。當我丈夫提議生小孩的時機可能已經到了，我想或許這就是我所缺少的東西。

我不後悔生下孩子。我只是希望自己能得到更多資源、更多時間或更多幫助。我印象很深刻，當我把小寶寶帶回家中時，我覺得自己犯下了大錯。我感覺已經失去了自己的人生，我必須接受凡事不能只想到自己。隨著孩子慢慢長大，挑戰也跟著改變，投入在孩子身上的時間和金錢逐漸增加。我希望能更加反省自己，花時間客觀地檢視我的生活和目標。這並不代表我後悔生下小孩，我一點也不後悔。我愛他們，但是這個社會不應該讓人們認為自己需要透過生小孩來表示成功和人生的完整。

艾咪（Amy）

五十歲、維吉尼亞、女性、律師、白人、雙性戀、開放式伴侶關係

06 家庭計畫與人際關係

維洛妮卡（Veronica）做夢都沒想過會生孩子。她在青年時期和二十幾歲時覺得生小孩是以後才要考慮的事。長大後，維洛妮卡看不到和自己一樣的家庭面貌。電視上完美的美國家庭——異性戀、白皮膚、擁有兩個孩子的中上層階級——無法反映出她在雙種族家庭中成長、身為越南裔美國人的經驗。然而，這些形象卻符合她的伴侶在童年時的經驗。

儘管維洛妮卡相當確定自己不想生孩子，她的伴侶康納（Connor）卻堅持想要孩子——並非出自什麼特別的理由，只是他的教育告訴他這樣才是正常的。他們剛在一起時，康納輕鬆地談論想生兩個孩子，認為這就是未來會發生的事。就像維洛妮卡不斷地推遲自己的決定一般，她也認為將來有一天命運會做出決定。然後，他們認養了一隻狗。

當他們第一次討論要養小狗時，維洛妮卡堅持兩人必須共同擔負照顧的責任，這是她同意養狗的唯一條件。康納的母親是位家庭主婦，是小孩主要的照顧者，但是維洛妮卡並不想依循這樣的模式。如果決定養狗，就必須各自分攤一半的工作，這是他們達成的協議。

犧牲了五日睡眠只為試著訓練一條八週大的小狗，改變了康納原本想生小孩的念頭。一週後，他看著維洛妮卡，說他不想要有小孩了，之前那些關於成為父母的想法已經破滅。雖然他還是做得來，但密集的照顧工作一點也不有趣。

大部分探討養育小孩動機的研究都未曾登上國際媒體，然而二〇一四年，一項來自英國的研究發現，夫妻只討論過一次就決定不生小孩，引起全球媒體的關注。[1]媒體大幅報導，將如此「短暫」的決策稱為不負責任且魯莽的行為。然而事實上，大部分的人在和他們的伴侶討論之前，會先自行決定是否要生小孩。倘若伴侶雙方都不想要有小孩，那麼決定的過程就會變得迅速且輕鬆。

雖然我們一開始決定要生小孩時出自個人欲望，但有時候我們的意圖無法和伴侶的意見一致。意見相左不代表一定會導致爭論，我們的動機會隨著時間和環境改變，對於許多人而言，伴侶關係就是一種環境條件。研究顯示，人們因考量到伴侶的生子意願而更改他們的計畫。如果他們的伴侶希望能多有幾個小孩，那麼生育子女的計畫就會往上修正；反之，則往下修正。[2]傳播學者衛斯理（Wesley Durham）和道恩（Dawn Braithwaite）針對沒有子女的夫妻進行研究，並以每位伴侶個人的生子意願及其帶來的滿足感為基礎，發展出以下四種不同走向的計畫。[3]

在早期即有計畫共識的人，通常不會和伴侶進行太多關於生小孩的討論，因為他們在一開始就想法相近。對於這個族群的人來說，不生養子女是一種核心價值，因此他們也會選擇有同樣想法的伴侶。彼此協商計畫的夫妻並不確定是否生養子女，所以他們為此展開對話，討論成為父母與不生養子女的優缺點，同時也討論他們的人生目標。有些夫妻在討論他們想要的生活方式時，就能了解到他們並不想要生養小孩。

不生養子女的夫妻之滿足程度

計畫走向	定義	滿足程度
早期共識	雙方都不想生小孩	滿足程度高
彼此協商	雙方都不確定是否生小孩	滿足程度不一
單方說服	單方說服另一方不要生小孩	滿足程度不一
彼此說服	一方想生小孩但另一方不想生小孩	滿足程度低

針對那些猶豫不決的夫妻所展開的研究發現，他們在決定的過程中面臨較多壓力。如果兩人都猶豫不決，就需要花費較多的時間得到結論，兩人交往時須經常確認彼此不同的觀點。儘管決定的過程常常讓人備感壓力，一旦下定決心，雙方通常都會感到如釋重負，並發現他們享受著不生小孩所帶來的樂趣。至於落在單方說服這個類別的夫妻，不想要生小孩的一方通常比猶豫不決的另一方更具有影響力。在女方不想生小孩但男方卻不確定的異性戀夫妻關係中，男方通常都會「等著看」，並假設母性的本能將發揮作用並改變女人的想法。這個類別的夫妻在討論家庭計畫時，容易遭遇較多的衝突，最終導致愧疚、祭出最後通牒，以及發生被動攻擊的行為。與維洛妮卡和康納的情況類似，以下是衛斯理和道恩研究中的一對夫妻在做決定時的討論：

我們的確有找一天好好坐下來談這件事。我說：「你很清楚，你比我還更想要小孩。如果我們有了小孩，你是否願意負責一半照顧小孩所需要的時間？我沒有要求你負責超過百分之五十。」他最後說：「百分之三十。」他承諾自己會負責百分之三十照顧小孩的時間。而我說：「你難道不覺得這樣的分配不太對嗎？是你比我更想要有小孩，但你卻指望我至少負責百分之七十照顧小孩的時間。」在那之後，我們就較少談到家庭計畫的問題。

當一方試著說服另一方時，就可能產生問題。如果你有強烈的意願，但你的伴侶卻猶疑不定，那麼你或許會感到很沮喪，特別是你很早就向對方坦承自己想要或不想要生小孩的意願。如果你說服對方配合你的決定，那麼你或許會有罪惡感，彷彿你決定了他的未來。如果你的伴侶覺得自己的意見沒有被考慮，他也可能因此心懷憤懣。當雙方意見不一致時，滿足程度便有所不同。然而，衛斯理和道恩的研究也發現，沒有生養子女的夫婦之中，那些說服猶豫的一方不要生小孩的人卻因此過得很快樂。

當雙方強烈反對彼此的意見時，一方想要小孩，而另一方卻不想要小孩，就會產生嚴重的衝突。在衛斯理和道恩的研究中，提倡不生小孩的一方甚至會說：「我或小孩選一個。」在這些情況下，想要小孩的一方經常覺得自己的感受沒有被考慮到，而且很少有機會討論，導致家庭計畫的滿意程度非常低。

當我還是個年輕女孩時，我不認為自己想要小孩。隨著年紀增長且從事生育權相關的工作之後，我意識到自己真正不想要的是懷孕和生產。事實上，選擇成為父母並不等於懷孕。不生育是我成人後幾經考慮後的選擇，我也曾經對我的兩任伴侶（一個是我的前夫，另一個是我現任的妻子）說過，如果他們決定生育子女，那麼我很樂意和他們討論這件事。但是，他們都沒有和我討論過這件事。我在交往初期時就表明自己對於生育子女的看法。當我遇見妻子時，她還以為她的伴侶會懷孕生小孩，因為她自己也不想要懷孕。這幾年來，我們的關係越來越成熟，她和我一樣確定不生小孩。我們最終能夠得到小孩的唯一方式，就是如果我的手足意外有了孩子，我們就可以承接他們的孩子了。

我生活周遭的人總是認為我不生孩子將來一定會後悔。但是我認為自己已深思過才決定不生，這麼做已經勝過多數決定要生小孩的父母了。我對此再確定不過了。

海蒂（Heidi）

四十四歲、德州、女性／中性、非營利機構執行長、白人、順性別、雙性戀、已婚所以，我們從這份研究中可以學到什麼呢？簡單來說，坦誠面對是最好的。毫無疑問的，如果你清楚自己的立場，就該盡早告知你的伴侶。應該提前多早告知對方，則取決於你在這段關係中的目的是什麼、你的年齡，以及你在多久之後的未來預見自己擁有小孩。如果你知道自己想要在接下來的兩年內開始嘗試，那麼最好盡早表明你的意圖。雖然沒有必要在第一次約會時就說明白，但你也不會希望等了一整年之後，卻發現另一半不想要有小孩，而且因為你從未提起這件事，就讓他以為你也不想生小孩。

當然，並非每個人一開始談戀愛，就清楚自己以後是否要生小孩。對部分人而言，交往的過程可以讓人從不同面向去釐清生育子女的問題。對於和另一半的成長背景截然不同的人來說，這個部分非常重要。在本書訪談中最常見到的反應就是，「在遇見我的伴侶之前，我並不想要小孩。」有些人無法「預見」自己成為父母，然而隨著時間過去，伴侶企盼有小孩的熱情，有助於他們想像自己成為父母的模樣。以安妮（Anne）為例，她在二十四歲時並不確定自己是否想要小孩，直到她與現在的伴侶交往時才改變想法。安妮的男朋友很清楚自己想要小孩，並且希望能早一點生下他們。「只要看到他興奮的想組成一個家庭，而且這個夢想真的可以被實現，也讓我格外的興奮。」安妮說。「我們有非常契合的價值觀和目標，我想我們會成為很棒的父母。」

在與我交談過且改變想法的人裡，大部分人表示他們知道另一半想要實現這件事，所以他們也開始認真思考，因此漸漸對這個想法產生興趣。有些人知道這對自己的伴侶而言，是一件意義重大的事，因為伴侶對他們來說相當重要，所以他們決定「盡力去做。」在此情況下，想要有孩子的一方比不想生育的另一方具有更強烈的生育意願。換句話說，夫婦雙方的結論通常都會落在意願最強的一方。對於最終決定感到放心的人也表示，他們不曾覺得自己被操縱或被迫做決定；相反的，那些因成為父母而表達不同程度的後悔或不滿的人，則感到自己被催促或被強迫。

同性伴侶間也存在協商的問題。當有一方的生育意願較強烈時，另一方通常會反覆思考他們該如何決定。[4]在這些案例中，被說服的一方在生育子女方面同樣也會變得投入。[5]有強烈意願想生育子女的同性戀者通常會堅持成為父母的想法，就算這意味著他們必須結束一段戀情。一份關於想要有小孩的男同志的研究發現，如果他們的伴侶想成為父母的意願不高，那麼他們就很可能結束這段關係。[6]對於女同志伴侶而言，伴侶的生育意願無法改變另一方的生育意願。[7]

由於性別角色期許的不同，異性戀伴侶對於成為父母的見解也不同。一份針對二十八歲到四十五歲男性的研究中發現，男性對職場的想像幻滅之後，就會選擇成為父母。雖然他們從工作中完成許多外部目標，但工作卻無法提供內心所需的滿足感，這使得為人父親看似更具有吸引力。[8]對女性而言，做決定的過程一點也不簡單。女性更可能考量到一些社會因素、伴侶和家人的意見，以及自身的得與失。比方說，擁有高度技術的女性職工有了小孩之後，她們的薪資容易產生劇烈的變化。一份出自國家經濟研究局的文稿顯示，人們有了一個小孩後，將使一生的收入減少百分之二十一到三十三。延遲生育子女有助於降低這些損失。相較於二十多歲就生小孩的人，擁有學士學位且等到三十歲才生小孩的人在一生中多賺了十二萬五千美元。[9]

我在二十九歲時懷孕，當時我並不完全確定自己是否已經準備好了。我以為自己可以是一個更冷靜、更自決的人，但是我很清楚自己會因此感到厭倦，而且有點為時已晚。我的母親在我二十六歲時過世，我以為自己在沒有她的情況下沒辦法有小孩。但是對我老公來說，小孩也是很重要的一部分，他已經有點年紀，而且當時他也比我有更充分的準備。我知道是什麼讓我做出決定，那並不是一個深思熟慮的過程，那就像是「好吧，我們就這麼辦吧。」

> 我喜歡當媽媽。我確實負責較多照顧小孩的工作。我會說我負責了百分之八十，我老公只負責了百分之二十。我因此感動、疲憊，也非常容易感到「厭煩」。我最小的小孩已七個月大，我希望之後能回到我想要的普通生活。儘管如此，我和老公還是非常快樂地在一起。此外，當我覺得自己付出較多而感到憤懣時，我會和他溝通，他也會接手這些工作。
>
> **凱瑟琳（Kathryn）**
>
> 三十三歲、羅德島、女性、非營利機構兼職員工、白人、順性別、異性戀、已婚

倘若有人猜想大部分的工作可能會落在自己身上時，他們對成為父母這件事興致缺缺也是很合理的。勞力分工是推測家庭幸福的方式之一。對於自己的婚姻感到矛盾且認為老公支持力道不夠的女性，較可能在轉變為家長身分時出現憂鬱症狀。[10]覺得得到伴侶支持的新手媽媽則較不容易增添憂慮。[11]儘管照顧小孩和打理家務的性別分工已隨著時代改變，在異性戀伴侶關係中的媽媽們還是持續承擔起大部分無酬的勞力工作。這種失衡的現象有助於解釋

媽媽們為何比爸爸們壓力大、較疲憊也較不快樂。

爸爸們表示，他們每週大約花費八小時在育兒上，相較於一九六五年，約高出了三倍。此外，爸爸們還表示，他們每週大約花十小時打理家務，而一九六五年只有四小時。然而，媽媽們表示，她們每週大約花十四小時照顧小孩，打理家務則花了十八小時。當我們將單方家長在家全職的情況納入考量時，這種不均等的分工現象依然存在。全職媽媽每週平均花二十六小時打理家務，二十小時照顧小孩，這些時數比她們外出工作的伴侶在相同任務上耗費的時間多出三倍。當角色對調後，全職爸爸每週平均花費十八小時打理家務，十一小時照顧小孩，只比外出工作的媽媽們多出八小時。然而，全職爸爸的休閒時間幾乎是外出工作的媽媽的兩倍，全職媽媽的休閒時間比外出工作的爸爸還要少四小時。如果父母雙方都有工作，勞力分工的情況則較為平均；儘管如此，媽媽們仍然更容易負擔更多無酬的勞力工作。[12]

當談論到有酬勞力時，美國有超過一半在外工作的父母表示，他們發現自己很難在照顧小孩和工作之間取得平衡。在小孩年齡低於十八歲的父母中，將近百分之四十在外工作的父母表示，他們總是感到很匆忙，百分之三十三的人則表示自己沒有足夠的時間和小孩們相處。[13] 一份針對加拿大父母的研究也得到類似的結果。一半的受雇父母認為自己與小孩相處的時間並不夠。當父母有這種感覺時，他們也很可能有睡眠問題，容易發怒且感到憂鬱。[14]

儘管處理工作和養育子女常常充滿壓力，孩子年齡低於十八歲的受雇父母們認為，比起沒有受雇於工作的父母，他們養育子女的壓力較低。可以預料的是，當父母能從工作職場上得到一些資源時便能負擔更多。時間管理是重要的關鍵之一。能夠妥善管理時間的父母表示照顧小孩的壓力較低、較幸福，也有較多時間可以陪伴孩子。[15] 模糊的工作界線，以及出現在你手機上的那些信件、Slack 通訊軟體和其他的通知訊息，都會讓家長們很難有效地區隔家庭生活和工作。

我一直都想要有小孩，事實上我從小就由母親獨自帶大，所以我從來不覺得自己一個人有什麼問題。理想上，我想要收養小孩。但當我開始實踐這個想法時，發現收養所需的花費高得讓人望之卻步，身為單親媽媽的我，只憑一份社工的薪資根本無力負擔。我也想過當寄養家庭，但老實說，我不確定自己的心理素質是否能承受養大小孩後，再送他回原生家庭團聚。儘管這或許對小孩是最有利的，但我想我還是沒辦法看著這件事發生。

在疫情期間，我開始和一個好朋友交往。她明白我想要有小孩，因此反覆思考這是否也是她想要的。最終，那並不是她想要的，我不願意在這件事情上妥協，所以我們分手了。對我來說最困難的是，這是我第一次意識到自己有多麼希望能和伴侶一起做這件事，但在進行人工授精的同時開始約會是充滿挑戰的。我還在試圖思索著要在什麼時間點、用什麼樣的方式讓對方知道。我理解這不容易，我也不想讓交往不久的伴侶倉促的和我一起成為家長。

幸運的是，這一切使我和母親的關係變得更加緊密。她橫跨整個美國，陪我度過這一切。我們開始聊到很多很多將來要告訴孩子的事，關於我的交往經歷（我能對媽媽出櫃，承認自己是雙性戀），關於她曾試圖幫助我的方式，以及關於她與我的小孩、與我建立的關係。那將是一份恩賜。

克萊兒（Claire）

三十二歲、麻州、女性、社工、順性別、同性戀、單身對新手父母來說，勞力分工大多是雙方爭執的主因，[16] 因此確實有必要將雙方的責任納入家庭計畫中討論。不論是什麼性別組成的伴侶，過度不平等的勞力分工將導致嚴重後果。希望可以勞力分工均等的伴侶，或者無酬勞力的主要承擔者，生活境況相對較差。大多數無酬勞力分工不平等的現象，可歸因到性別角色，因此這也是為什麼同性、跨性別和非二分性別的伴侶在任務分工上能以較平等的方式進行。[17]

以維洛妮卡和康納為例，了解雙方的期許有助於決策。維洛妮卡認為，將無酬工作五五分工的方式可謂公平待遇。然而，公平不代表均等。不論是五五分、六四分或七三分，只要兩人覺得公平，對安排的結果感到滿意，就算比例不均等也無所謂。只要伴侶兩人都同意，不論是全職照料家務並負責大部分的無酬勞力，或是外出工作，都可以是公平的。

父母經常教導我們一些性別的規範和養育子女的做法，挑戰這些價值觀的最佳途徑，就是用批判的眼光去審視父母養育你的方式。你在童年時期最喜歡的事情有哪些？有哪些父母做過的事情，是你希望可以用不同方式去進行的？你的父母如何分工勞力？你對於父母分工的方式有什麼想法？他們的做法值得你仿效嗎，為什麼？同時也對你的另一半問一樣的問題。他們的期待是什麼？他們是否期待你會一手包辦所有照顧小孩的工作，只因為他們的媽媽也曾這麼做過？或許這些話題有些棘手，所以如果你感到不舒服，可以考慮將這些問題帶到一個中立的場合（例如夫妻諮商）進行。

如果你無法下決定，就不要再嘗試做決定或假裝正在做決定。為自己設想一個沒有小孩的生活比較容易，因為這也是你目前的生活方式。如果你沒有小孩的話，生活將不會有太多改變。但是當你有小孩，所有的事情都會改變。當然，想想要幫孩子取什麼名字是一件有趣的事，但這麼做無法減輕你的憂慮。別再想誰該做多少比例的事，想想一些具體的細部問題。如果房子裡有個嬰兒，你會餵奶、吸奶或泡奶嗎？誰負責在半夜餵小孩、換尿布？誰負責煮飯和打掃？接著就是照顧小孩的問題了。誰負責看照嬰兒？你是否能負擔托嬰的費用，或讓一個家長在家照顧嬰兒？獨自回答這些問題後，看看你的答案和你的伴侶有什麼不同。此外，也要考量到一些意識形態的差異。你會在某種信仰價值下養育你的小孩嗎？養育小孩若陷入困境時該如何解決？你會用什麼方式教育孩子？面對這些問題，我們可以輕易地說「我不知道」，但是這些都是你將來必須做出決定的問題，既然如此，為什麼不現在就思考呢？如果你發現自己很害怕面對這類型的對話，或許那就表示你還沒做好生小孩的準備，或者你根本不想有小孩。預先計畫或許能幫助你設想自己成為父母後的樣貌。

在進行這些對話時，請留意自己和伴侶的感受。讓自己進入育嬰的模式，例如關注一些育兒相關的社群媒體、查看商店中的嬰兒區，了解一下各種類型的嬰兒車價格有多麼驚人、列出育兒用品清單、參加育兒課程。雖然一開始這麼做感覺有點蠢，但還是得堅持下去。兩人一起並各自花數週的時間從事育兒相關的事，留意自己對於這些事情的感受。你是否發現自己會忽略出現在主頁上關於育兒的貼文呢？還是你對這些貼文有點興趣呢？你的回答沒有對或錯，只有最適合你的。

如果你想演練一下，試試一些養育子女該盡的責任，卻不想太過投入的話，可以效法維洛妮卡和康納的安排。許多人建議可以藉由照顧嬰兒來測試看看自己是否想要養育子女，然而這種做法的問題在於，當一天的照顧工作結束後，你還是會回到自己的家裡。養寵物時必須許下一個很大的承諾，你不用效法維洛妮卡和康納去收養一隻狗，但可以試著代養看看。聯絡鄰近的動物收容所或當地的搜救團體，看看他們是否需要幫忙代養。當然，養小狗和養小孩是不一樣的，但是你可以從中得知若遇到小狗在清晨五點想要去大便時，你們會怎麼處理這件事。

我們兒子出生時，我二十九歲，我女友三十四歲。我們當時已經買了一間房，也有各自的事業，她想要在三十五歲之前成家。我們決定停止避孕，兩週後她就懷孕了。

即便還是個孩子時，我也總是想要成為「大人」。我曾想過長大後擁有一間房子、一條狗和一個小孩。老實說，我一點也不享受當父母的樣子。我覺得自己好像被欺騙了，因為親戚和這個社會總是大量灌輸我「一切都會改變，變得更美好」這類的訊息。五年的睡眠不足一點也不美好。搞定學校和工作兩邊的行程一點也不美好。我一部分的腦袋裡總是被孩子的事情占據，這一點也不美好。事實上，我的伴侶對於這些事情感到相當滿足，但對我來說卻不是這麼一回事。

我並不後悔有了小孩，但如果我能回到過去，告訴自己改變人生的選擇，當一個「有趣的舅舅」，而不是「有些疏離的兼職老爸」，我會這麼做。

我認為我們常暗示養育子女是一種成就，但對於某些人來說這是一種傷害。真正想要有小孩的人應該有小孩。而不確定自己是否想要小孩的人，應該忽略來自親朋好友的壓力，好好思考機會成本和風險。我愛我的兒子，一週和他出遊一兩次的話，我會感到很開心。現在回頭看，我應該追隨內心，而不是遵從傳統社會和浪漫的樣版。現在我們已分割孩子的監護權，我也和另一個較不拘泥於傳統事物的人結婚，這樣的生活更有意義。

馬克（Marc）

三十九歲、男性、資訊業、順性別、雙性戀、已婚

07 氣候變遷之下，還要生孩子嗎？

當史蒂芬想到人類造成的浪費，他不禁想起童年時參觀家鄉維吉尼亞州當地的資源回收中心。他的父母親會將垃圾收集起來，等累積到好幾堆紙箱和好幾大袋瓶罐後，再送去資源回收。他們其實沒必要這麼做，可是他們卻做了。一趟行程需要花費二十五分鐘。史蒂芬記得那是一件「令人痛苦的差事」。

不論他的父母是否藉由資源回收來灌輸他環境的價值，但這麼做確實奏效了。三十歲的史蒂芬負責調查一些試著減緩氣候變遷的計畫成效，也非常關心環境相關議題。

然而，當我們談到環境時，關心即是一種複雜的情感。我們如何關心一個遠遠超過自身範疇的問題呢？對史帝芬來說，這樣的說法是出自一種對於事實的麻木。「我很悲觀地預測，當我談到這個問題時人們會變得煩躁，」他說道。「因為我很習慣性地會想到這件事，我有點忘了這會讓人感到厭煩。」

越來越多的年輕人因為氣候變遷而決定放棄生孩子，史蒂芬是其中之一。十八到二十九歲的美國人之中，將近百分之三十八的人認為在決定生小孩之前，應該考慮到氣候變遷。二十至四十五歲中，則約有百分之三十三的人認為氣候變遷是減少生子的原因。[1]由於環境因素而決定不生小孩的想法其來有自。一九六〇年代末期的零人口成長運動，是第一個提倡透過限制生育來保護地球資源的活動。[2]

對史帝芬而言，全球暖化不算是個環境議題，而是社會議題。「環境本身的改變與其結果並無好或壞，它就是個事實。事實上，我們所建立的社會和文明，從開始以來就非常仰賴氣候環境。這正是問題的所在。」他說道。「突然之間，我們必須改變，而我們卻無法廢除對環境有害的貨幣製造，或日光節約時間。現在我們會說：『很抱歉，不要再製造燃油車了，否則我們都得挨餓。』」

對沒有小孩的史蒂芬來說，要適應一個充滿不確定性的世界已經夠令人沮喪的了，更何況有了孩子，他一點也不敢想像，遑論要將一個與他成長時全然不同的世界傳承給孩子。「我在念研究所時曾在溫哥華水族館裡工作，我在那裡見過一個懵懵懂懂、到處亂逛的小孩。他想要那些印有閃亮鯨魚和海豚的貼紙，而我愚蠢的大腦裡卻想著，當他們還能在某些地方看到這些貼紙時，你要怎麼跟孩子說這些動物已滅絕？『曾經有一種動物叫做鯨魚？』想到我們必須跟孩子解釋鯨魚是什麼，我就覺得很傷心。」

我只想要收養小孩。身為一個環境科學家，想到要讓我未來的孩子身處衰敗的地球，我就覺得非常沮喪。那種強烈想要保護尚未出世的孩子的感覺，勝過了想要將他們帶到這個世界上的欲望。不規律的經期也使我懷孕和生產都存在著風險，我想盡可能地成為一個充滿活力的父母。

黎巴嫩詩人紀伯倫（Khalil Gibran）曾說，孩子雖然經由我們來到世上，但並不屬於我們的——他們是生命的一部分。我堅信這一點。如果我有很好的伴侶和社群後援，透過收養小孩體驗為人父母的感覺，我會感到非常幸運。

在約會時，我都會主動談起想要收養小孩的事，因為對某些人來說，不生小孩或收養小孩都是無法接受的，特別是一同建立生活的人還有經期失調的健康問題。一開始就開誠布公對每個人來說是最好的，我們都應該在一頭栽進去之前搞清楚情況。

成為父母的方式很多，也有很多方式可以豐富我們社會中孩子們的生活。我不會為了懷孕而犧牲自己長期的健康。收養小孩才是適合我的。如果未來我的伴侶也有顆子宮，我們就必須好好討論一下，她們在面對這種情況時的感受。透過人工的方式懷孕讓我感到很不自在，至少就忽略氣候災難這方面來說，在美國已經有很多小孩正在等待一個安穩又有愛的家了。

莫妮卡（Monica）

二十五歲、愛達荷州、女性、氣候科學家、白人、順性別、同性戀、不孕

世界的變遷，身體的變化

和人類一樣，地球也有溫度。人類平均體溫為攝氏三十六．五度，而這個星球的平均溫度則是攝氏十五度。就像我們在平均體溫下能最佳運作一樣，地球也是如此。地球的溫度會自然的波動，然而逐漸增加的二氧化碳排放量，溫度上升速度比以往更加快速。今日，相較於工業革命之前，地球的溫度因為大氣層中不斷增加的二氧化碳而上升了攝氏一度。過去六十年間，我們排放到大氣中的二氧化碳是自然產生排放量的一百倍，這在造成溫度上升的能源失衡比例中占據了三分之二。[3]

「我們早在一百年前就累積了某部分的碳量，二氧化碳在大氣中的存留時間相當長，因此一百年前排放的碳現在仍然存在於大氣中。」土木工程師身兼氣候百科（Climatepedia）執行長的董博士（Kimberly Duong）表示。「所以，現在的碳排放將影響接下來五十至一百

年的幾個世代，而我們卻無力挽回。」

我們的生活方式不僅破壞環境，也傷害自己的身體。氣候變遷、食物和水資源減少、空氣汙染以及海平面上升，都對我們的身心健康造成影響。

隨著溫度上升，汙染、過敏原與災難的風險就會增加。[4]極端溫度也會加劇汽車或工廠排放出來的汙染物。汙染增加將導致更多人因為氣喘或心血管疾病而住院治療。汙染也造成花粉量升高，使過敏季變得更長。[5]

海平面溫度上升已經開始使海洋生物和人類疾病增加。[6]統計顯示到了二一〇〇年時，暖化將使海平面上升二十公分到兩公尺不等，增加了洪水發生的可能性，也提高了傳播疾病的風險。[7]洪水將有毒物質帶入我們的水源供應中，經由水源或病媒傳播的疾病將更容易蔓延。家中的水源遭到破壞後，則進入洪災後的模式，過敏和氣喘的症狀也會變得更嚴重。[8]

環境改變對人體健康帶來影響。氣候模式的改變也影響了動物與昆蟲的遷徙模式，導致病媒傳播的疾病增加，例如萊姆病和茲卡病毒。[9]季節的變異則改變了食物供給，降低農作物產量與營養價值。[10]

面對這些對健康造成的影響，小孩是最容易受到傷害的一群。汙染、毒物與其他的壓力源，都可能對孩子的身心健康帶來負面影響，而這些問題可能一路伴隨他們至成年。[11]氣候造成的身體負擔也可能不利於生產，甚至影響胎兒發育。[12]幸運的是，孩子們都具有強韌的適應性。針對空氣品質的研究顯示，在減少空氣汙染後，孩子們的肺部功能也有所改善。[13]

在心理健康方面，極端氣候事件為我們帶來的壓力，使得創傷、驚嚇、創傷後壓力症候群（PTSD）、壓力、焦慮、憂鬱，以及藥物濫用的情況增加。卡翠納風災過後，生活在風暴路徑上的居民自殺和有此意圖的人增加了兩倍。六人中就有一人符合 PTSD 的標準，該區受風暴影響的居民中，有將近一半患有情緒失調或焦慮症。[14]高度的壓力也影響了我們身體健康，使其免疫力降低、睡眠障礙、消化不良和失憶。[15]

暴力和挑釁的事件也隨著氣溫攀升。從現在至本世紀末，美國人每年將經歷比平均多四至八倍的溫度高於攝氏三十五度的天數。[16]諸如亞利桑那州等地，到了二〇九九年時，每年可能會有超過一百天的氣溫高於攝氏三十五度。[17]高溫對於認知功能帶來負面的影響，在增加敵對情緒的同時，也降低了我們的注意力和自我約束力。[18]一份來自哈佛大學甘迺迪政府學院的研究統計，由於二〇一〇年至二〇九九年間平均氣溫增加，氣候變遷將導致額外增加三萬件殺人案、二十萬件強暴案，以及三百二十萬件強盜案。[19]包含虐待兒童在內的家庭虐待事件，也會隨著自然災害而增加。[20]隨著資源消耗和氣候引起的大規模遷徙成為主要議題，暴力事件只會越來越多。

關於氣候變遷對社會的影響，暴力事件增加只是史蒂芬在研究中發現的眾多問題之一。「我擔心在生活品質明顯下降的情況下，人們對待彼此的方式。我想大家都會開始責難別人，情況將會變得很不堪與暴力。」他說道。「不論在未來的一個世紀中發生什麼事，人類都不會走向滅亡。我不認為糟糕到所有過去生活記憶都消失的黑暗時代會出現，但是將來必定出現更多動盪，我想智慧可以克服這一切，只是我不知道還要多少時間才會實現。」

我對於養育小孩這件事情完全沒有規畫。我想在生活中得到其他的事，所以必須放棄有小孩。我是一個想要維持單身又能享有多重伴侶關係的人，所以最後可能會是只有我一個人獨自扶養小孩。

除此之外，這個世界因為我們的關係而陷入氣候危機，生養更多小孩似乎非常糟糕。我不想把小孩帶到一個為爭奪資源所苦的世界裡，生活在一個戰爭逐漸普遍的世界中，或許人類也快走向滅亡了。

伊文（Evan）

不生小孩真的能拯救地球嗎？

除非你是一間石油公司的執行長，或擔任政府高階職務，否則減少碳足跡最有效的方式就是少生小孩，越少越好。發表在《環境研究快報》（*Environmental Research Letters*）的一份研究發現，少生一個孩子是每個人能降低他們碳足跡最有效的行動。[21]這是一項令人難以接受的事實，尤其是對於想要生育孩子的人來說更是如此。但是，當我們想到人類扮演著推進氣候變遷的角色時，減少人類的數量對這個星球有益，其實並不讓人感到意外。既然我們已經不再訝異少生孩子是我們能幫助環境最好的方式，那麼就可以具體的討論這意味著什麼？

人口成長是碳排放主要的驅動因素之一。《美國國家科學院院刊》（*Proceedings of the National Academy of Sciences*）的一份研究發現，以全球每名女性減少〇．五生育數的方式減緩人口成長，到了二〇五〇年時就能降低百分之十六至二十九的排放量，以避免嚴峻的氣候變遷。[22]當然，並非所有的人口成長都是一樣的。那些來自工業化國家、高碳生活方式的排放量比所有排放量高百分之五十。然而，世界上另一半貧窮人口，同時也是承受氣候變遷負面影響風險最高的一群人，僅在全球碳排放量中占百分之七。[23]

為了在二一〇〇年前，將全球暖化上升的溫度限制在攝氏兩度以內，我們必須在二〇五〇年前達到每年最多排放二・一噸二氧化碳的目標。[24]美國人每年平均製造出十五・二噸的二氧化碳排放量。僅僅是食用肉品和每年搭一次越洋班機，就足以耗盡你每年二・一噸的碳預算。[25]

對於關心環境、想降低碳足跡，同時也想生育孩子的人來說，這無疑帶來了一些挑戰。是否有較道德的方式擁有小孩？還是我們都應該避免生育小孩呢？

檢視這個問題最簡單的方式就是看替代率。如果每個人生育一個小孩，夫妻兩人生育兩個，那麼人口數大致上持平。假設夫妻兩人只生育一個小孩，人口數就會下降。如果生育小孩對你而言是一件重要的事，那麼你可以選擇不要生那麼多孩子。

然而，孩子的數量其實不是真正的問題；我們的生活方式才是問題的所在。尼日的總生育率比任何國家還高，每名生育者平均生下六・九一個孩子。[26]然而，在尼日出生的每一個小孩並沒有像在美國出生的小孩一樣消耗那麼多的資源。尼日人每年平均只製造〇・一噸的二氧化碳排放量。[27]

人口成長對環境造成影響的相關研究的重點，是要傳達消耗資源的訊息。無關乎人口的數量，重點在於這些人所消耗的資源有多少。討論減少人口成長的研究並沒有說出：「不要生小孩，」而是表示：「少生小孩。」

否認我們促使環境改變的角色或能力，不過是一種情感上的策略，使得我們採取消極的環境保護行為。當我們認為氣候變遷只有對遙遠的地區造成影響，或者很久之後才會造成影響，又或者認為它只是政府、科學家或公司的責任時，就創造出所謂的心理距離，我們在自己和問題之間保持一定的距離。[28]

以情緒導向的行為通常無濟於事。散播恐懼常常導致人們不再強調或忽略氣候變遷。[29]許多時候，當我們感覺很糟時，就會把焦點從問題本身轉移到嘗試擺脫與問題相關的負面情緒。我們不去思考**自己該做什麼對環境有益**，反而想著**自己該如何擺脫每當想到全球暖化就產生焦慮的問題**。對許多人而言，他們的回答則變成「**如果我不思考這個問題，那麼我就不感到害怕**」。如果你是一個不論在氣候變遷或任何生活議題上，傾向迴避負面情緒的人，請試著將注意力放在尋找意義。花一些時間在大自然中，去散散步，試著自己動手整理花園或打理食物。想一想你喜愛的大自然，找到其他人展開對話，試著努力在這些地方做出改變。

傳遞希望是成功的一半；另一半所仰賴的不僅是學習如何面對複雜的情緒變化，也要找到重新整理負面情緒，且賦予自己行動能力的方式。

我以前真的想生下一窩的孩子。我真的很想要小孩，想等到二十六、七歲時就結婚生子。但隨著我逐漸長大，世界開始產生變化，我的想法也改變了。我是千禧年世代出生的，當時的經濟跌落谷底，而我又正開始試著賺錢成為大人，同時還身負鉅額的學貸。然而，除了財務重擔之外，氣候變遷也正在我的眼前發生，我目睹這個國家的不同城市因警察的暴行而動盪不安。我如果要有小孩，不論是親生的還是收養的，都會是黑色皮膚。所以，我有必要考量自己該付出和承擔的責任。

上一段戀情告吹時，我並不樂觀。如今，我和現在的伴侶已經在一起快五年了，這是一段完全不同的戀情，我確信我想永遠維持這段關係。我們討論過要養育孩子，並決定我們若要有小孩，就必須透過收養的方式。我想兩個小孩已是極限，我不再想要有一窩孩子了。現在要養一個小孩已經是很大的經濟負擔，這也是為什麼我們還沒展開收養程序的原因。我們也希望能先結婚。

我原先想要的是自己的親生小孩，但是後來決定透過收養方式，因為我不希望在這過程中承擔生育的道德壓力。我對於未來並不樂觀，我想這也是為什麼我現在會從事這類型的工作的原因。我努力抵抗可怕的未來，因為我對未來感到非常害怕。未來讓我感到害怕也讓我有改變的動機，我盡可能的做出改變，也幫助他人做出任何能讓情況好轉的改變。

喬登（Jordan）

三十五歲、羅德島、男性、非營利機構主任、黑人、順性別、同性戀、交往中

在氣候變遷的年代養育子女

以加州為基地、現年三十九歲的環境科學家艾倫．塔勒姆（Alan Talhelm）博士堅信，積極樂觀的態度使他們決定養育小孩。這也是他和妻子決定生下孩子的部分原因，這孩子現在已經一歲半了。

「身在氣候與環境領域工作的人，我或許比大部分的人還要樂觀，因為我很清楚有許多措施正在實行，例如政府的計畫、試著領導的人們、與碳捕捉相關的科學進展，以及我們能採取的其他緩和氣候的措施。從生物學的角度來看，我也在整個大自然環境中見到生命的復甦能力。」艾倫說道。「這並非意味未來沒有任何災難，但這給了我樂觀的期盼。」

本書中的受訪者也反映出艾倫的樂觀情懷：他們希望留下更美好的世界，同時也擔心如果和他們有相同價值觀的人沒有養育小孩，那些價值觀就無以為繼了。父母形塑了孩子理解這個世界的方式。兒時到資源回收中心的經驗讓史蒂芬知道，沒有什麼東西是「消失的」，垃圾離開你的視線並不代表它消失了。

如果你想要有小孩，最好的辦法就是用對環境有益的價值觀來養育他們。許多研究都支持父母和孩子談論全球暖化的現象。[30] 當你展現對環境有益的行為時，你的孩子將會以你為榜樣。談論氣候變遷的話題不必要讓人覺得害怕。展開話題最好的方式，就是教導孩子愛大自然，他們自然而然的就會想要保護它，接著再給他們一些工具去做這件事。

道德與政治哲學家伊莉莎白．克里普斯（Elizabeth Cripps）博士認為，父母有義務保護孩子免受氣候變遷的威脅，這是滿足孩子基本需求時應盡的義務，父母要讓孩子能夠為長大成人做準備，並提供環境使他們得以持續過著體面的生活。克里普斯寫道：

> 倘若孩子正挨餓，而父母雖有能力卻不阻止這種情況，只是給予擁抱、說說床邊故事而已，這樣的關心似乎顯得可笑。同樣的，如果孩子在未來將面對飢餓或嚴重的疾病，而父母雖有能力卻不加以阻止，那麼為孩子長大成人所做的其他準備也沒什麼好指望的了。[31]

我們都知道如果袖手旁觀，這個星球會越來越溫暖，我們生活方式將逐漸改變。因此，若父母的職責是為孩子爭取最大的利益，那麼他們也必須對抗氣候變遷。克里普斯認為，父母共同的責任就是一同採取行動，來緩和調節氣候變遷，這也是艾倫內心深處的感受：「有小孩之後，我更加深入思考自己對於環境的影響，以及我該如何解決氣候變遷的問題。」

孩子不會只遺傳了我們的眼睛和幽默感；他們還會繼承我們所留下來的世界。我們此時的作為影響了數個世代——我們或許無法活著見到孩子的一生，但是對他們來說，我們為氣候所採取的行動，肯定會對接下來的數十年產生影響。

「這讓我更加意識到我所採取的行動非常急迫，」艾倫說道。「這不表示我在之前沒有什麼動力，但是有了小孩之後，我知道他們將住在自己所打造的世界裡，而這讓一切變得很深刻、很重要。未來就在你的家中與你一同生活著。我想這將使你更珍視未來，勝過其他的一切，因為你有個孩子將會生活在其中。」

08 良好的財務狀況

賈斯敏・蒂樂里（Jasmine Tillery）兩次懷孕的經驗迥然不同。第一次懷孕是場意外，她懷上兒子時才十九歲。第二次懷孕則是計畫了將近十年，最後透過人工受孕才誕下一對雙胞胎女兒。這兩次懷孕的經驗和財務條件，都沒有朝著當初所做的準備發展，這讓三十歲的賈斯敏學習到一件事：不論計畫是否縝密，都不能保證你已做好當父母的準備。

養育小孩所費不貲。到底需要多少錢？得視情況而定。不論你的孩子是怎麼來到這世界的，花費都非常高昂。養育一個孩子從出生到十七歲，中階收入家庭平均花費二十八萬四千五百七十美元，每年近一萬六千美元。美國農業部統計，主要花費由幾個部分組成：居住占百分之二十九、食物占百分之十八、托兒與教育占百分之十六。[1] 且不僅早期育兒的花費高昂，父母在成年子女身上的花費，占了從出生到十八歲總花費的三分之一，主要是花在大學學費、居住，以及其他類型的資助。[2] 如果你首先想到的是，**這些錢要從哪裡來？**你一點也不孤單。約百分之四十二的父母認為自己在財務上尚未做好養育小孩的準備。[3]

賈斯敏第一次懷孕完全在意料之外，當時她正在上大學。她沒有錢，所以和父母同住，孩子的爸爸則在外工作。最終，兩人住在一起，賈斯敏畢業後也得到了一份工作。雖然他們的收入對二十一歲的人來說算不錯了，但這對夫妻還是變成只倚賴薪資生活的月光族。不久後，他們分手了，賈斯敏發現自己面臨了新的財務挑戰：該如何仰賴單一份收入來養育兩歲的小孩。「這是一件困難的事。」賈斯敏說道。「我不知道該如何管理金錢，因為我看我的父母都能供給我們任何的需求。我不知道該如何支配金錢支出的優先順序或者規畫預算。」

賈斯敏的兒子三歲半時，每個月的日間托兒費用成為她經濟上的一大負擔。她將一半的薪資拿去支付托兒費用、讀碩士時的學貸，還要存錢購買新車，因此賈斯敏意識到她必須改變。上網搜尋一下，就能找到琳瑯滿目的預算控制應用程式和圖表，然而真正對賈斯敏有幫助的，不是公式化的計畫方式。「在我搞清楚之前，已經失敗過很多次了。」她說道。

最終對她有幫助的是，以自己需求為基礎的計畫方式。她不想再過著月光族生活，所以她靈機一動創造了「付錢給自己」的模式。一開始，她支付自己十美元作為存款，後來逐漸增加至每個月存九百美元。她花了一些時間，將自己的心態從一個花錢者轉變成存錢者。她學到零基預算的概念之後，所有事情開始變得更加順利。她讓每一塊錢都有其用處，如果沒有的話，她就會把它花掉。賈斯敏也為每個類別的花費設定上限，她必須「有責任感」，學會如何拒絕或縮減她在喜歡事物上的花費。當她年輕時，獨自撫養兒子的時候，她必須縮減或重新調整預算才能平衡支出，但現在她有足夠的預算可以進行弄頭髮和美甲之類的事情。

「沒有人是真的做好準備，」現在正經營「媽媽教理財」個人理財公司的賈斯敏說道。「不要被社會壓力或財務問題所左右。最終，還是得由你自己決定，但是要先忘了做好準備這樣的概念。沒有人是真的準備好了。」

我非常猶豫要不要生小孩。如果今天就要我做出決定，我的答案會是「不」。我認為主要的原因之一，是我還要償還學生貸款。我非常擔心這件事情，如果停止工作，我不知道該如何支付貸款，若沒有親友的大力相助就無法生存。我必須專心賺錢，我必須有個計畫讓我可以償還債務，就算這個計畫要花上我十年、十五年或二十年的時間。我背著價值一間房子（十三萬美元）的貸款，所以還看不到隧道盡頭的光。

艾希莉（Ashley）

二十六歲、賓州、女性、製片人、白人、順性別、有伴侶

初步的花費

在養育小孩之前，懷孕得需要一筆花費。懷孕的花費取決於很多因素。如果你需要治療不孕，那麼單就懷孕來說，可能就要花數千至數萬美元不等。賈斯敏和她丈夫在二〇一七年結婚，一年後他們了解到必須透過試管嬰兒的方式才能生孩子。這讓他們陷入選擇難題：該繼續償還債務，還是以家庭計畫為優先呢？他們最後一致決定擴展家庭成員是更重要的事，償還債務可以慢慢來。為了做試管嬰兒存錢的這段日子，賈斯敏辭掉工程師的工作，而且很幸運的，新工作的保險可以支付人工受孕的療程，她只需負擔自付額的部分。

你一旦懷孕了，就得仰賴保險支付費用。在其他國家，大部分的費用會由公共醫療補助。在美國，這些費用則仰賴你所擁有的醫療保單類型。至於生產的費用，自然產比剖腹產便宜許多。扣除保單支付的範圍後，平均自付額（你必須支付的費用）會因為你住在哪一州而有所差異，大約落在一千美元至兩千五百美元之間。當我們將懷孕和產後照護的費用加進來時，自然產的平均自付額大約是四千三百一十四美元，剖腹產則是五千一百六十一美元。

如果你沒有保險，就會花更多錢。在沒有保險的情況下，一場普通的自然生產所需的花費，全國平均約為一萬五千美元。然而這個數字因居住地不同而有很大的差異。在加州，沒有保險的自然產所需費用為兩萬六千三百八十美元，在緬因州則僅需九千六百二十三美元。即便是在同一個州，生產費用的差異也很大，城市醫院所需的生產費用遠高於鄉村地區。而這僅是進行較普通的自然產所需的費率。如果你有緊急併發症、原先已有其他健康問題、需剖腹生產，或新生兒需要重症監護（花費可高達數十萬美元），那麼所需費用就會提高，我們無法預知哪一種情況會發生，也無法事先為此作準備。

如果你不想在醫院生孩子呢？在家生產的花費是否較少呢？那可不一定。在家生產一般都由助產士幫忙接生。普遍來說，大部分的助產士都是保險公司體系之外的供應者，也就是說除非你有加保，否則他們沒有被包括在保險支付範圍內。助產士所需的費用並沒有標準，察看美國各地的助產士供應情況，平均費率約莫落在五千美元左右。但是這並不包括超音波、血液或其他檢查的費用，而且或許還需要一套大概價值三十至八十美元的家庭分娩包。

此外，你或許還需要一位產婦陪護來協助你分娩。不論是生產前、生產期間或生產後，陪護能提供身心方面的支持，有助改善整個生產的體驗。陪護的費用因地區不同而有差異，價格落在五百至兩千五百美元之間。有些保險或醫療補助會全額或部分支應陪護的費用。

遺憾的是，在收到帳單之前，你幾乎不可能搞清楚到底花了多少錢。如果你有醫療保險，仔細審閱你的保單至少能讓你心裡有譜。首先，你得決定自己保單的自付額度（保險支付費用之前，你必須自行負擔的金額）。」比方說，你計畫進行生產的醫院所提供的生產服務費用是一萬美元，而你的保單自付額是一千美元。如果你的花費低於自付額度，那麼你就必須在沒有保險支應的情況下，自行負擔第一筆一千美元。一旦支付完這筆錢，你就只需按照比例共同分擔其他沒有被保單納入的費用。共同負擔的費率也因服務不同而有差異，你必須察看你的保險公司分擔的比例為何。如果你的保單上沒有明載，請打電話給保險公司問清楚。避免意料之外的帳單也很重要，確保你的醫療供應者，包含醫院在內，都在保險公司體系支付範圍內。如果你的保險不含體系之外的費用，你可能就得支付所有的帳單。

儘管有的醫療保險很昂貴，但就孕婦保健而言，它可以讓你省下很多錢，因此每個月支付昂貴的保費還是值得的。如果你打算在接下來的一年開始嘗試生小孩，就必須開始計畫，如果還沒行動，那就趕快擬訂一個計畫吧。」不論是雇主或政府，其所提供的醫療保險計畫都有限制加入的時間，也就是說你只能在那短暫的期間登記加入醫療保險。聯邦政府所提供的方案，開放登記期是四十五天，但是政府可以決定將登記時間延長。雇主所提供的方案則有其制定的時間，通常都是在年末最後幾週開放登記。如果你已婚但不在伴侶的保單支付範圍內，或許也可以比較一下自己和雇主所提供的保險方案。如果你的雇主也提供多重保單或不同類型的保單，也可以察看這些方案，考慮升級保單。如果你沒有在開放登記期間改變保單或登記加入，那麼可能要等到下個年度才能加保。儘管雇主和政府的醫療保險也提供特殊登記時間，但是懷孕並不符合政府醫療保險特定登記時間的條件。然而，新生兒符合條件。因此，儘管你無法在懷孕時獲得醫療保險，你至少可以在小孩出生後幫小孩登記加保。如果你無法做全職的工作，或許可以找一家願意為只在某些時段工作的人提供醫療保險的公司。

如果你法負擔不起醫療保險，你或許有資格獲得州政府的醫療補助或兒童醫療保險計畫（CHIP）。各州的醫療補助計畫必須承保產前護理與整個分娩的過程。醫療補助承保懷孕的條件不同於一般承保，所以如果你過去的收入使你資格不符，只要你懷有身孕或許就符合資格了。每個州的準則和承保條件都不一樣，例如家庭收入與規模、年齡和殘疾與否。有資格獲得醫療補助的人，從懷孕到產後六十天內都可獲得保障。有別於政府的醫療保險方案，全年都可以登記加入醫療補助或兒童醫療保險計畫。需要醫療補助或其他來自政府的幫助並不可恥。全美已有一半的新生兒被納入醫療補助中。[4]

遺憾的是，無論你如何盡力，還是很難為每一件事情預先做好準備。儘管賈斯敏做好財務規畫，準備進行第二次懷孕，她還是面臨了一些意料之外的花費。她的雙胞胎在二十五週時出生，因此需要住進新生兒加護病房。在她們出生六週後，其中一個女兒夭折了，賈斯敏在哀悼的同時，還必須支付安葬的費用。「儘管我們從懷孕那一刻起開始存錢，也盡可能存錢為產假做好準備，但就是不斷有新狀況發生。」賈斯敏說道。「沒有人可以明確的告訴你生小孩需要做多少的準備才夠；不是到時候你就會準備好了，而是你永遠都不會準備好。各種費用會不停的湧現。」*

能夠依附在我父親的醫療保險底下是一件非常重要的事，因為我父親的工作保單全額給付生產所需的費用。我在二十四歲時生下第一個女兒，現在我即將迎接第二個小孩了。我一直以來都認為自己想要孩子。有了第一個女兒後，我意識到不論財務上或心情上都是一大付出，因此兩個小孩似乎比三個小孩理想。

我樂於成為父母，但我也很享受獨處時刻。我很感謝父母親就住在附近，可以過來我這裡幫忙。此時的我比起之前有責任感。身為異性戀婚姻中的母親，我覺得自己盡了很多心力。我的丈夫主要提供財務上的支持，所以有些夜晚他並不在身邊。這是一種互相給予和接受的模式，不過有時候，我們確實因此關係緊張，特別是孩子出現像是牙疼或不睡覺等問題的時候。

漢娜（Hannah）

二十六歲、明尼蘇達、女性、律師、白人、順性別、異性戀、已婚

第一年的育兒花費

當寶寶出生時，需要準備一些物品。以下是新生兒所需的基本物品，這裡列出的價格反映的是有信譽的品牌的平均費用（例如我們找的是豐田的嬰兒車，不是特斯拉的）。之後我們會再談到食物、托兒和其他的費用。

嬰兒床、嬰兒床墊與護圍、嬰兒床單：三百六十美元

汽車座椅兩用嬰兒車：兩百三十美元

＊編按：台灣因有全民健康保險制度，在懷孕與生產時的醫療支出情況與美國大不相同。詳細給付項目可參考衛福部中央健康保險署官網。

尿布與溼紙巾：六十美元／月

衣物：六十美元／月

第一年共花費：兩千零三十美元

有些方法可以降低這些東西所需的費用。如果你的親朋好友有小孩，可以詢問他們是否還留著這些東西。你也可以在一些網路拍賣平臺上，購買使用次數不多的二手嬰兒必需品。但像是汽車座椅這類東西，特別是有些商品已經使用超過十年了，因為安全標準經常改變，所以不建議購買二手貨。你也可以劃掉清單上的某些項目，建立育兒用品清單，寄送給親朋好友作為送禮提示。

需要多少花費完全取決於你所制定的優先順序。如果你居住在都會區，你可能希望購買輕型嬰兒車，方便攜帶上大眾運輸工具，在此情況下，你可能就不需要汽車座椅了（雖然將小孩從醫院帶回家時，可能還是需要用到汽車座椅）。

尿布的價格差異相當大。一年份的基本拋棄型尿布是六百美元，昂貴的尿布和溼紙巾則可以讓你花上一千美元。可重複使用的布織尿布是較省錢的選擇。和拋棄式尿布一樣，費用因個人喜好而不一。在眾多選擇中，還有多功能布尿布（十八～三十美元）和混用型尿布

（布套十二美元，一百片可沖入馬桶的內襯墊只要八美元）。當然你也必須考量到洗滌尿布的費用：前往自助洗衣店或購買一臺洗衣機（如果沒有的話）、洗衣機所耗費的電、洗滌劑與水（注意：不能把沾到排泄物的尿布丟進去洗衣機裡洗。你必須先將糞便刮進馬桶裡或使用可沖入馬桶的襯墊。嚴格來說，你也應該將拋棄式尿布上的糞便刮進馬桶裡才對。）

想要省下更多錢嗎？你也可以完全略過尿布，選擇使用排泄溝通法。排泄溝通法的做法是，在嬰兒出生後就開始用便盆訓練排便。你必須觀察寶寶發出來的訊號，例如臉部緊縮或哭鬧，這些訊號在他們最可能想大小號的時間尤其顯見（餵食後），給他們一個大盆子、嬰兒便盆或將他們帶到水槽上，讓他們大便尿尿。儘管選擇這種方式最省錢，但並非都不用花錢。你還是需要購買一些備用的尿布、溼紙巾和嬰兒便盆。值得注意的是，如果你把小孩送去日間托嬰中心，他們可能禁止使用布尿布或排泄溝通法。重點是省錢的方式有很多種。有時候只是便利性和費用之間的取捨罷了。是的，你可以在預算中省去尿布的費用，但是每當寶寶想大小號時，你是否都有時間抱著他去便盆呢？這樣的情況至少要維持一年之久呢。

發現懷孕了之後，我們能做的就是開始縮減所有開支，注意一些我們不需要花錢的事物。因此，就算像是剪頭髮這類的日常花費，我們也會減少預算。直到現在，我老公還是會幫我剪頭髮。我們不會花錢買衣服、不常外食，而且我們對於每一餐都有明確的規畫。我們竭盡所能節省非必要開支，因為我們清楚知道當開始看小孩需要的產品時，或許需要購買的東西將比原先預期的還要多更多。我們想要有小孩，所以縮衣節食並不會讓我們感到有所犧牲。

我現在有一個三歲大和一個八個月大的小孩。我第一胎餵母乳，所以不用花很多錢買配方奶。但是，第二胎我選擇早一點加入配方奶，這項花費有些驚人。我從未意識到配方奶如此昂貴。同時我們也沒想到托嬰需要花那麼多錢。我們將第一個小孩送去日托中心，前後大約十八個月，那是一大筆花費，一個月大約需要一千四百美元。幸運的是，我們有找到當地的兒童日間托照補助，剛好抵銷這筆費用。我建議盡可能取得二手物品。我們去逛二手市集，只花費四十美元，就得到了十二箱品質很不錯的嬰兒補給用品。我認為有時候人們只是想要丟掉一些嬰兒用品，而且有些物品不會真的被寶寶用到完全無法再被使用的程度。

賈克琳（Jacqueline）

三十八歲、加拿大安大略湖、女性、母金地圖創辦人、中國印尼混血加拿大人、順性別、已婚

還有其他嬰兒所需的用品嗎？以下是其他你可能需要用到的東西。再一次說明，底下提供的價格所反映的，是較有信譽的品牌的平均費用。

嬰兒背袋：六十五美元
嬰兒溫度計：十五美元
毛毯：一套二十五美元
拍嗝巾：一套二十美元
媽媽包：一百美元
高腳椅：八十美元
嬰兒浴盆：四十美元
指甲剪：六美元
嬰兒監視器：一百三十美元
搖籃：一百二十美元
嬰兒搖椅：四十美元
換尿布臺：六十美元
尿布桶：三十美元
連帽浴巾：一套十五美元
嬰兒床旋轉掛鈴：二十美元
吸鼻器：十六美元

哺乳椅：兩百美元
遊戲墊：七十美元
矽膠圍兜：十二美元
玩具和書本：三百六十美元
安撫奶嘴：一套五美元
遊戲護欄：六十美元
香皂：一年五十美元
洗臉巾：一包十美元

如果你要購買清單上所有的物品，必須額外花費一千五百四十九美元。這還不包括可能需要重複購買，或是托兒安排與額外購買其他家具的花費。好消息是，美國兒科學會建議至少讓小孩在六個月大之前睡在父母的房間裡，最好能讓小孩在一歲之前都和父母同睡。所以，如果你的空間或預算不足以立刻安排一間育兒房，那也無須擔心。

現在，讓我們把食物和托嬰照顧的費用加進去。新生兒在六個月之前，都需要仰賴母乳或配方奶。六個月之後，你可以開始讓寶寶嘗試固體食物，這部分我們待會兒再談。一年的配方奶費用平均落在一千兩百美元至一千五百美元之間。[5]但這是否意味著哺乳是免費的？當然不是。平價醫療法案要求保險公司納入吸乳器的費用；然而，你的選擇可能因保險公司的限制而變少。免持且可穿戴的吸乳器將會花費你五百美元，但是一定還有價格較低的。接下來是奶瓶的費用（二十美元的組合包）、乳頭修護膏（十美元），以及哺乳胸罩（三十美元）。如果你沒辦法親餵，也負擔不起配方奶，或許你有資格申請婦嬰幼兒營養計畫（WIC）與美國補充營養協助計畫，這兩項政府計畫提供許多家庭食物和協助。＊

新生兒大約到了六個月時，就可以開始讓寶寶嘗試固體食物。購買專門的嬰兒副食品一個月可以花上五十至一百二十美元。然而，若跳過副食品，讓寶寶自主進食（BLW）或許可省下不少花費，前提是你的寶寶大部分都食用你做的食物（手上拿著幾塊食物），否則花費也是不相上下。來自紐西蘭的一項研究發現，相較於傳統上用湯匙餵食的方式，寶寶自主進食法所省下的花費僅低於一美元。[6]

美國托嬰照顧是出了名的昂貴。世上僅有八個國家沒有強制實行有薪產假，而美國就是其中之一。另外七個國家分別是巴布亞紐幾內亞、蘇利南，以及密克羅尼西亞、馬歇爾群島、諾魯、帛琉、東加，這五個太平洋上的島國。[7] 一項針對二十二個國家的研究發現，父母和非父母之間的幸福感因國家而有所不同。在這二十二個國家中，有十四個國家的人認為，已是父母的人比沒有小孩的人還不快樂，其中有一個國家的幸福感落差特別明顯。是哪

＊編按：台灣各縣市均有嬰兒營養補助金，詳情可上各縣市政府官網查詢。

個國家呢？正是美國。由於缺乏政策幫助父母取得工作和生活之間的平衡，教育和托嬰照顧方面又無法得到任何公共支持，所以幸福感的落差最大。[8]

在托嬰照顧方面你有三種選擇，如果幸運的話則有四種：父母其中一個留在家裡全職照顧小孩、日間托嬰中心、居家托嬰，或由祖父母照顧（或是託付其他已退休的家庭成員）。如果你計畫成為單親家長，那就不太可能留在家裡全職照顧小孩，除非你非常有錢，但如果是這樣的話，你又何必閱讀這一章呢？最好的選擇是將小孩託付給已經退休的家庭成員免費照顧，但條件是你的親友就住在附近而且有空幫忙。

托嬰照顧的費用高到令人望之卻步。美國衛生及公共服務部認為，如果托嬰照顧的費用不超過家庭收入的百分之七，那麼一般的家庭是有能力負擔的。[9]然而，一份二〇二一年的調查發現，百分之八十五的美國家長將家庭收入的百分之十或以上投入托嬰照顧，而且二〇二〇年托嬰費用幾乎成長了將近兩倍。

雇用保母是最昂貴的托嬰選擇。雇用一位保母照顧一名幼兒的年度花費平均為三萬一千八百二十四美元。相較於雇用保母，托嬰照顧、日間照顧或照顧中心的花費平均減少一半，是比較可行的方式。日間照顧一名小孩的花費，每月平均約一千四百六十二美元，一年則是一萬七千六百八十美元。如果你有兩名幼童，這筆費用將提高為三萬三千兩百八十美元。[10]

托嬰照顧的費用因你的居住地而有所不同。這些數字是整個美國的平均費用，如果你住在鄉村地區或許會比較便宜，但是如果你住在較都會的地方，這筆費用或許會更昂貴。

有鑑於令人望之卻步的高昂托嬰費用，尤其是在同時養育數名幼童的情況下，其中一名家長留在家裡全職照顧小孩似乎比較符合經濟效益。一名家長全職照顧小孩雖然可以省去托嬰照顧的費用，同時卻也失去一份薪資收入。遺憾的是，沒有收入的時間常常因長期失業而不斷延長。離職幾年後，重返職場變成一件困難的事。一份二〇一四年的研究發現，如果一名二十六歲的女性可以領有全職年輕員工的中等薪資，那麼她離職照顧小孩五年，將在職場上損失四十六萬七千美元，一生的收入則縮減了百分之十九。在同樣情況下的男性，將在職場上損失五十九萬六千美元，一生減少了百分之二十二的收入。[11]

如果你考慮生孩子，了解一下你的公司對於已經成為父母的員工待遇如何。公司的規定是否合理且具有彈性？是否有機會遠距工作？你也可以詢問同事們的經驗。如果你公司無法善待已成為父母的員工，你可以考慮換一個對自己有利的雇主。當孩子年紀還小時，媽媽們往往認為得不到公司足夠的支持，所以得到公司的支持可以幫助父母減輕照顧幼子的壓力。[12]

你也需要清楚了解公司在育嬰假方面的相關規定。得到公司支持的同性戀家庭得以減輕工作相關的壓力來源。[13]最好的結果就是雙親都可以請假一段時間。對異性戀夫妻而言，如果爸爸請陪產假，雙方都會覺得更加滿意。[14]有時候公司只會讓生產者休假，或者對於透過收養、代孕和代養方式建立家庭的職員，僅提供較少或無給薪休假。如果你有計畫透過收養、代養和代孕方式成家，請先詢問任職公司的人力資源部門是否准予育嬰假。如果可以，相關的辦法為何？

倘若你的公司無法提供有薪休假，只要你的無薪休假長達十二週，或許就符合家庭與醫療假法案（FMLA）的條件。然而遺憾的是，有些小企業並不受該法案的規範，因此無須給予任何休假的保障。如果你的公司在方圓七十五英里內擁有五十名以上的僱員，並且你在前一個年度已在該公司工作至少一千兩百五十小時，那麼公司必須准予十二週的無薪休假。如果你的公司提供彈性的儲蓄帳戶或者靈活花費帳戶（FSA），你也可以在稅前將錢存入該帳戶，以支付任何懷孕相關的醫療費用。＊

假設你購買了上述清單上寶寶第一年會用到的所有東西（兩千零三十美元），使用基本的尿布和溼紙巾（七百美元），購買上述寶寶補給清單上的所有品項（一千五百四十九美元），餵食寶寶母乳時使用保險公司給付的吸乳器（一百五十美元），接著等到寶寶六個月大時開始餵食嬰兒副食品（每年在雜貨店花費五百美元），那麼第一年所需的補給品和食物的花費，大約落在四千九百二十九美元。此外，再加上托嬰照顧的費用。你的公司沒有提供有薪產假，因此你有十二週無薪休假，再將嬰兒交由日間托嬰中心照顧，一年的花費（最少那十二週休假）則為一萬三千六百美元。兩費用筆相加之後，小孩出生後第一年的花費是一萬八千五百二十九美元，金額非常龐大。（這也是為什麼大家都喜歡舉辦新生兒派對和尋求二手用品！）

雖然要盡可能的做好計畫，但我們無法每一件事情都預先計畫。儘管托嬰照顧的費用在小孩開始上公立學校之後就會大大減少，但也不是只有第一年會花很多錢。隨著孩子慢慢長大，花費也會隨之調整，特別是孩子開始追求年輕人流行和科技的時候。

我和我老公不曾真的很渴望有小孩。我們總是會說「哪一天等我們有小孩了之後」這類的話，但是我們從未確定好開始嘗試生小孩的時間或年齡。不論是金錢上或

＊編按：台灣育嬰假與陪產假相關規定，可上勞動部全球資訊網「生育福利站」頁面查詢。

心理上，我們都還沒準備好生孩子，卻面對了許多來自家人的壓力。

我成長於一個非常貧困的家庭。我爸爸故意每次工作幾個月後就離職，所以我媽媽就必須做更多工作、受更多苦。為了撫養我和三個小孩，她身兼二、三個工作。我們靠食品券過生活。我十歲就知道父母要賺多少錢才能支付我們的租金。我媽媽常常為錢煩惱，對我說：「我無法支付下個月房租。我不知道該怎麼辦。如果我們流落街頭怎麼辦？」接著她就走出我的房門。所以，我一直以來都有嚴重的財務心理壓力。我花了很長一段時間探索過往才了解原因。我很害怕那種痛苦和創傷會影響到別人。

漢娜（Hannah）

二十八歲、加拿大、女性、攝影師、白人、順性別、已婚

了解你的財務狀況

如果你在閱讀這些時感到不知所措是非常合理的。好消息是，如果一切順利的話，孕期

一共有九個月之久，這可以為你爭取一些時間，讓你的財務狀況穩定。在你開始擔心購買哪一種尿布時，必須先評估自己的經濟狀況。如果你考慮收養小孩，整個收養的過程也需要漫長的等待。如果你想要收養年紀大一點的孩子，那麼你所需支付的費用就完全不一樣了。

首先，你是否有一些存款呢？專家建議至少有三個月生活開支的存款金額作為急用基金。存得越多越好。但是許多負責照顧小孩的人都沒有存款，包含賈斯敏在內，多年來她主要以單親媽媽的身分養育第一個小孩。如果你沒有存款，那麼必須找到方法抓緊預算或節省開支。小孩出生就需要開銷，其他地方的花費也因此緊縮。如果你每個月都和朋友外出用餐好幾次，小孩出生之後，你喝酒的預算就會變成買尿布的了。

一旦有了小孩，記得更改薪資預扣稅額的部分，以反映自己有撫養小孩的需求，藉此降低薪資被預扣的稅額。視你家庭收入情況和當年的政策而定，你的繳稅帳單或許可以享有兩個小孩的減稅優惠。在這些優惠稅額中，小孩和撫養稅額優惠的用意在於抵銷部分開支，例如日間照顧、包含保母在內的居家托嬰、日間和暑期營隊、課前與課後活動班、托兒所與幼兒園、以及殘疾兒童的相關服務。＊

＊編按：台灣與扶養相關免稅額與扣除額，請參考財政部稅務入口網。

一旦你的孩子來到這個世上，你可以提早為孩子開設理財帳戶，為各種教育支出存下一筆錢，包括幼兒園到高中的教育、職業學校或實習生、大學及研究所。

你也應該考慮購買壽險。個人壽險的費用依照年齡、健康狀況、性別和保險類型（固定時期期間內提供保障的定期險或終身保障的終身險）而有所不同。部分公司提出團體壽險方案，補助員工大部分的保險費用。如果你沒有加入雇主提供的補助方案，盡早購買保險非常合理，因為年齡和健康情況都是決定保費高低的因素。定期壽險的費用往往比較不貴，因為它們會到期。一旦你的保險到期，你就無法得到保險的賠償。但是如果你在孩子成年前身亡，這些保險可以確保將部分金額留給你的孩子。

或許你會想盡可能的供給孩子，要讓他們過上「好生活」的費用可能遠遠超過你銀行帳戶裡的存款。如同賈斯敏回憶的：「我兒子問我：『媽媽，你覺得我們的生活富足嗎？』我回答：『是啊。』他問：『那需要花多少錢？』我回答：『不，我說的不是錢。我們有一個健全的家庭，有個遮風避雨的地方，也有飯吃，這就是富足的生活了。』」

我等不及想要有小孩並成為一名母親。我已經訂婚了，但是我們現在不想給自己生小孩的壓力，當然我們隨時都可以開始嘗試，也可以等到婚禮後再開始。聽起來或許很好笑，但早在好幾年前，我們就開始為了生孩子而計畫存錢了。我很清楚自己得在生小孩之前，還清三萬六千美元的負債。我很堅持這麼做，也順利還清了。接著，我又開立一個帳戶作為急用基金，開始為了不同目的存錢。儘管和生小孩這件事沒有直接的關聯性，但我清楚知道，等自己的財務累積到了一定程度後，有小孩才不會有壓力。在財務上先照顧好自己，達到了一些目標之後，我們才能在想要有小孩的時候有所準備。理想上，我們想要三到四個小孩，我們也很願意透過收養的方式，當然這個方式也會有它的費用。

蔻伊（Chloe）

二十五歲、密蘇里、女性、深入理財創辦人、白人、順性別、異性戀、訂婚

09 傳承基因真的是最好的選擇嗎？

「這是為我們孩子所準備的遺傳揭曉活動，」現年三十二歲的瑞秋（Rachel）自信地對鏡頭說。在她與先生葛瑞格（Greg）身後有幾個幾乎和他們一樣高的巨大字母，拼寫著「寶貝」這個字，還有一座白色與綠色相間的氣球拱門。

「你可以看到綠色和白色，」懷有七個月身孕的瑞秋解釋。「綠色是侏儒症的代表色，那實際上其實沒有針對一般身高的代表色，所以我們就選了白色。」

瑞秋和葛瑞格都是侏儒。兩人出生時皆被診斷為軟骨發育不全症，侏儒症大部分來自遺傳。瑞秋家裡有六個孩子，葛瑞格則還有一個手足，瑞秋和葛瑞格都是家裡唯一患有侏儒症的小孩。二〇一四年，兩人在聖地牙哥的一場美國侏儒症會議上相遇，當時他們都二十六歲。葛瑞格在那裡進行社交活動，而瑞秋則完全是為了辦正事。為了完成大學的總體課程，她到那裡研究侏儒們對於婚姻的態度。比起進行調查，葛瑞格對於閒談更感興趣。然而在命運的巧妙安排下，兩人不到一年就結婚了。

軟骨發育不全症是由 FGFR3 基因突變所致。大部分的案例都是自發性的，新的突變與遺傳截然不同。患有軟骨發育不全的人之中，父母體型屬一般標準的高達百分之八十，而另外的百分之二十則像瑞秋和葛瑞格的父母一樣。[1]

如果你對高中生物課還有印象的話，這種情況主要係因染色體顯性，也就是說只要父母其中一人帶有基因突變就會產生遺傳。瑞秋和葛瑞格兩人都帶有 FGFR3 基因突變，因此他們的小孩可能有三種潛在的遺傳結果：百分之二十五的機率不帶有變異的基因，身高符合平均標準；百分之五十機率帶有父母一方的變異基因而患有侏儒症；百分之二十五帶有父母雙方的變異基因而患有侏儒症（這經常是必然的遺傳模式）。

瑞秋的第一個女兒沒有遺傳到任一方的變異基因，因此她的身高符合平均標準。至於瑞秋的第二個女兒，親朋好友和瑞秋的社媒關注者都想知道結果是什麼。

葛瑞格準備拉炮時，瑞秋的姊姊，同時也是這場活動的掌鏡者，開心發出咯咯的笑聲。這對喜氣洋洋的夫妻很快的籠罩在綠色煙霧中。「真的太棒了，」她的姊姊喊叫著。「恭喜你們！小寶貝！」

瑞秋對於這個消息並不感到驚訝，早在煙霧拉炮迸出顏色提示之前，她就知道女兒可能會有軟骨發育不全症。孕期約莫在二十五週時，她女兒的體型測量就開始比醫生的一般預期還低。這場揭曉遺傳基因的活動並非為了帶給大家驚喜而準備，而是為了幫女兒慶祝。只是對於生活在社會理想期望之外的人，通常不會接受這樣的慶祝。然而瑞秋卻執意這麼做，因為這天毋須感到悲傷。

只要他們的身體健康

什麼是有價值的生活組成因子？你問五個人相同的問題，或許會得到五種不同的答案。南非哲學家大衛．貝納塔（David Benatar）相信，如果我們未曾出生，那麼或許會好一點。貝納塔在他的《別出生更好：出生即傷害》（*Better Never to Have Been: The Harm of Coming into Existence*）一書中主張，「當人們大費周章想讓他們的孩子免受苦難時，似乎很少人注意到（唯一）一件可以保證孩子不受所有苦難的方式，就是一開始就別把他們帶到這個世界上來。」

總的來看，反生育主義將生命視為苦難，不值得存在的觀點看似過於極端，但是我們還是可以從中了解這個問題的基礎。大部分的社會都贊同，如果自己的生活過得不如「典型的人類生活」，那麼生小孩是不對的。我們通常會將這種觀點加諸在出生貧窮、「不安全的」

家庭環境，以及殘疾的孩童身上。當我們明白孩子將經歷苦難時，都認同最好不要生孩子，但是受苦的定義又是什麼呢？

如果你將問題丟給像是貝納塔這類的人，那麼生命本身就是苦難。大部分的人都必須工作才能生存，我們會經歷生老病死——生命主要是困苦的。「我們不太思考那些新生兒將來會遭遇到的傷害——痛苦、沮喪、焦慮、悔恨與死亡。」貝納塔寫道。「我們無法為每一個小孩預測將來的傷害類型或其嚴重性，但是我們可確定至少一定會發生某些傷害。只要生命不存在就不會發生任何事，只有活著的人才會受傷害。」[2]

大部分的人都不曾從廣義的角度來思考苦難這個問題。反之，我們拿自己的生活經驗和那些我們認為較不幸的人做比較，藉此定義什麼是苦難。在「細數上帝賜予的恩典」時，我們只是沒有算到曾經遭遇的苦難。

瑞秋清楚知道，一般正常的父母沒有辦法像她一樣，慶祝自己生下一個患有侏儒症的小孩。他們會想像孩子將來的生活苦難並為此感到痛心，孩子未來的生活因自身的「與眾不同」而被認為不幸。然而，身為侏儒的瑞秋經歷過父母對於生下她的疑惑，也承受了許多來自高大巨人的閒言碎語，她自認有責任分享與自己相似的生活經驗，讓大家知道他們的生活是有價值的。

「人們會說，『你怎麼敢將自己的基因遺傳給另一個人？』老實說，我並不是用這種方式看待這個世界。」瑞秋說道。「**正常**這個詞彙攸關於你的生活經驗；並沒有所謂的標準可以用來定義正常。據說大家都會假設我的人生並沒有價值。但我並不困苦：我住在紐約市、以優異的成績從大學畢業、我的作品在國家雜誌上出版、我已婚、我有一個充滿價值的人生。」

想要保護自己的小孩免受苦難是一件很自然的事，然而只有你自己能決定苦難的定義是什麼。例如，如果你成長於貧困的家庭，你可能會等到財務狀況穩定之後再生小孩，因為你希望他們的童年能過得和你不一樣。有些人也希望財務穩定，但並非因為他們曾經歷過貧窮，而是為了想讓孩子的生活符合預期。此外，還有部分的人選擇在財務不足的情況下生小孩。但如果他們也自認為已準備好成為父母，選擇讓小孩過著和他們一樣的生活，這樣的行為是否算自私呢？

諸如上述的例子，決定是否傳承自己的疾病不僅取決於你的經驗，更重要的是，你如何衡量生命的價值。

> 美國的產婦死亡率很低，我很愛我的老婆。我們也有一些輕微的遺傳問題，考量到需付出的醫療代價，我們就不想生小孩了。
>
> **傑克（Jake）**
>
> 三十一歲、加州、男性、白人、順性別、異性戀、已婚

決定遺傳疾病的風險

如果你想了解自己是否有遺傳疾病的風險，最好的方式就是察看你的家庭史。遺傳諮詢師迪娜·戈德堡（Dena Goldberg）認為，對家庭成員的醫療史掌握越多越有利。

每當迪娜接受病患的諮詢時，除了他們的父母之外，她也會試圖了解他們家庭中每一位成員的情況。你應該了解每一位家庭成員是否在世，是否有任何嚴重或輕微的健康問題，這些問題的起始年齡，以及是否有人曾經早產或死產。（至於已身故的親人，你也要知道他們的年齡和死因。）收集這些資訊能夠幫助你確定自己和下一代的健康相關模式。未來孩子將

遺傳父母各百分之五十的DNA，所以你也要了解自己的伴侶或捐助家庭的病史。

當然，瑞秋或葛瑞格所患有的軟骨發育不全症並非全然出自遺傳。有些是原發，或來自新的突變。這些變異在多種失調情況中扮演著重要的角色，失調的情況包括軟骨發育不全這類的罕見基因疾病，也有像是自閉症或思覺失調等常見的嚴重失調症狀。發生失調的原因至今仍是個謎，然而高齡育兒和環境因素都被認為是重要的原因。[3]

類似迪娜這類的諮詢師，可以根據你的家族系譜幫助你了解相關的風險。由於遠距醫療技術的發展，你很容易就能找到合適的遺傳諮詢師，只要透過網路搜尋或經由醫生轉介即可。大多數的保險方案都有納入遺傳諮詢師的費用，如果保險沒有納入，價格通常也不到幾百塊美元。

儘管直接向消費者提供的基因檢測看起來相當有吸引力，但是迪娜建議避免使用這些附帶祖先資訊的健康報告服務。「他們所使用的技術非常適用在先人的檢測上，但檢測的方式並非定序。」迪娜說道。「實際上，它只有檢查特定基因的特定點位，因此對任何的疾病檢測而言都不完整。」

遺傳諮詢師可以幫你找到篩檢特定基因的檢測，例如評估乳腺癌風險的檢測。你也可以選擇帶因者篩檢，為自己和伴侶進行多種隱性遺傳疾病的檢測。

你或許還記得在生物課上製作旁氏表時學過，隱性遺傳疾病也有一套遺傳模式。以囊性纖維病為例，必須同時遺傳父母雙方的隱性囊性纖維病基因才會患上該疾病。如果你帶有其中一份基因，你的伴侶也帶有其中一份基因，那麼你們兩人都不會患上囊性纖維病，但是你們有百分之二十五的機率生育出患有該疾病的孩子。如果你帶有一份基因，但是你的伴侶沒有，那麼生育出患有囊性纖維病孩子的機率則趨近於零。

情侶兩人並不一定都需要進行帶因者檢測，但如果其中一人接受檢測後發現自己是帶因者，那麼伴侶就需要接受篩檢，以評估遺傳該疾病的風險。基本上，帶因者檢測可以篩檢數十種疾病，其中大多數是致命性的。延伸的帶因者檢測可以篩檢將近三百種疾病，部分疾病並不會危及性命。

我去的第一家生育診所要求夫妻在開始治療之前，必須接受帶因者檢測，這是診所一項相當基本的要求。我的檢測結果顯示我帶有非症候群型聽損的基因突變，這是導致失聰的主要原因，因此我的伴侶也接受了該項檢測。結果發現，我們兩人都帶有該突變基因。我們家族中沒有聽力障礙的人，因此在進行檢測之前，我們無法知道自己帶有突變基因。我們有百分之二十五的機率生下患有某種聽力障礙的孩子。

我們決定接受這樣的風險。年輕時，我花了五年學習手語。學習任何語言都需要了解伴隨其中的歷史和文化。聽障人士擁有豐富的文化，他們的生活不會因為聽不見而不如別人。對我來說，選擇不生下失聰孩子的做法等同於優生學。如果我們兩人帶有的突變基因，會導致孩子在早期死亡，那麼我們會選擇放棄那顆帶有缺陷基因的胚胎。但是，我們不會因為孩子將來是否能聽見而進行選擇。這是我們所做的選擇。所以，這也是為什麼最後我們離開了那家生育診所：因為他們不會讓我們繼續治療，除非我們簽署一份聲明，聲明我們違反了醫療建議，但是我不希望孩子在這樣的環境下受孕。

如果你和伴侶兩人的基因缺陷檢測顯示出某種遺傳病，你們可以透過體外受精技術，將單基因疾病胚胎植入前基因檢測（PGT-M），篩檢你們所創造的胚胎。前基因檢測能讓你知道那些胚胎有你們攜帶的遺傳病，你們可以藉此選擇想要移植的胚胎。

你將自行決定如何運用這些檢測結果。雖然我在這裡舉的例子主要聚焦在順其自然，但是二十七歲的莎曼珊（Samantha）在進行體外受精的過程中，選擇了一位沒有脊隨肌肉萎縮症基因的精子捐贈者。因為她身懷此病，所以她不希望把這種疾病傳給她的孩子。在代孕章節將會提到的維多利亞（Victoria）則透過單基因疾病檢測技術，選擇了沒有馬凡氏綜合症基因的胚胎。維多利亞本人即患有這種疾病。

根據遺傳學做出決定並不容易。迪娜選擇不從事產前診斷工作的部分原因是因為她的姐姐有染色體異常，協助那些因得知孩子可能患有和她姐姐一樣的遺傳疾病而打算終止懷孕的夫妻，對迪娜來說是很困難的一件事。

然而，帶因者檢測不是只能用來避免遺傳疾病。你可以使用這個工具為孩子可能遭遇到的健康挑戰做更充足的準備。「帶因者檢測的目的，不僅是為了終止遺傳疾病，更是為了孩子出生的情況做好準備。」迪娜說道。「比方說，得知你的孩子可能患有先天代謝異常的症狀時，你便能及早開始讓他們攝取某些酵素或避免某些化學物質，在某些情況下能避免器官損傷，過著健康的生活。」

有一些檢測可以在懷孕期間篩檢出異常的染色體，例如唐氏綜合症，這是額外存在的第三條二十一號染色體引起的智能障礙。多數在孕期中篩檢出的症狀，起因都是卵子或精子的染色體有誤，並非遺傳性疾病。你也可以藉由胚胎著床前染色體篩檢（PGT-A），檢測胚胎的染色體是否存在異常。

「遺憾的是，不論別人怎麼說，並沒有任何一種方法可以保證懷孕過程或嬰兒完全健康無虞，」迪娜說。「任何狀況都可能發生，包括基因和非基因的問題。但如果可以的話，我們能利用這些工具來嘗試降低風險。人們常詢問的常見疾病，例如精神疾病、糖尿病或心臟病等，我們至今還沒有足夠的資訊來預測。」

基因與環境

當涉及到一些常見的多重基因疾病的遺傳時，例如心理疾病和心臟病，情況就會變得有些棘手。

「如果家族中只有一個人患有某種疾病，我們會對所有的症候群進行檢測，如果結果為陰性，我們就會假設該疾病是在多重基因和環境共同作用下造成，抑或是純粹的環境因素所造成，只是我們尚未找到答案。」迪娜說。

對於多重基因疾病，我們仍有許多不了解的地方，我們還不完全了解某些疾病的遺傳原因。更不用說基因並不總是等於疾病，心理疾病就是一個很好的例子。

憂鬱症具有遺傳因子。相較於未患有憂鬱症的父母所生下的孩子，患有憂鬱症的父母所生下的孩子患上重度憂鬱症和其他精神疾病的風險增加兩倍。如果你的父母和祖父母都患有憂鬱症，那麼風險就會增加。[4]然而，基因只是其中一部分的原因，疾病的發生也取決於你所在的環境因素。

精神科醫師，同時也是醫學基因諮詢師的珍安妮·奧斯汀（Jehannine Austin）博士為此概念提出解釋，她以所謂的「心理疾病罐」來解釋。基本上，當你的罐子裝滿了，就會患上心理疾病。罐子的內容是由遺傳和環境因素所組合。就心理疾病來說，每個人都有某種程度上的基因好發性。以罐子為例，假設你的罐子充滿了一半的基因風險因素，如果另一半沒有被環境因素充滿，儘管有基因風險因素，你這一生也不會罹患精神疾病。當然，我們無法總是能夠避免長期的壓力因素，例如經濟壓力或家庭問題。這些環境因素可能導致罐子填滿到一定的程度，使你罹患憂鬱症或焦慮症。然而，好消息是你能改變罐子的組成樣貌。如果你的罐子填滿了，良好的社會支持系統和休息，可以幫助你減緩症狀的發生。[5]

新的檢測聲稱可以評估胚胎是否有像是精神分裂症和糖尿病等多重基因疾病的風險，但是買家還是要謹慎。迪娜表示，這些檢測背後的研究可能還不夠精確。「我們沒有足夠資訊來提供數據，而且

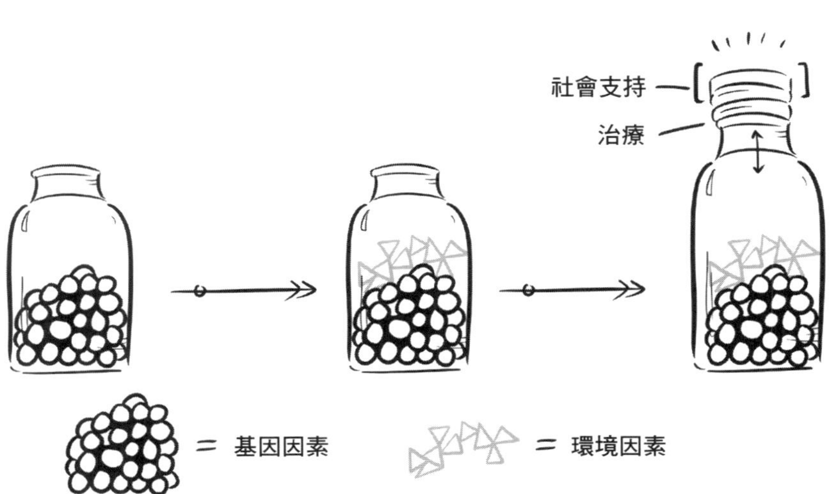

這些數據只適用於某些族群。」將來，我們或許能夠評估包括多重基因疾病等更多疾病的風險，只是現在的科學還不夠成熟。

然而，基因和環境之間的關係相當複雜，但是你可以比想像中更進一步掌握自己和孩子的健康狀況。你或許無法選擇他們的基因，但可以盡力確保他們在一個充滿愛和支持的環境中成長，擁有保護因素之後，他們就能夠應對任何困難。最後，值得注意的是，你無法保護孩子免受一切傷害。沒有任何基因檢測能預測是否會車禍，也無法預測是否會在感情上受到傷害，但這或許是一件好事。

我尚未決定是否想要小孩。我有一種非常罕見的自體免疫疾病，人們還沒完全弄清楚它。我擔心將這種疾病遺傳給小孩的話，會降低孩子的生活品質。我目前服用的藥物可能會導致胎兒畸形，因此我更擔心需要花費多久時間度過藥物半衰期，在那之後是否還能安全懷孕，以及在我還能生育的年紀時，疾病是否得以緩解。

我來自一個非常感性的家庭。我們對於家族的歷史非常感興趣，我覺得如果我沒有延續這個家族，創造新的家族故事與下一代分享或珍藏，我可能會後悔。同時，我也擔心自己錯過了世人所謂最具價值的人生經驗。我是一個非常有愛心和同理心的人，我可以想像自己是個希望有小孩的人，這樣我就可以將這些關懷投注在孩子的身上。我和伴侶都是有創造力的人（他是一位音樂家，我是一位藝術家），如果不能與孩子分享這些熱情，或許會是一件令人感傷的事。

漢娜（Hannah）

三十歲、麻州、女性、研究生、白人、順性別、異性戀

10 擔心自己無法成為好父母

育兒並不是一件我們能明確學到的事，它是我們觀察父母養育我們而從中學到的東西（不論其方法是好是壞）。若你想知道自己成為父母的樣子，可以先從觀察父母親的樣子開始。研究表示，家庭教育是育兒行為最有效的預測因素之一。[1] 但是如果你的父母並不出色，這是否代表你也會成為糟糕的家長呢？第三章談到的阿茲米亞是由祖父母撫養長大的，雖然對祖父母有著美好回憶，但被父母遺棄的經歷仍在她心中留下傷疤。「我有很長一段時間不想要孩子，如果有了孩子，我可能會讓他們過的很糟糕。」阿茲米亞說。「我二十多歲才開始面對被遺棄的這件事，展開許多療癒自己的課程，過程中意識到我當時只是個孩子，不該對這種親子關係的問題負責，但我依舊花了幾年的時間療傷，我還是很氣這件事。」

你注定不會在父母的失敗中重蹈覆轍。事實上，你可以將父母的缺點視為「需要避免的事情」，你會成為比自己想像中更好的父母。阿茲米亞花了多年時間付出了許多努力後，才意識到她父母的行為不必然預示了她的行為。影響父母回應子女的因素很多，包括性別規範或父母的人格特質。部分研究顯示，比起女兒，父母對難以管教的兒子更寬容。[2]然而，另一項研究發現，母親會對難以撫慰的女孩給予更多關愛，對男孩則沒有這麼多。[3]當你把社會支援，例如家庭援助或公共兒童照護援助納入考量時，那些棘手的情況往往會變得更容易處理。重點是，育兒時需要考量到的因素很多，所以你無法預測自己會成為怎樣的父母。雖然看起來有點可怕，但實際上這是一件好事！這表示你的未來並非一成不變。

我其實不確定自己是否想要孩子。我在成長過程中曾被虐待及性侵，我沒看過沒有受虐兒的家庭樣貌，所以我不知道自己是否適合成為父母。我在訂婚時告訴我的妻子，如果她想要孩子，我應該可以接受，但我的內心還是充滿恐懼。在長達十年的性虐待後，我只想過著無憂無慮的生活，這是我在童年時無法體驗的。這樣的想法很自私，但我確定會和妻子一起擁有孩子，我只是不想怨恨她或孩子。

派翠克（Patrick）

三十二歲、紐約、男性、順性別、異性戀、已婚

父母傳承給我們的事

從許多方面來看，育兒是傳承來的，其中包括「正面」和「負面」的育兒模式。部分是經由學習——父母的行為塑造了我們的經歷和對世界的看法；另一個部分則來自遺傳——父母將影響我們與環境互動方式的基因遺傳給我們。因此，父母可以直接或間接的將不好的育兒策略傳給我們。一項針對美國墨西哥裔媽媽們的研究發現，不好的育兒方式會經由祖父母傳給父母，再由父母傳給自己的孩子。[4]童年時期被虐的母親往往對自己的孩子不夠體貼，且承受較大的育兒壓力。[5]

當我們提到不好的育兒方式時，往往想到的，都是虐待或疏忽等極端例子，然而區別不好的育兒方式並不容易。不一致、不體貼和敵對的育兒行為同樣會降低兒童的幸福感。父母在我們生命最初幾年裡所採取的行動，影響了我們照顧他人的意願和能力。幼童正在發育的大腦對周遭的環境非常敏銳，因而使語言、認知和情感技能得以快速發展。我們在童年時期學習到被照顧的感覺，並將父母照顧我們的行為內化。健康的親子關係（父母在身邊，提供安全感、滿足我們的需求）教會我們值得被愛，並促進安全的依附。

我們在第二章討論過的依附類型，也會影響你的育兒方式。父母若屬於不安全的依附類型，往往更難應付撫養小孩的壓力，同時也較不可能表現出體貼、支持和回應迅速的育兒行為。這類型的父母往往很難調節情緒，這可能會使他們更難表現出同理心、憐憫心和寬恕之心。歸類在迴避型或焦慮型依附風格的母親則聲稱，她們與孩子之間的感情較不親密。[6]父母的依附風格如果是不安全的類型，孩子的依附風格往往也會是不安全的。儘管這種情況會在童年後期而非嬰兒時期出現，但還是有可能會反覆在世代之間上演。[7]當依附風格在創傷中形成時，會對人際關係造成長遠的影響。童年的創傷經驗或許損及你準確判讀和回應孩子情感的能力。

只要有合適的資源，你就可以掌握有效的育兒技巧。以三十二歲的安德莉亞（Andrea）為例，她心裡明白自己一直想要成為母親。安德莉亞在保守的基督教家庭中長大，媽媽是一位全職主婦，所以安德莉亞從未真正考慮過成為媽媽以外的選擇。但是她知道自己想做與父母不同的事情：她不想把自己的創傷傳給孩子。即使她知道自己想要孩子，卻在花了好幾年時間治療後，才覺得自己準備好了。「我希望得到童年時不曾有過的親子關係，但你不能期待孩子能治癒你；這是你必須為自己做的事。」安德莉亞說。「成為媽媽是一件非常有意義的事，但我仍須努力。除了育兒之外，我也必須繼續成長，以彌補童年時期父母不在身旁的不足。你不能以為有孩子之後問題就會解決。我接受治療，尋求伴侶和朋友的幫助。」

三十二歲時，我決定要成為父母。我是一個受虐兒，所以我從來沒有想過要有孩子。我覺得自己還不夠成熟，更別說要成為別人的父母了。直到我建立一個非家人關係的社群，有好榜樣可供學習，以及一位讓我感到安全和自在的醫生，我才開始有了當父母的衝動。我不得不承認，看到其他人成為父母時，我會感到嫉妒。

我很享受為人父母的樂趣。看到一個人在你的幫助之下長大成人，讓我無比的喜悅。我無法想像沒有兒子的生活。成為父母後，我的生活在許多方面都改變了。我成為更堅定的女性主義者，更加關注社會問題。我對於自己、身體和職場能力感到更加自信。當然，成為父母後也會面對許多挑戰。當我的兒子開始無理的對我大吼大叫時，會喚起我童年時的創傷，讓我久久不能平復。

凱莉（Kelli）

四十一歲、俄亥俄州、女性、非營利機構兼職人員、白人、順性別、異性戀

創傷的影響

童年創傷會影響你生活的各個層面，其中也包含你想成為父母的欲望。一份針對超過八千個英國家庭的研究發現，小時候曾被性侵的媽媽們對於成為媽媽這件事情較不感興趣，而那些最終成為媽媽的人則缺乏育兒技巧與自信，在育兒時難以掌控自己的情緒。[8]

一九九五年至一九九七年間，美國疾病管制與預防中心（CDC）與凱薩醫療（Kaiser Permanente）一同進行的一項研究，改變了我們對於童年創傷的看法。透過對加州超過一萬七千人進行調查和身體檢查，研究人員發現童年時期的逆境經驗，與心臟病、憂鬱症和癌症等負面健康結果有關。經歷超過四次逆境經驗的人，患有酗酒、濫用藥物、憂鬱症和自殺傾向的風險是一般人的四到十二倍，他們往往認為自己的健康狀況不佳。[9]

童年逆境經驗（ACEs）相當普遍。超過半數的成年人至少經歷過某一種逆境事件，近六分之一的人表示自己曾經歷過超過四種的逆境事件。女性、少數族裔和性弱勢族群，以及來自低社經背景的人更可能經歷逆境。[10]如果你好奇自己的逆境經驗數值為何，可以參照下方列表。十八歲之前曾經歷過以下任何事件，皆可算是童年的逆境經驗：

- 身體虐待
- 情感虐待
- 性侵
- 身體忽略
- 情感忽略
- 家庭成員患有精神疾病
- 目睹媽媽遭受虐待
- 家庭成員濫用藥物
- 家庭成員被監禁
- 父母離異

自從逆境經驗的研究開展之後，數以千計的研究人員透過逆境經驗的架構來理解童年創傷如何影響我們的人生。兒童的情感連結和情感依附如果因逆境而遭到破壞，容易產生焦慮、憂鬱和其他壓力所誘發的疾病。他們也更可能採用不好的育兒行為，延續虐童的循環。值得注意的是，雖然受虐兒長大之後虐待小孩的風險可能增加，但是大多數遭受身體或性虐待的受害者，並沒有對自己的孩子施虐。[11]

最近的研究也把逆境經驗數值和育兒結果相提並論。媽媽童年的逆境經驗越多，成年後育嬰時可能遭遇越大壓力。研究人員相信，這種育兒壓力可能源於因創傷經歷引起的身體壓力反應系統問題。大腦因童年創傷產生變化，同樣也會在轉變成為父母時發生變化。大腦早期的變化可能會對之後帶來影響。[12] 逆境經驗數值較高的父母也更可能生下具有行為健康問題的小孩。[13]

追根究底，我們如何應對逆境取決於眾多因素，其中包含基因。在上一章中，我們談到了基因表達的罐子模型，同樣的原則也適用於此。你的成長環境會發揮作用，基因會發揮作用，還有介入措施也會發揮作用。減少出現早期逆境的方法之一，就是透過社會變革和政策來幫助消除貧困和教育落差。早期介入措施是減少孩童身陷困境的最佳方式之一，日後的社會支持和諮詢同樣也能提供幫助。情緒調節、衝動控制和壓力管理等良好的育兒技能，都是可以學習培養的。即使你沒能在孩童時期學到這些技能，不代表成年後就無法再學習。此外，還有許多保護因素可以為你的小孩提供幫助。只要孩子能處在安全、穩定和適合培育的環境中，與同儕、已成年的榜樣和照顧者建立良好關係，他們也會表現得相當出色。在學校表現良好也是一種保護因素，父母擁有大學或更高學位，且穩定就業也是保護因素。[14]

在我成長過程中，我一直想要有小孩。但是，我曾經歷過缺乏父母關愛和食物不足的生活，所以我不希望孩子跟我有一樣的經歷。我的妻子是聽障人士，即便手語是她僅有的溝通方式，她的父母和家人依然沒有學習手語。我們討論過收養或代養失聰或有聽損的小孩的可能性，因為我們兩個人都會手語，也都在聾啞教育體系中工作。我們知道這個領域有需求，許多典型的家庭不願接納擁有不同能力的孩子。也有很多異性戀夫妻認為生育小孩是一件簡單且理所當然的事。

丹妮爾（Danielle）

二十八歲、明尼蘇達、女性、教師、白人、順性別、泛性別、已婚

成為好父母的原因

現在的育兒理念太多了，讓人感到不知所措，不知該選哪一種。然而，好的育兒方式並不需要任何花俏的技巧，孩子需要的是一個有愛心、安全和穩定的環境。但是，如果你不是在一個安全和被關愛的環境中成長，那麼當你試圖為孩子創造這樣的環境時，可能會感到迷惘。

對安德莉亞（Andrea）來說，最大的育兒挑戰是處理情緒，以及學習如何在孩子哭泣時做出回應。「我很難讓自己感受情緒，因為在我成長的環境中，這是不被允許的。小時候只要我哭了，我就會為此羞愧。」她說道。「我必須學習讓女兒有發洩情緒的空間，並且不輕忽她感受。我發現自己有時候會輕忽了她的哭泣，因為聽到孩子哭泣聲令我覺得難受。我想解決問題，所以我會說出像『沒事了』之類的話。我當然不會像我父母對我那樣過分，但是我確實發現自己有點往那個方向走。我不得不提醒自己，也許她是受傷或受到驚嚇了。我不知道她心裡在想什麼，我不知道她的感受如何。當我父母忽視我對某些事情的感受時，我感覺非常糟糕，所以我不想也這樣對待她。」

發展心理學家黛安娜・鮑姆林德（Diana Baumrind）博士提出一個系統來描述父母如

何嘗試掌控小孩。鮑姆林德區分出三種不同的風格：寬容型、威權型和權威型。[15]後來，埃莉諾·麥考比（Eleanor Maccoby）博士與約翰·馬丁（John Martin）博士增加了第四種風格：漠不關心或忽視型。[16]根據父母的要求和反應程度歸類這些育兒風格，每種風格的主要特點如下圖所示。

如果你不同意父母的教養方式，那麼請花點時間辨識他們的育兒風格

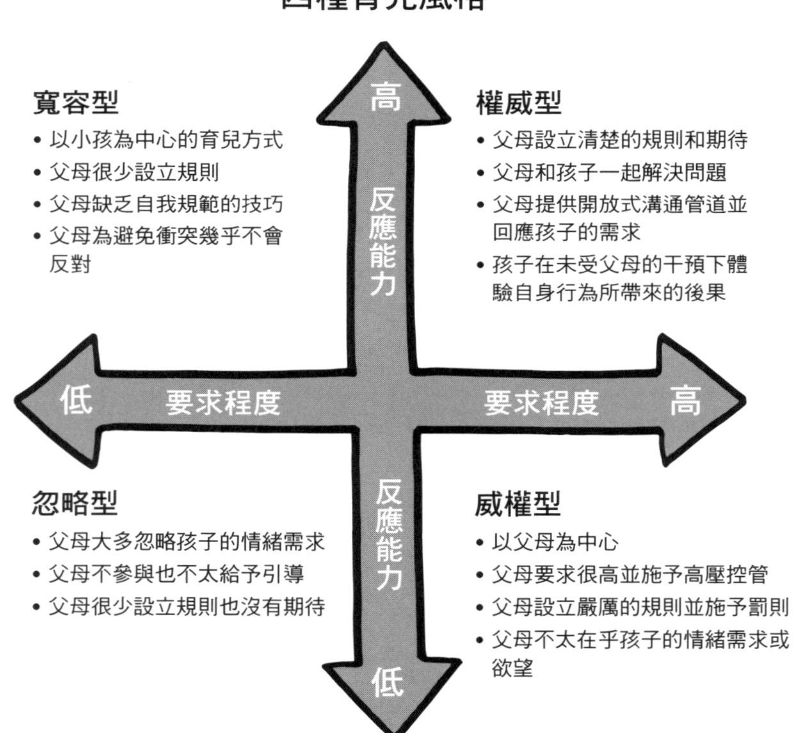

吧。哪一種育兒風格反映出你的成長背景呢？你比較喜歡哪一種育兒風格呢？選擇育兒風格時，也會受到創傷經驗的影響，經歷過創傷的媽媽更可能透過威權或放任的方式來育兒。[17]然而研究顯示，理想的育兒風格是權威式育兒，或許你也已經猜想到了。[18]權威式育兒建立了責任感、獨立性和韌性。父母透過歸納的方式向孩子解釋他們的行為後果，從中教導孩子善良和同理心，提升自我約束力。[19]此外，他們還引導孩子們的情緒，幫助他們理解和面對強烈的情感。與其像安德莉亞的父母一樣，告訴孩子不要在乎情感，不如引導孩子確定自己的情感，並幫助他們表達情感。[20]

本書先前有談到父母面臨完美育兒的壓力。完美是不切實際的標準，因為我們每個人都會犯錯。育兒是很辛苦的工作，但是大家通常默默地認為，這個工作要等到有了孩子之後才會開始。在很多方面來看，這樣的想法會讓你容易失敗，尤其是你如果想要孩子，但又擔心自己不會成為一個好父母。這些工作不會等到驗孕棒出現兩條線，或決定收養孩子之後才開始。你可以隨時開始為育兒做準備，參加課程、學習不同的育兒風格，思考一下自己想成為哪一種父母。但是，如果你還有尚未撫平的創傷，最好的開始方式就是向內看。學會調整情緒，發展應對壓力的能力，這不僅對你有益，還可以將這些技能傳授給你的孩子甚至孫子。

二〇二〇年的聖誕節後，我失去了我的爸爸，這讓原先不想要孩子的我開始意識到自己想要一個家庭，儘管有時候我仍感到不確定。當我還是個青少年時，害怕將世代的創傷傳承下去，所以決定不要孩子。我想成為一個成功的藝術家，過著獨立自主的生活。我在二十多歲時遇見了我的伴侶，我們開始約會。那時候，我開始思考擁有一個家庭可能的樣貌。

我一直聽到關於撫養孩子的負面案例：你必須放棄一些事情，睡眠不足使你容易大聲吼叫等等。我想要有更多時間處理過往的家庭創傷，找到讓我快樂的事情，之後我才會考慮是否有孩子，因為我可能沒有機會再去探索這個問題了。

在我父親去世之前，我從不認為沒有孩子會讓我後悔。如今，我意識到自己想透過與父母分享育兒經驗，來連結彼此。除了我多年來接受的治療之外，那也許是療癒過去家庭創傷的要素之一。

瑪麗安（Maryann）

三十六歲、紐約、三性、自雇者、非二元、泛性別、已婚

11 害怕懷孕或分娩

三十二歲的梅根（Megan Rose Dickey）不喜歡感到不舒服。這聽起來可能有點奇怪；畢竟，誰喜歡不舒服呢？但是，當她想到要生孩子，以及這會帶來的種種變化時，她忍不住覺得這一切似乎都很不舒服。梅根是一位記者，她與伴侶凱蒂（Katie）一同在舊金山生活，凱蒂是一名工程師。她們在一起兩年半了，曾討論過生孩子的事，但目前還沒有計畫。

梅根厭惡不舒服並非沒有道理。眾所周知，生產的過程非常疼痛。梅根已經戒酒六年了，她擔心使用藥物鎮痛會危及她的戒酒狀態。硬膜外麻醉通常含有芬太尼（Fentanyl）以平衡麻醉劑的作用，使婦女在分娩期間能夠在床上移動。分娩後的處方裡常常含有鴉片類藥物。一項針對三十萬零八千兩百二十六個分娩案例的研究發現，百分之二十七自然產的產婦和百分之七十五．七剖腹產的產婦，分娩後服用的處方中含有鴉片類藥物。服用含有鴉片類藥物處方的人當中，有百分之一．七自然產和百分之二．二剖腹產的產婦持續使用鴉片類藥物。[1]

在梅根的理想中，三十一歲的凱蒂會懷有她們的孩子；而凱蒂對此也抱持開放的態度。但是，做決定的過程變得複雜了。她們要使用凱蒂的卵子和捐贈者的精子嗎？精子捐贈者會是誰？是梅根的兄弟，還是從精子銀行裡挑選一名黑人捐贈者（精子銀行中這族群通常是短缺的）。

此外，她們是否想要擁有一個混血兒？教養黑人小孩會讓梅根感到自在一些，這意味著必須使用梅根的卵子和一位黑人捐贈者的精子。如果懷孕的是凱蒂，那麼就需要進行昂貴的試管嬰兒。目前來說，這些都是假設性問題，但是梅根知道自己不想成為懷孕的那個人。

事實上，並不是每個人都想經歷懷孕和生產。恐懼、緊張，甚至厭惡（不是吧，子宮頸黏液塞？）都是相對正常的感受。如果你有暴飲暴食或身體畸形的病史，懷孕可能會引發與體重有關的擔憂。對於跨性別、非二元性別或非常規性別的人來說，懷孕可能會導致性別焦慮。如果你是黑人孕婦，那麼黑人孕婦死亡率可能會讓你感到恐懼。此外，還有對於生孩子或懷孕恐懼症，那是一種對懷孕的心理恐懼症。有太多理由讓你對生產的前景感到不那麼興奮，所以你無須為此解釋。

問題在於，我們通常沒有足夠的空間來表達這些擔憂。為本書進行訪談時，我向一位醫生提到許多人表達了對分娩的憂慮。她說：「很多人都這麼說，但是到了懷孕後期，你會迫不及待地想見到寶寶，那些恐懼感基本上就會消失了。」雖然這可能是真的——研究顯示，懷孕期間的感覺會隨著時間改變，一般在懷孕晚期以及產後期間會變得正面積極——但是這樣的說法可能不會減輕你的焦慮感。[2]這類說法其實不用太在意。事實上，很多時候我們談論懷孕和生產的方式也是如此。首先，懷孕的語言已被性別化，它不僅排外，並理想化了懷孕和母親的身分，將其視為一個人最重要的責任。此外，更有競爭性的語言使生產的人相信，如果她們不是自然生產或沒有餵食母乳，那麼她們就是失敗的。更不用說「無痛分娩、無所收穫」的心態，它鼓勵產婦為了「心肝寶貝」堅持下去，並將合理的擔憂正常化，認為這對你來說是值得的。長期以來這種做法並不會減輕人們的擔憂，只會阻止她們表達出來。

我和我的丈夫一直都想要孩子。我們是老師，也喜歡孩子，而且在某種程度上也受到社會的預期規範影響。我在快滿三十歲時生下兒子。我的懷孕過程非常順利，沒有孕吐，只有在懷孕晚期有些不適。生產是一次強烈但鼓舞人心的經歷。因為孩子比預產期晚了一週，所以我接受催生。我進行無痛分娩，整個過程大約十八個小時。我在生產時非常緊張，但大量的呼吸和積極的口號幫助了我。現在仔細回想，初為人父母的適應期比生產困難多了。

克麗絲汀娜（Christina）

三十二歲、俄勒岡州、女性、教師、亞洲人／夏威夷人、白人、順性別、異性戀

了解你改變中的身體

在我進行第一輪試管嬰兒時，我上網搜尋「懷孕時真的必須增加體重嗎？」我真的非常想懷孕，但在懷孕期間增重的現實，卻讓我陷入了從前的飲食失調心態。在花費了數千美元嘗試懷孕的同時，我卻在尋找避免體重在懷孕時增加的方法，當時我甚至都還沒有懷孕呢！我覺得自己很荒謬。

幾個月後，我向一位正開始考慮有孩子的朋友，說出我對於增加體重的擔憂。「我會這麼想真的很糟糕。」我這麼說，並準備好接受批評。她沉默了一會兒回答：「其實，我也有同樣的想法。」

了解體重增加的來源，有助於我理解懷孕期間需要增加體重的原因。孕育一個人是一個全身都得參與的工作。即使你在懷孕期間遵循醫學指南，擁有良好的飲食和運動，體重仍然會增加。以下是懷孕期結束時，體重增加的情況：[3]

胎兒體重：約三．四公斤
乳房體積增加：約〇．五到一．四公斤
子宮增長：約一公斤
胎盤重量：約〇．七公斤
羊水重量：約一公斤
血液容積增加：約一．四到一．八公斤
體液容積增加：約一到一．四公斤
脂肪儲存：約二．七到三．六公斤

因此，懷孕期間體重增加並不是因為晚上大吃冰淇淋和醬菜，而是你的身體在進行著繁重的工作。（注意：無論你的體重是多少，醫生都建議不要在懷孕期間減肥，因為這會影響嬰兒的生長和發育。所以如果你不符合標準情況，也無需自責，讓你的身體完成它的工作吧。）然而，即使你知道其中一．八公斤是血液，也會覺得身體的變化讓人感到恐懼。研究表示，對於有飲食失調病史的人來說，懷孕是一個充滿緊張的時期。懷孕的前二十週和產後八週，是那些有飲食失調病史的人復發風險最高的時期。復發的人也更可能出現嚴重的產後憂鬱。[4]

患有飲食失調病史也可能使懷孕變得困難。體重過輕可能會讓月經停止並破壞生育能力。現年二十九歲的費伊（Fey）還是青少年時，曾因厭食症，接受了一年多的治療。雖然她覺得自己已經康復了，但懷孕仍是一個問題，她的身體可能會因此發生變化，失調症也可能遺傳給小孩，又或者她甚至可能無法生育。「我一直擔心自己把身體弄壞，」費伊說。「如果我真的連生小孩都沒辦法，那該怎麼辦？我媽媽一直提醒我快要三十歲了。她是墨西哥人，非常渴望成為祖母，儘管她對我和所有事情都表示尊重，但我能感受到壓力不斷增加。要正面看待自己的身體已經非常困難了，我只是害怕一切都會被毀掉。」

對於體型較大的人來說，生育的世界是充滿敵意的。甚至在醫生檢查之前，體型較大的孕婦就會被告知她們是懷孕高風險族群。雖然身材超大號的人患有妊娠糖尿病、剖腹產、子癲前症（血壓突然升高）、早產、流產和死產方面的風險較高，但絕大多數的人都能健康地懷孕並生下健康的寶寶。[5]然而，由於存在較高的風險，即便整個醫療體系中的體重偏見讓人難以進行，但尋求產前護理還是非常重要。

艾倫（Ellen）今年二十九歲，她不確定自己是否想要孩子，但她仍對此保持開放的態度，她想保有生孩子的可能性，擔心自己像父母一樣在三十多歲時改變心意。艾倫之所以不想要孩子的眾多原因之一，就是醫療體系使肥胖背負惡名。艾倫的朋友曾在懷孕時因身體質量指數（BMI）較高，遭產科醫生拒絕看診。ＢＭＩ是一種基於體重的健康衡量指標，但該指標已經過時、不完善且具有爭議。「我很害怕看醫生，因為大多數時候他們會要求我減重和運動。」艾倫說。「我無法想像懷孕時僅因為體重就被拒絕看診，或是懷孕時被告知肥胖會帶來額外的風險，因此必須努力減肥。」

如果你認為未來可能會想要孩子，你可以先尋找一位自己喜歡且信任的婦科醫生，讓他來幫助未來的你。許多婦科醫生同時也是接生小孩的產科醫生。紐約市的助產士米琪拉·克勞力（Michela Crowley）建議想要孩子的人現在就開始面談，詢問婦科醫生有關體重和懷孕的問題，進而了解他們如何協助體型較大的病患。如果他們無法得到你的信任，請試著尋找新的方式。在懷孕之前看醫生的時間越長，你們彼此的關係就會越舒服自在。

當我終於感到準備好的時候，我已經二十六歲了。我有很長一段時間不想要孩子。我一直在幫忙我妹妹照顧她的孩子，同時忙著教書，並享受回家只有我丈夫和狗陪伴的生活。然而，有一天，我突然覺得我們已經去過很多地方旅行，參與了各種冒險，孩子應該是我們家庭的下一步了。我很高興我選擇擁有孩子們，但我也能理解其他人不想要孩子的原因。

我在兩次懷孕的經歷中，都非常不舒服。兩次懷孕，我都整整吐了九個月，藥物也沒上什麼忙。第二次懷孕是最難熬的，因為我還得照顧一個一歲大的孩子。分娩對我來說很容易，我大約推擠了十到十五分鐘後，孩子就出生了。恢復的過程都很好，沒有撕裂或其他問題。

卡羅爾（Carole）

三十三歲、奧克拉荷馬州、女性、教師、古巴裔美國人、順性別、異性戀、已婚

讓經驗常態化

談論懷孕並不代表你必須生孩子。你可以問問題、做研究，甚至在開始積極嘗試受孕之前，制定分娩計畫。在寫這本書的時候，我報名參加了一場以孕婦為主的網路研討會，目的是介紹如何制定分娩計畫。當時我並不是孕婦，只是單純的想要學習。感覺很奇怪嗎？是的。「你做得到，媽媽」這類的話當然沒有什麼幫助，但是我明白自己不是他們的目標受眾。有人認為，懷孕就像是個獨門俱樂部，只有會員才能問問題，但是懷孕並不是什麼祕密社會組織，你當然不需要獲得許可才能獲取有助於自己的資訊。這是你的身體，你理應知道自己身體有哪些能耐。此外，懷孕前學習懷孕的相關知識，有助於你在感受到做決定的壓力之前，了解自己是否真的想懷孕。

學習懷孕和分娩的方法之一，就是詢問生過孩子的人的經驗。需要特別留意的是，人們往往只會記住極端的事情：對他們而言最好和最壞的。平凡的事情不太容易被記住，因此如果你有具體的問題，那就提來出吧。了解家人懷孕和生產的故事，或許也會有所助益。

泌尿婦科醫師蒂爾西特．阿斯佛（Tirsit Asfaw）表示：「我見過本身有脫垂或失禁的懷孕女性，大多數都不知道為什麼會發生這些狀況。」脫垂是指子宮和膀胱下垂陷入陰道裡，直腸凸出陷入陰道的情況也很常見。她說：「我們的母親從不曾說過，『喔，我有了你之後，我常尿在自己身上。』或『我不能控制我的大便。』又或者『我的內臟掉下來了。』就算是面對和自己較親密的人，也不會去談論這些事，所以很少人知道自然產會讓你更容易面臨這些風險。」

你可能聽懷孕的人說過，她們在打噴嚏或笑的時候會尿出來，這就是失禁：在廁所之外的地方尿液外泄。阿斯佛醫師說：「超過百分之四十的女性在懷孕後出現尿失禁，因為子宮壓迫到膀胱。此外，根據不同的研究顯示，有百分之二十五到百分之五十的女性在自然產後產生尿失禁的現象。」

如果你的家族史裡有明顯的脫垂或失禁的問題，那麼你的風險也會相對增加。阿斯佛醫師說：「有很多人會說：『你知道嗎，我不適合自然產，我會選擇安排剖腹產。』然而，剖腹產也有副作用和風險，你的產科醫師可以給你建議。」

重要的是，要為你的身體變化做好準備。還記得我們在學習什麼是青春期的時候嗎？對大多數十歲的孩子來說，陰毛和月經聽起來很可怕。但是無論我們喜不喜歡，身體都會發生變化，都必須適應。妊娠紋、乳頭增大、便祕、痔瘡和身體毛髮變多都不是懷孕吸引人的地方，儘管如此，每年仍有數百萬嬰兒誕生。

如果你有任何疑慮，那就把它搞清楚，例如產後脫髮的問題。雖然生產後出現脫髮的狀況是正常的，但是根據皮膚科醫師的說法，這並不是「真的脫髮，」而是掉髮。懷孕時，身體會產生更多雌激素。在懷孕以外的時間裡，大約有百分之九十的頭髮在生長，其餘的百分之十在休息。每二到三個月，休息的頭髮就會脫落。然而，雌激素會在懷孕期間變多，因此中止了頭髮的自然生長和休息週期，從而減少了脫髮。當生完小孩後，雌激素下降時，就會恢復脫髮且變得更嚴重。幸運的是，這種掉髮的情況不會持續太久。孩子滿一歲時，頭髮應該就會恢復正常了。[6]

懷孕還可能引起其他看似不相關的疾病，例如牙齦炎（一種引起出血和發炎的牙齦疾病），以及腕隧道症候群（因賀爾蒙變化和血流量增加造成手腕和手部疼痛及麻木的疾病）。儘管這些是懷孕過程中非常常見的症狀——高達百分之七十五的產婦會出現牙齦炎，百分之三十一至六十二的人會出現腕隧道症候群——但你可能很少聽說過這些副作用。[7] 這些改變聽起來或許很嚇人，但若我們能平常心地看待它們，並讓人們能進一步了解自己的身體，就能做出好的改變，例如及早保持良好的口腔衛生。值得注意的是，並非所有的變化都是不好的。物理治療博士艾米．斯坦．伍德（Amy Stein Wood）表示，她發現一些骨盆疼痛的患者，包含那些因患有陰道痙攣導致性交時會疼痛的患者，在懷孕期間因為血流量增加而疼痛減輕。

如果你對於懷孕有一些具體的疑慮，請和信賴的醫療專業人員談一談，不用等到懷孕後才提問。舉例來說，如果你擔心正在服用的藥物會影響發育中的胎兒，請詢問你的醫生懷孕期間服用該藥物是否安全，或者是否有其他替代品。一般認為，懷孕期間使用某些抗憂鬱藥物是安全的。研究顯示，懷孕期間使用抗憂鬱藥物而造成出生缺陷的風險非常小，或幾乎不存在。然而，若不治療憂鬱症，可能會同時為父母和小孩帶來風險，例如子癲前症。[8]以心理健康為優先，一旦嬰兒出生後，對自己也會有幫助，因為懷孕期間的憂鬱症是產後憂鬱症最大的風險因素。[9]

此刻你可以做很多事情，它們將來會對你有所幫助。例如，你可以學習如何正確的推擠腹部，提前加強骨盆底肌肉，以減少變故風險。斯坦．伍德表示：「你需要在分娩的數個月前開始練習，而非等到分娩當天或幾週前才開始練習。」

人們害怕懷孕和分娩的主要原因之一，是他們不想失去對自己身體的控制。[10]遺憾的是，不論你怎麼努力都無法計畫好每一件事。然而，如果在懷孕前學習分娩知識，有助於保持對自己的掌控感，那何樂而不為呢？就像是你可以熟悉懷孕期間的身體變化一樣，你也可以了解分娩過程中會發生的狀況。如果你計畫自然產，當子宮頸擴張到十公分時，你就得開始推擠腹部，但那會是什麼情況呢？你怎麼知道子宮頸擴張多少了呢？醫生或助產士不會用尺來測量，他們是用手指（和多年的經驗）來測量。

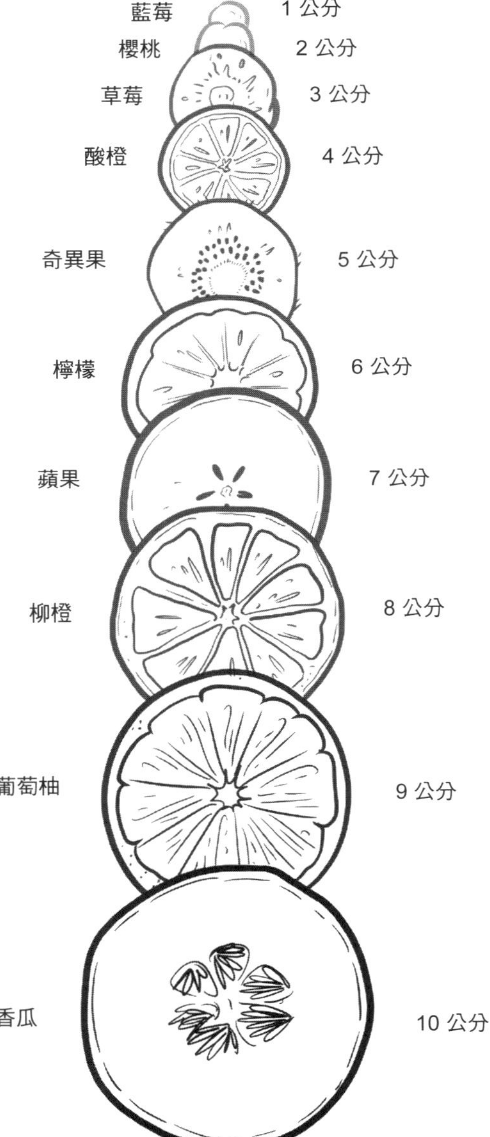

性教育課堂上觀看的影片《生命的奇蹟》（*The Miracle of Life*）中，並沒有提到腹瀉是即將分娩的徵兆，分娩時嘔吐也是正常的。這也引出了一個長久以來的問題，「我會在分娩時排便嗎？」也許會，誰知道呢！如果真的發生這樣的狀況，你不是第一個，當然也不會是最後一個。這是完全正常且非常普遍的現象。「沒有一位醫生會記得誰有沒有在分娩時大便，」阿斯佛表示。「有時候，我們會幫產婦灌腸，幫助她們排便更加順暢，以確保骨盆內有足夠的空間。」

儘管你無法為所有事情做好準備，但是你可以做一件非常重要的事，那就是建立一個支持你的體系。分娩有可能會為你帶來創傷。研究顯示，約莫四分之一到三分之一的產婦於分娩後出現創傷性壓力症狀，在分娩後六週內，百分之二至五的產婦符合創傷性壓力症候群的標準。[11]然而，有一項非常重要的風險因子可供預測分娩後創傷及產後憂鬱症：缺乏支持。如果你有伴侶，請讓他們早日參與其中。如果你是單身，可以請家人和朋友陪伴你就診。你也可以聘請一位助產士，助產士可以在醫院或生產中心為你和你的生產計畫提出訴求。研究顯示，若分娩時有助產士在場陪伴，能增加自然產的機會，減少分娩的時間，降低剖腹產和使用止痛藥的必要性，以及減少對分娩的負面情緒。[12]如果你覺得自己不太懂得維護自己的權益，請及早尋求幫助。這樣做絕對是值得的。

在第一個孕期時，我經常感覺噁心和胃灼熱。到了第二個孕期時，中間大約有兩個星期的時間感覺還好，和一般人一樣。等到進入第三個孕期，因為體型變得很龐大，所以感覺非常不舒服，並且也開始進行準備工作。我很擔心分娩，尤其是我從未參加過任何分娩相關課程。

我的生產計畫和實際情況有很大的差別。我本來想要嘗試無麻醉分娩，但是當我們到達醫院時，我要求進行硬膜外麻醉，但藥物卻在好幾個小時之後才送到。當陣痛加劇時，我緊緊握著丈夫的手，並要他永遠不要讓我忘記這個經歷，我們也永遠不要再這樣做了（而他也答應了）。麻醉開始生效後，我覺得等待開指的過程很無聊，心想應該先睡一覺。就在這時候，房間裡突然出現一大堆護士，她們把我接到新的設備上，為我注射藥物，試圖讓我保持清醒。顯然，我和我的寶寶都缺氧了。但是醫護人員穩定了我們的情況，讓我保持清醒。當我的子宮頸快開指十公分時，身體一側的硬膜外麻醉已經開始退了，我能感覺到一側大腿如針刺一般疼痛，非常不舒服。醫護人員花了些許時間才解決了這個問題，然後開始進行推產。護士給我的指導並沒有很好，她告訴我推產時要屏住呼吸。最後，我的丈夫介入，告訴我用從武術學習到的呼吸方式呼吸。我這樣做了，而且非常順利，只有兩度撕裂傷需要縫合。我知道即使失去了意識，我的身體也會知道應該怎麼做，讓寶寶順利生出來。我不會真的搞砸，除非我在等待麻醉時開始恐慌且換氣過度。我看到其中一名護士正在評估，但我不想要剖腹產，雖然剖腹產並沒錯！因此，我開始深呼吸讓自己冷靜下來。

說到大便，我很擔心分娩時在我丈夫面前排便。然而那一刻，我根本不在乎。護士和我丈夫也一樣不在乎。這是正常的。分娩後的清理讓人感到不好意思。一切都很不容易，到處都是血。飢餓的寶寶一次要吸吮你的乳房長達五小時。突然失調的賀爾蒙使精神健康受到影響。這相當不容易，第一個星期是最糟糕的。我保證，只要你能度過這個時期，情況就會變得容易一些。

萊斯莉（Leslie）

三十二歲、佛羅里達、女性／泛性、企業教練、波多黎各裔、非二元、泛性戀、已婚

性別焦慮和懷孕

對於非二元性別或跨性別者來說，性別化的生殖健康保健可能使得他們難以獲得適切的照顧。儘管美國婦產科醫師學院鼓勵婦產科醫師服務所有性別的人，但並不總是能獲得性別認同的照護，尤其如果你居住的地區醫療護理選擇相當有限，想要事先了解整個環境可能也很困難。單單坐在一個滿是懷孕的異性戀女性的等待室裡，就足以讓人產生性別焦慮了。

懷孕是不分非二元性別、跨性別或是順性別的。性別認同的賀爾蒙治療並不是有效的避孕方法，這意味著即使你沒有意圖懷孕，甚至在沒有月經的時候也可能懷孕。許多服用睪固酮的人不想使用含有雌激素的避孕方法。然而，口服避孕藥中雌激素的劑量通常很低，並不會對於雄性化的過程造成太大影響。但是，如果你不想冒這個風險，還有其他避孕的方式，例如子宮內避孕器。[13]那如果你想懷孕呢？一項調查研究發現，在跨性別男性出櫃後懷孕的人之中，三分之二的人在懷孕前已使用睪固酮療法。其中有許多人在停止睪固酮治療的四個月內懷孕，其中百分之三十二的懷孕是意外的。[14]

因為社會將懷孕加以性別區分，你可能很難想像，懷孕對自己來說是什麼感覺。跨性別及非二元性別心理保健臨床醫師范・伊森・利維（Van Ethan Levy）指出，此一難題可能源自於內在的跨性別恐懼症。「你或許會認為，如果自己真的是個男人，就不該懷孕，因為那會減弱男子氣概，所以是不對的想法。」范醫師說道。「你必須克服自己的偏見，度過那些難題。」稍後我們將在本書中更詳盡討論，性別肯定性賀爾蒙治療對生育能力造成的影響。醫生通常會建議在開始賀爾蒙療法前先冷凍精子和卵子，因此可以花一些時間好好思考自己是否想早一點有孩子。

「花時間認真思考一下，如果你不討厭自己的身體，也不認為自己的身體在這世界必須被用某種方式看待或對待，那麼你對於孩子的想法會是什麼？」范醫師說道。「如果我曾停下腳步問自己這個問題，我會想，如果我處於想要孩子的情況下，我會想要有自己的孩子。我會想收養、代養小孩，但我從未給自己這樣的機會。我曾誤以為如果有了孩子，就意味著我在生理上是女性；我不知道我其實可以繼續做自己。」

即使克服了內在的跨性別恐懼，可以幫助你舒坦地面對懷孕這想法，但這並不保證你不會經歷性別焦慮。就算你很興奮地想成為海馬爸爸或父母，懷孕同樣也可能引起性別焦慮的情緒。「當你懷孕時，你的乳房和臀部都會變大，陰道也會成為眾多關注的焦點。身為女性，這些部位成為關注的焦點，也成為焦慮不安的來源，非二元性別和跨性別者因此感到性別混淆，因為這些經驗被歸屬為順性別女性的體驗，」他們如此表示。「這是一種社會建構。在美國文化中，裙子被認為是女性的服裝，但如果我們看看蘇格蘭，裙子也是男性的服裝，穿裙子的男人不會被視為穿著女性服裝。」

另一件可能需要考慮的事情是，你是否想親餵母乳。在某些情況下，接受胸部手術的跨性別男性可能無法親餵母乳。如果你希望進行母乳哺育，則有必要和你的外科醫師討論。如果你不打算母乳哺育，也完全沒問題。親餵或瓶餵都是很好的餵養方式。一項針對懷孕的跨性別男性的研究顯示，九名接受胸部手術的人裡有三人的胸部組織出現輕微變化，三人胸部組織增長較明顯，兩人胸部未產生變化。只有部分人能母乳哺育。在這項研究中，有十六個人母乳哺育，其中九個人沒有出現性別焦慮，他們認為這是因為他們將哺乳視為養育孩子的方式，而非具有其他更多的意涵。在二十二名跨性別男性中，只有九人表示懷孕期間沒有出現性別焦慮。但身體的變化使他們感到困擾，尤其是在別人誤稱他們的時候感受更深刻。[15]

我是一名黑人女性，我讀過許多探討這個國家黑人女性死亡率的文章，所以我非常害怕。正因如此，我們在第一次懷孕時聘請了一位也是黑人女性的助產士，這對我來說是一個很大的轉變。她非常支持我，提供我很多資源和知識，讓我充滿力量。

她幫助我提出訴求，因此我認為我兒子的出生狀況良好。雖然還是有一些併發症，但老實說，考量到我的年齡和懷孕期間的複雜情況，這可能是不可避免的。我有多囊卵巢綜合症，所以我們被迫進行試管嬰兒，我噁心嘔吐的症狀持續到第三十週。懷孕期間我患有血小板低下症，我兒子的體重在懷孕期間無法達標。但即便如此，我也感到有能力為自己提出訴求。此外，我認為宇宙會在某種意義上幫你為分娩做好準備，因為懷孕後期你會很辛苦，辛苦到沒時間恐懼。一開始，我非常擔心分娩時會產生撕裂傷，但最後這成為我最不在意的一件事，我只想趕快結束這一切，將寶寶生出來！

我不是一直都認為自己想要小孩的人。不要誤會，我是喜歡孩子的。我甚至曾經是一名老師。但我對自己養育孩子的能力有疑慮，也對這個社會和地球的未來抱持著疑問，更不用說對其他事情的無數恐懼。因此對我來說，決定要有孩子意味著找到適合的伴侶。如果我能找到一個伴侶是我認為可以成為出色的父母，也能讓我展現出最好的一面，那麼我會考慮。當我遇到我丈夫時，情況確實如此。我在三十歲時結婚，三十三歲時生下兒子。我現在三十六歲，幾個月後女兒就要出生了。我無法想像沒有孩子的生活。有時候，我真的很痛恨無法自由做我喜歡做的事，像是睡懶覺、自由旅行和隨時享受美食。作為新手父母，我感覺自己失去了一些身分。人們說，隨著孩子的成長，我將會擁有更多時間，這些事情都會回來的。但現在，我還是有點為生活中失去的那部分感到難過。

維洛妮卡（Veronica）

三十六歲、北卡羅納、女性、非營利機構工作、黑人、順性別、異性戀、已婚

黑人孕產婦死亡率

當梅根（Megan）思考著不生孩子的原因時，浮現在她腦海中的第一件事是，不願經歷分娩的痛苦，第二件事是黑人孕產婦的死亡率。「老實說，我無法確定是第一個原因讓我不想要孩子，還是第二個，可能兩者都是。」她說道。「我想到像是賽雷娜・威廉姆斯（Serena Williams）和碧昂絲（Beyoncé）這樣富裕的黑人女性，她們在生孩子時的可怕經歷。這些人有豐富的資源，享有知名度，但仍然在生產時遇到許多問題。」

在美國，大約每十萬名黑人生育者中，有五十五人在懷孕期間死亡，這個數字幾乎是

白人孕產婦死亡率的三倍。[16]黑人族群出現嚴重的懷孕併發症機率也比白人族群高二·一倍。[17]黑人嬰兒風險增加的主因是早產。黑人嬰兒死亡率比白人嬰兒高二·四倍，約每一千名新生兒中有十三·三人死亡，白人則為五·六人死亡。為什麼黑人的生育結果較差呢？答案很簡單：種族歧視。[18]

「非裔美國女性認為，種族歧視是她們終其一生都必須面對的壓力。」生殖內分泌學家和不孕專家琳娜·布雷伯伊（Lynae Brayboy）博士表示。「長期的壓力會啟動壓力反應相關的賀爾蒙。如果你長期處在壓力中，它會影響你的大腦、下視丘、腎上腺（此器官會釋放你的皮質醇和你回應或迴避的反應）。如果你總是處在賀爾蒙激發的情況下，它會對你產生影響，造成許多功能上的問題，例如血糖控制和高血壓。我們知道黑人女性在懷孕前更容易患有這些慢性疾病，因此她們平時已經處在高風險狀態中了。」

長期面對種族歧視的心理壓力，讓黑人產婦更容易患上子癲前症、子癲症、妊娠糖尿病、栓塞和產後憂鬱症。[19]了解自己患有這些疾病的風險，有助於提高自己健康方面的警覺性，但你不用承擔醫生該做的事或確保你在分娩中生存下來的責任。「作為一名黑人女性，我不認為責任應該由黑人女性承擔。因此，必須解決種族歧視的問題。」布雷伯伊博士表示。「是的，醫療保健中肯定存在種族歧視，但這無所不在，黑人、原住民和有色人種每天都會受到影響。」

所以你可以做些什麼呢？布雷伯伊醫師的建議是，找一位可以代表你發聲的助產士。你也可以選擇黑人醫師或黑人助產士，不過這個選擇並不總是可行的。婦產科醫師蜜雪兒．貝諾伊特．威爾森（Michele Benoit-Wilson）博士表示，許多黑人患者詢問她產婦死亡率的相關問題，以及她的診所如何確保患者的安全。身為黑人醫師，貝諾伊特．威爾森經常被問到這些問題，然而診所裡的白人醫生卻不會被這麼問。

如果你決定要懷孕，就必須和家族中的成員、母親和姐妹們談一談，藉此正確了解到他們的醫療史與生產經驗。你的醫生會想知道你過去的病史和你家人的醫療史，以便降低懷孕期間併發症的風險。如果你對於這樣的做法感到不自在，為自己發聲或找到其他人代表你提出問題是非常重要的。貝諾伊特．威爾森博士表示，醫生們並不總是能夠進行有效的溝通。「我曾有一個病患，她之前看診的診所推薦她服用嬰兒阿斯匹林，以預防妊娠高血壓症，但他們沒有告訴她原因。」她說道。「在她的認知上，他們的說法是『喔，因為你是黑人，所以我們想讓你開始服用這個嬰兒阿斯匹林。』她因此感覺被冒犯。事實上，她沒有得到清楚的解釋。『沒錯，遺憾的是，在這個國家，種族本身正是某些懷孕相關併發症的獨立風險因素。』」

我在二十九歲時生下了女兒。我的丈夫在三十四歲時去世了，否則我們會有更多孩子。我們結婚兩年，共同生活了七年後，我懷有了身孕。我們都想要孩子，認為我們已經準備好了。我做了大量關於分娩的研究後，決定去紐約市的一家產科診所就診。我有一位助產士，也參加了分娩課程。我不想服用任何陣痛藥。除了孕吐之外，我喜歡懷孕的感覺。凌晨三點，我開始感到陣痛。一開始先出現腹瀉的情況，這樣很好，因為我順利排便了。我和丈夫打電話給助產士，她說：「先待在家裡，等到你無法說出一個完整的句子或羊水破裂時再來。」我們照做了，等時候到了，我們走下五層樓梯，經過兩個街區後趕上了一輛計程車。到達診所的時候，我子宮頸只開了四公分。我有點失望，但陣痛來得很快。我聽見隔壁房間有一個女人在尖叫，那是我第一次覺得：噢，糟糕！

我的助產士和丈夫一直在身旁鼓勵我。當我快要生產時，我開始嘔吐，然後羊水就破了。這時候你會變得有點瘋狂。我叫丈夫去拿一塊毛巾給我，他準備去拿的時候，我尖叫著說：「不要離開我！」當我開到十公分時，助產士要我開始用力。我的背部非常疼痛，因為我女兒的臉部朝上，她的頭部撞擊到我的脊椎。我記得我罵了很多「幹」，但是沒有大吼大叫。推產的過程非常劇烈，那時我完全不在乎我丈夫或是英國女王是否在房間裡，我只專注在寶寶身上。感覺到她滑出來時幾乎就像性愛一般，令我印象非常深刻。當她吸了第一口氣時，她就像是花朵般的展開。然後，他們把她放在我的胸口，我丈夫剪斷臍帶。那時我們才看到她是個女孩。

珍（Jean）

六十七歲、加州、女性、白人、順性別、異性戀、喪夫

第三部

如何懷孕？

12 生育能力基礎知識

我們都知道寶寶如何誕生，對吧？撇開生殖器不談，還需要一顆卵子和精子，然後，那就是個寶寶了！

當我們談到如何製造寶寶時，精子和卵子確實是關鍵成分，卵子和精子對新生兒的意義，就像番茄和麵糰之於披薩的意義一樣重要。當你了解到為了成功受孕所需要進行的一切時，你會發現，我們每一個人的出現，都是個奇蹟。

在高中時，大部分的性教育主要是教青少年預防懷孕的知識。性行為等同於孕育嬰兒。沒有性行為，就沒有嬰兒。因此，當你長大後開始嘗試懷孕時，你會驚訝的發現沒有防護措施的插入式性行為並不一定保證懷孕。而且，這並沒有考慮到同性戀伴侶試圖懷孕時的情況。

我們被教導年輕時懷孕很容易，對於大多數的年輕人來說確實如此。但是，持續灌輸預防懷孕的相關訊息，會讓我們對生育能力產生過度誇大的看法。一項研究顯示，四十歲以上尋求生育治療的婦女中，將近一半的人發現自己對於年齡和生育力下降的誤解感到「震驚」和「警覺」。[1] 知名人士高齡產子的相關新聞報導，使得這種情況看起來很普遍。然而，美國的出生數據卻告訴我們不同的結果。在每千名三十五至三十九歲的女性中，大約有五十二名新生兒誕生。在每千名四十至四十四歲的女性中，年出生率則降至大約十二人生產。四十五歲以上，則每千人中不到一人生產。以年紀較輕的族群來看，出生數字在二十至二十四歲年齡層中每千人有六十六個，二十五至二十九歲年齡層中每千人有九十四個，三十至三十四歲年齡層中每千人則有九十八個。[2] 雖然其中部分差異可以解釋為，較少人選擇在四十歲之後生孩子，但研究顯示，從持續生育至更年期的文化中可觀察到，最後一次生育的平均年齡落在四十至四十一歲之間。[3]

無論你想懷孕或避孕，了解自己的生育力是家庭計畫的關鍵。如果你決定要生孩子，在某個時候，你必須問自己想要多少個孩子，而這也需要了解自己的生育力有何限制。如果你想在不需進行生育治療的情況下擁有兩個孩子，研究建議從二十七歲開始嘗試，成功的機率是百分之九十。[4]

本章節和接下來的幾個章節所討論的話題，主要都圍繞著生殖系統，但並不只是基礎的理解，也可以將其視為關於生殖系統的進階使用手冊。就像多數人可以在不使用手冊的情況下，理解某些東西的要點一樣，很多人不必知道解剖學的細節，最後還是懷孕了。當然，直到開始嘗試之前（無論是在家裡還是實驗室裡），你都不知道會發生什麼事，所以最好可以預先了解一下。

在我們開始之前，必須先注意一件事：儘管我盡可能詳盡描述我們的生殖系統，但是要完全涵蓋所有的身體變化是不可能的。我有兩個子宮，所以我了解若讀到不適用於自己的內容是多麼令人沮喪。

讓我們從頭談起吧，也就是你還是個胎兒的時候。胎兒的性別分化始於發育的第四週，但是到了第九週時，泌尿生殖系統或外部生殖器還無法觀察到明顯的差異。（即使性別分化很早就開始，但通常需要到十八至二十週才能在超音波檢查中，看到嬰兒的生殖器官。）第六週到第七週時，穆勒氏管和沃氏管（Müllerian and Wolffian）形成。你的性染色體和賀爾蒙決定了這些管道的發育。一般來說，沃氏管變成精子成熟和運輸的系統（包括附睪、輸精管和精囊），穆勒氏管則形成輸卵管、子宮、子宮頸和陰道上部。在大多數情況下，如果發育的是穆勒氏管，那麼沃氏管就會萎縮，反之亦然。[5]

然而，並非每個人在出生時就擁有典型的「男性」或「女性」生殖系統。當米勒管發生異常時，有些人出生即患有穆勒氏管發育不全症（Mayer-Rokitansky-Küster-Hauser syndrome），因此子宮和陰道發育不良或不存在。另外，有些人可能會出現穆勒氏管合的問題，導致子宮變小、子宮中膈、心形子宮或兩個不同子宮等問題。[6]在罕見的案例中，出生時被認定為男性的人，也可能患有持續性穆勒氏管綜合症，因此有輸卵管、子宮、子宮頸和陰道上部。[7]

雙性人可能擁有與其性染色體標準表現不符的外部或內部身體構造。儘管並非每個雙性人都是不孕，但有

不同類型的子宮異常

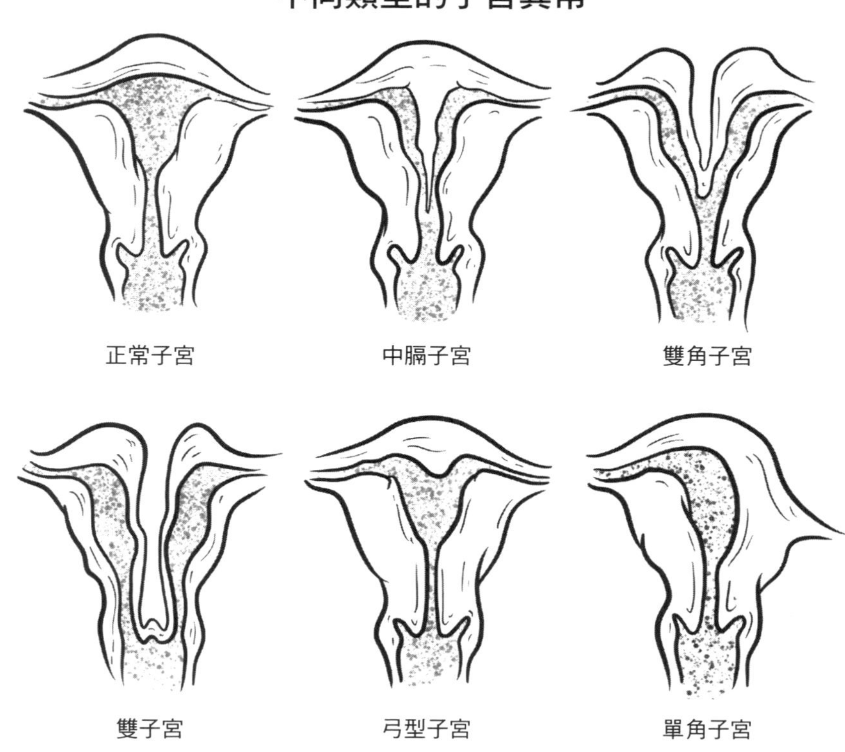

些人在青春期或在被診斷為不孕之前，並不曉得自己是雙性人。雙性人的變異至少有四十種，包括部分或完全的雄激素不敏感症、先天性腎上腺增生、5α還原酶缺乏症、陰道或陰莖發育不全、完全性性腺發育不全、克氏症候群、特納症候群和其他疾病。有鑑於可能發生的所有變異性，研究人員估計每百人中有一人出生時，身體構造不符合男性或女性的二元區別。[8]這尚不包括那些跨性別、非二元性別或性別酷兒的人。

稍後我們將在本章節中更詳細地討論生殖差異如何影響生育力，現在我們先討論卵子和精子。

我一直都想要小孩，但是對我來說，經濟穩定是開始嘗試的首要考量。經濟變化影響了我的收入，伴侶的健康問題使我們的進度更加落後。理想中，我的焦慮緩解且收入增加後，就會有理想的環境養育一個健全的人。

對我來說，要生個孫子或孫女給我媽，一直是我肩上的沉重負擔。我沒有孩子，所以我母親從寄養家庭中收養了兩個小孩。我已經不年輕了，總是有人對我說：「卵子不會永遠存在的。」有些懷孕相關的建議不請自來。我的身型嬌小，有人對我說除非我「多長一些肉」，否則永遠無法懷孕。這些人從沒有人問過我是否正積極嘗試懷孕。身為這個地區的一名女性，人們期待我完成我的「使命」，生小孩應該是個人且私人的選擇，請不要再問為什麼了。

艾希莉（Ashley）

三十三歲、南卡羅來納州、女性、音樂家、白人、順性別、異性戀

卵子的常識

你一生中擁有的卵子數量在出生時就固定了。懷孕二十週左右，胎兒的卵巢中含有約六至七百萬個卵細胞或未成熟的小卵子。這個數字在出生時降至約一至兩百萬個，然後在青春期時，再降至約三十至五十萬個。卵子的數量每個月遞減，直到沒有細胞存活為止。約莫三十七歲時，你還會有大約兩萬五千個未成熟的卵子。三十七歲之後，卵子的流失速度加倍。停經時，卵巢中只剩下不到一千個卵細胞了。[9]

雖然這看起來有很多懷孕的機會，但是這數以萬計的卵子不會全部都成熟。卵巢中的每顆卵子，都存放在稱為「卵泡」的小囊中。在排卵之前，這些卵泡必須先經歷一段卵泡發育的漫長過程。卵巢中只有不到百分之一的卵泡，約有四百到五百個卵泡會成熟並排出卵子。

當你還是個胎兒時，卵泡就開始發育了。懷孕二十週左右，你的卵巢會開始發展原始卵泡：卵巢中有個小囊袋，儲存著未成熟的小卵子，或稱卵母細胞。小卵子處於減數分裂的階段，或許你還記得高中生物課曾教導過，生殖細胞有二十三條染色體（包含我們的遺傳物質），非四十六條染色體。卵細胞有二十三條染色體，精子也有二十三條染色體，兩邊結合後創造出一個擁有四十六條染色體的人。（當然也有一些例外，例如唐氏綜合症。）這是一種基因異常的現象，患者多出一個二十一號染色體，所以共有四十七個染色體。

原始卵泡處於休眠的狀態，直到卵泡募集程序開啟後，才開始活化並持續發育。每個月的卵泡募集數量隨著年齡而變化。在你還只是個胎兒時，募集就會開始進行了，直到進入更年期。使用避孕藥或懷孕前期時，身體仍舊會募集卵泡。[10] 二十歲出頭時，每個月大約募集一千四百個卵泡，這個數字到了四十多歲歲則降至三十個不到。年輕時，每個月募集的卵泡數量較高，因此青少年時期所擁有的三十萬個卵泡，到五十歲時會減少至一千五百個不到。[11]

募集過後，原始卵泡開始發展成為腔前卵泡，可分成三個階段：原始卵泡、生長卵泡與成熟卵泡。這個部分有大量的科學知識，因此不重要的部分姑且省略。原始卵泡於募集開始後，恢復生長、進入發育。當卵泡發展到第二階段時，卵母細胞即完成生長，開始進行減數分裂。然而，減數分裂還不會在此時結束，它會持續進行到排卵時，並在受精的過程中結束。如果覺得這看似無趣且無關大局的話，我保證你將在下個章節討論冷凍卵子時，明白這個過程的重要性。

第三階段之後，卵泡被稱之為「格雷夫氏卵泡」，又稱「竇卵泡」。如果你進行生育力評估，醫生會使用超音波檢查，告訴你竇卵泡的數量（AFC）。醫生會計算這些卵泡，讓你了解卵巢的功能是否符合你所屬年齡層的期望值，並確認如果要將卵子冷凍，或進行試管嬰兒移植的話，可以收集到多少顆卵子。

在典型的月經週期中，只有一個卵泡，也就是優勢卵泡，能夠進到排卵的階段，其餘卵泡都會死掉。從月經開始到排卵的這段期間，優勢卵泡含有較高含量的濾泡刺激素（FSH），並且快速生長。竇卵泡一旦有足夠的濾泡刺激素可以成為優勢卵泡時，便會產生雌二醇，以抑制其他卵泡生長，停止生長的卵泡就會死亡。除非進行生育治療，在卵泡期早期注射濾泡刺激素，藉此拯救其他非優勢竇卵泡，否則這些卵泡終將死亡。[12]

當優勢卵泡發展到一定的大小時，就是排卵的時候了。卵巢排卵與否取決於哪個卵巢存有優勢卵泡。一般認為，卵巢大致上會輪流排卵。但是部分研究認為，右側的排卵頻率比左側更高。發表於期刊《人類生殖》（*Human Reproduction*）中的一項研究發現，從右側排出的卵子更有可能導致懷孕。在六百八十二個懷孕案例中，約有百分之六十四來自右側卵巢所排出的卵子。[13]

排卵通常發生在週期的中間，對於二十八天週期的人來說是在第十四天。（注意：大多數人的週期不是二十八天，正常週期的長度可以在二十四到三十八天之間。）週期的第一天為月經出血的第一天。

卵巢內部發生了什麼事

雌激素的含量在接近排卵時會上升，但直到黃體激素急遽升高時才會排卵。部分人的黃體激素急遽升高是暫時的，對於其他人來說，它是一個峰值，稍微下降後又會接著來到第二個峰值。黃體激素上升後未見下降，且持平穩的形況則較少見。[14]通常黃體激素急遽上升後的二十四至四十八小時內，或黃體激素達到峰值後的十個小時左右就會開始排卵。大約百分之四十的人在排卵時會感到有些疼痛，稱為「經間痛」。這種疼痛通常發生在黃體激素到達峰值時，單側疼痛可持續三到十二個小時。[15]

到了排卵期，卵子就會從卵泡中迸裂出來，被輸卵管接住。由於某些圖表的繪製方式，人們往往認為卵巢和輸卵管相連接，但事實並非如此。實際上，韌帶將卵巢連接到子宮，當你排卵時，輸卵管如手指狀的末端會掃過

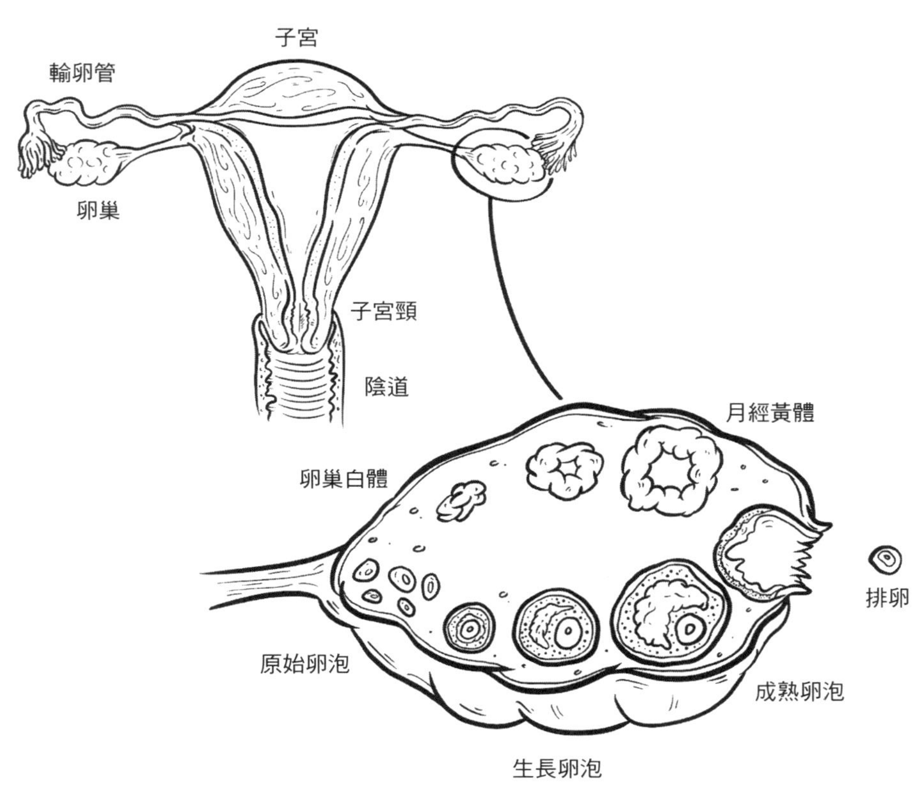

卵巢，毛髮般的纖毛結構會接住卵子，並在輸卵管的收縮和管液的幫助下移動。

接下來，卵子會在輸卵管中等待受精。破裂的卵泡變成黃體，分泌孕激素和雌激素，使子宮內膜變厚為著床準備。如果排卵十一到十四天後沒有受精，雌激素和孕激素的含量會下降，黃體轉為白色的纖維性斑痕，持續留在卵巢中幾個月。[16]當這些激素含量下降時，身體會開始產生更多濾泡刺激素，為下一批排卵做準備，整個週期就從你下一次月經重新開始。

如果受精了，那就完全是另一個故事了，稍後再談，在此之前我們先聊聊精子。

我們透過試管嬰兒誕下一對雙胞胎。在進行幾個週期後，我們都對此感到厭倦。在一次看似有希望的週期之後，我們決定放回兩個胚胎增加懷孕機率。有時候我會想，如果能分兩次生下他們，那麼事情會更容易許多。儘管必須經歷兩次夜間失眠，但比起一下子同時照顧兩個，焦慮感會減少很多，而且當第二個孩子出生時，你已經有經驗了。照顧雙胞胎時，你會體驗到所有的一切以兩種不同的方式進行。當然，最好的回饋就是他們之間的關係，總是有人可以一起玩和交談。隨著他們長大，這成為他們成長與體驗世界的固有方式，我越來越喜歡這種關係。

我不後悔有孩子，但我對失去一些朋友感到惋惜，感覺自己全部的生活已被拋諸腦後。我為此沮喪過，在極度疲憊時甚至出現過自殺的念頭。我曾經希望自己一死百了。但我了解這只是我的部分感受，我永遠不會真的這麼做，我永遠不會離開我的家人或傷害自己。我必須熬過這一切，這是我所做過的最困難的事，期望情況能逐漸轉好。我的憂鬱症因睡眠不足和缺乏社交生活而惡化，我拒絕交談、情緒激動，且缺乏能量。這在任何時候都很難處理，但當你還有兩個本來就情緒不穩且無法交談的幼兒時，情況就變得更困難了。我服用更好的藥，接受更好的治療，但我需要被推一把，才能意識到接受治療是必須的，憂鬱並非成為父母的一部分。

當孩子能夠對你表現出情感和謝意時，他們的胡言亂語也變得容易處理多了。此外，他們真的很有趣。我女兒目前的口頭禪是像阿諾·史瓦辛格（Arnold Schwarzenegger）那樣說：「你好，夥伴！」

尼克（Nick）

四十歲、維吉尼亞州、男性、編輯、白人、順性別、異性戀、已婚

精子的常識

精子的產生方式與卵子截然不同，且數量比品質更重要。相較之下，人一生擁有的卵子數量有限，但精子卻不是這麼一回事。每天約有五千萬至一億條精子發展成熟。[17]

很多人認為精子沒有保存期限，然而事實卻複雜了許多。就像卵子一樣，精子也會老化。兩者的區別在於，卵子到了某個時間點後，就不再適合受精，但是精子卻沒有如此嚴格的時間限制。有些人直到老年都能保有受精的能力。這就是為什麼你會看到嬰兒的生理父親已經五十多歲、六十多歲和七十多歲比生理母親還要多的原因。雖然精子擁有較長的壽命，但這並不表示它們的品質不會改變。和年齡息息相關的因素，包含精液量、精子數量、精子運動和型態下降、賀爾蒙水平改變與DNA斷裂（精子中異常的基因物質）的機會增加等，這些因素都會降低受孕機率。

健康的精子由三個部分組成：頭部、中段與尾部。頭部包含了二十三條染色體，與卵子的基因結合後形成胚胎。中段的粒線體能產生能量供給尾部。尾部能使精子穿過陰道和子宮，進入輸卵管受精。

精子從青春期開始生成，直到你離世。在精子生成的過程中，精子細胞開始形成且增殖，這一切都在睪丸中的細精管發生。不同區塊的細精管在不同時間製造精子，使得睪丸能夠不斷地產生精子。細精管中精子生成的過程，每隔十六天就會重新啟動一次。在此期間，生殖細胞經過有絲分裂和減數分裂形成精細胞。擁有四十六條染色體的生殖細胞會減化成二十三條染色體的精子細胞，同時繼續創造更多生殖細胞，以便這個過程能夠繼續進行。只有百分之二十五的原始生殖細胞能夠進入射精的程序。在進入射精程序的細胞中，超過一半是畸形的，只有百分之十二的精子可用在繁殖。[18]

細胞分裂完成後，它們會開始進行一個複雜的過程，稱為精子生成。這將它們從圓形細胞轉化成帶有頭部顆粒酶（存於精子頭部，是受精過程中負責穿透卵子的分泌物）和尾巴的成形精子。一旦成形，精細胞開始轉變為成熟的精子。在塞爾托利氏細胞（Sertoli cells，含有賀爾蒙的細胞，負責調節精細胞的環境）的幫助下，精細胞斷開發育的組織，成為自由細胞的精子。從生殖細胞到精子的整個過程，需要約七十四天才能完成。[19]

細精管每分鐘釋放超過兩萬五千個精子。[20]從細精管出來之後，精子需通過附睪管，經歷十二天的旅程，它們將在此過程中持續變成熟，為射精做準備。正是這段旅程使精子在射出後具有運動能力。精子生成的任何一個階段都可能發生異常，導致精子數量減少、運動能力降低或形狀改變。

由於睪丸會持續生產精子，因此就算一天射精好幾次，精液裡始終含有精子。唯一的例外是，如果精子數量很少或患有無精症，精子生成問題、輸精管或附睪管阻塞，導致精液中沒有精子。

為了射精，精子必須從附睪進入輸精管，輸精管是從陰囊向上通往膀胱後方的肌肉管道。接著，精子會通過精囊、攝護腺和尿道球腺（又稱考伯氏腺），和其他液體混合後成為精液。每次射精平均約含有一．八億條精子。[21]但是精子只占最終精液體積的百分之五。精液中約有百分之六十是來自精囊的液體，這種液體含有果糖，是一種能讓精子在射精後運動的醣類。在攝護腺中，精子和精囊液混合成乳白色物質，使精子在射精後變得較濃稠，之後又再變薄，以便它們可以游向陰道、子宮頸和卵子。

最後，尿道球腺會產生預射精液，在射精前的性興奮時預先排出該液體。這種液體有助於潤滑，且能清除殘留在尿道中的尿液。（如果前次射精時已有精子殘留在尿道中，預射精液可能含有精子導致懷孕。）當所有成分混合在一起後，精液便會通過尿道排出陰莖。

雖然卵子和精子看似位居要角，但我們其實只有稍微談到發生在生殖器內部的情形。睪丸或卵巢與大腦的下視丘和腦垂體之間，還有一些微妙的相互作用，賀爾蒙和基因等其他因素也須納入考量。為了成功受孕，有必要了解這全部的知識嗎？或許不需要。但是，如果你發現自己很難懷孕，在與醫生交談的十五分鐘內，可能就會聽到這些術語了。幸運的是，當你越了解自己身體的情況，就越不會感到不知所措。

我決定要有孩子，因為我有足夠的財力、時間、精力和渴望。我希望能培養出良好的人類，為將來影響社會和全世界的下一代做出貢獻。我在三十二歲時生下第一個孩子，之後透過試管嬰兒的技術懷上了第二胎，預計在我四十歲時出生。我享受當父母的樂趣，但支出和育兒成本是個巨大的挑戰。此外，涉及到分配父母的責任時，女性需承擔較多情感和心理負擔。幸運的是，生下孩子後，我的職涯發展並未受到影響，因為我在一家大型公司上班，他們支持職業婦女，且提供慷慨的產假（五個月）。

海瑟（Heather）

三十九歲、華盛頓州、女性、銷售主管、北美原住民、順性別、異性戀、已婚

受精

一旦進入女性體內，精子會沿著陰道往子宮頸前進。這個旅程並不遠，因為精子通常會被設在子宮頸外。射精後，精液會凝結，限制精子的移動。接下來的二十至三十分鐘內，精液在攝護腺中吸收的酵素，會使凝結的精液變成液體，以便精子移動。陰道是酸性的，所以精子不能在陰道裡停留太久。事實上，大多數精子在陰道中停留三十分鐘後，運動能力就會降低，所以沒有到達子宮頸的精子很難使卵子受精。

子宮頸及其黏液在受孕的過程中，扮演相當關鍵的角色。子宮頸黏液可以阻擋不正常的精子通過，保護精子免受免疫系統攻擊。雖然必須非常熟悉自己的狀況，但學習區分子宮頸黏液的變化，能幫助你確定自己的受孕期，對於計畫懷孕或避孕大有助益。一般來說，越接近排卵期，產生的黏液或分泌物就越多。排卵前會產生一種像蛋清一樣薄且滑溜的透明黏液，這種黏液為精子創造出友善的環境。排卵後，分泌物減少，恢復混濁和黏稠，或者完全沒有分泌物。（注意：如果你透過這種方法追蹤自己的受孕能力，至少需要記錄一個月，才能以該數據做為避孕的方法。即使是在那之後也要很小心，因為性行為時產生的性激素或殘留陰道中的精子，也可能改變分泌物的稠度。）

子宮頸內部凹陷不平的鱗狀結構，被認為可困住和儲存精子長達數天。平均而言，精子可以存活三天，但在適當的條件下可存活長達五天。有研究發現，在射精後的五天內，還能在子宮頸發現有旺盛活動力的精子；然而因為難以研究，目前尚不清楚困在子宮頸中的精子，是否能到達輸卵管受精。[22]

精子移動的速度比想像中的還快。但移動速度快並不完全是精子的功勞。事實上，陰道、子宮頸和子宮收縮也幫了不少忙。一九七三年，研究人員對正在接受輸卵管切除手術的女性進行人工授精，他們發現第一批精子從陰道到輸卵管只需五分鐘。受精後的十五至四十五分鐘內，他們在輸卵管中發現了一定的精子數量。[23]

子宮收縮推動精子通過子宮，與月經時出現的痙攣不同。在運輸精子的過程中，子宮的肌肉層只有一層會收縮，然而在月經期間，三層都會收縮。重要的是，精子必須快速通過子宮，因為隨著時間的推進，抵抗感染的白血球會在子宮中累積。一般認為，這些細胞不僅會攻擊受損的精子，也可能會摧毀正常的精子。

即使精子很快就抵達那裡，也無法立即對卵子受精，它們必須先經過一個被稱為「精子獲能」的過程。觀察體外受精的研究發現，精子獲能的時間從三到二十四小時不等。[24]這是一個非同步的過程，意味著精子一組組地在不同時間進行獲能化，藉此延長受精的可能性。

精子還會出現過動的現象，以圓形或不規則的模式劇烈游動，以便穿過輸卵管中的黏液，穿透卵子又稱為透明帶的外層。[25]

輸卵管為精子提供了安全的庇護所。由於研究這些機制非常困難，我們尚不清楚精子如何延長停留在輸卵管裡的時間，以及精子朝卵子移動的方式。卵子最多只能存活二十四小時，因此限制了受精的時機。[26]一般來說，卵子在排卵後數小時內就會受精，但這並不表示只有在當天性交才能受孕。由於精子可以存活長達五天，因此在排卵時往回推算五天，即是可能懷孕的時機。[27]研究顯示，臨床上在排卵前一天性交的懷孕機率最高（檢測到心跳的懷孕）。排卵當天性交的整體懷孕機率略高，但不成功的機率更高。[28]如果你想懷孕，專家建議每隔一至兩天性交一次，能使懷孕的機會最大化。每天性交能稍微增加懷孕的機會（百分之三十七相對於百分之三十三）。[29]

儘管一次射精可能含有高達兩億條精子，但相對來說，只有少數精子能成功到達卵子，到達受精地點的精子大約只有十到一千個。[30]在整個過程中，會損失成千上萬的精子，有些精子因逆流（就是字面上的意思，精子從它們來的地方游回去）而損失。一項為期五年的研究發現，性交後產生精子逆流的機率為百分之九十四。平均約有百分之三十五的精子因逆流而損失，其中大部分發生在性交後的三十分鐘內。在親密關係的研究中，約有百分之十二的情況是，將近百分之百被射入的精子遭到淘汰。[31]

有些人會在性交後躺下或持續弓起臀部十到十五分鐘，就是為了避免回流。如果你進行人工授精，醫療人員可能會建議你保持平躺十至十五分鐘，以確保更好的效果。有些嘗試懷孕的人有時候會在性交後放置月經杯，延長精子留在體內的時間。但是這些方法並非懷孕的必要條件，只是額外輔助的方式。

一旦卵子受精，它會在輸卵管中停留三十個小時，進行細胞分裂。接著，它會離開輸卵管進入子宮。五至六天後，胚胎會從它的外殼中（也就是透明帶）孵化出來，並開始在子宮內著床。發表於《新英格蘭醫學期刊》（*New England Journal of Medicine*）上的一項研究發現，著床大多發生在第八到十天。越晚著床，成功懷孕的可能性越小。在第九天著床懷孕的情況下，百分之十三發生早期流產。第十天著床的流產風險上升至百分之二十六；第十一天著床的流產風險升至百分之五十二；十一天之後才著床的流產風險則高達百分之八十二。

卵子著床後，便會立即產生人絨毛膜促性腺激素（hCG），這種激素可在懷孕時被檢測到。排卵後六至十二天，尿液中的人絨毛膜促性腺激素會開始上升。研究顯示，成功懷孕的例子中有百分之八十四的孕婦於第八、第九或第十天時，人絨毛膜促性腺激素開始上升。[32]家用的懷孕檢測只能在卵子著床後，檢測到人絨毛膜促性腺激素。懷孕的早期能檢測到至少六・三 mIU/mL 的人絨毛膜促性腺激素，因此可讓你在月經延遲後檢測。就較不敏銳的檢測來說，人絨毛膜促性腺激素可能需高達一〇〇 mIU/mL 才能確定懷孕，通常在排卵後的十五到二十天，或經期過後一週內可檢測到。

現在你已經知道生殖系統運作的重點了。在沒有保護措施的情況下性交，約百分之八十的人在六個月內就會懷孕，三十歲以下的人則有百分之四十到百分之六十於嘗試懷孕的前三個月內成功受孕。[33] 一項針對三千對嘗試懷孕的美國和加拿大夫婦的研究顯示，百分之七十九的二十五至二十七歲夫婦於一年內懷孕，相較之下，四十至四十五歲的夫婦中只有百分之五十五。[34] 一項丹麥的研究發現，在三十至三十四歲的女性中有百分之八十七於一年之內懷孕，然而在三十五至四十歲中的女性只有百分之七十二。[35] 因此，即使你可能不需要完全掌握細節，但了解一下也無妨。

我從來沒想過要孩子。我丈夫想要孩子，但訂婚時我就清楚表明自己不想要孩子，他也接受了這一點。我認為如果我們決定要孩子，會透過收養的方式來實現。到了三十歲左右，我突然間開始真的想要一個小孩。我仍然認為收養是最好的方式，因為我抱持著人口零成長的觀念，也深知還有很多孤兒需要得到父母親的照顧。然而，收養的費用昂貴且手續繁複，且困難重重，我越深入研究就越感到沮喪。我開始停止所有避孕的方法，卻沒有懷孕。我們開始積極地嘗試，但還是沒有懷孕。我的婆婆願意資助生育治療的費用，所以我們便開始這趟治療的旅程。生下一個孩子使我懷有罪惡感，但我也開始真的想要體驗懷孕的感覺，並且在沒有任何條件和限制下，擁有一個屬於「我們的」孩子。

我曾經對懷孕和分娩感到非常害怕。我尤其擔心失去對自己身體的掌控，無法再做我喜愛的事情。我們非常努力地想要懷孕，但是在第八週時我流產了，這對我來說簡直是晴天霹靂。這是我在情感和身體上，經歷過最困難的一件事，我很驚訝這對我產生如此大的影響。在那之後，我對於任何可能出錯的事情都感到非常害怕，也擔心自己無法承受情感上的煎熬。當我再次懷孕時，我既高興又害怕。我有個既輕鬆又困難的懷孕期。我很喜歡兒子在我肚子裡長大和活動的感覺，打從一開始我就覺得和他的聯繫緊密。但是，我整個懷孕期都在疫情中度過，後來我患上了前置血管症，這意味著我的孩子可能在我分娩時面臨死亡。因此，我計畫在第三十六週時剖腹生產，在那之前必須待在醫院檢測一個月。那時的我已經深愛著我們的兒子，如果他沒能活下來，那我也活不下去了。這一切都讓人感到不知所措，但是最後他和我都很好。面對恐懼和負面情緒是很困難的，嘗試了十年，終於擁有一個孩子使我充滿希望。我緊緊抓住這個希望，告訴自己無論經歷了什麼，最終都是值得的。

艾比（Abbey）

三十九歲、北卡羅尼亞、女性、教師、白人、順性別、異性戀、已婚

13 檢查生育能力

三十四歲的吉兒（Jill）知道凍卵會改變她的人生，但她從未預料到事情會改變這麼多。吉兒的父母兩人離婚之前的關係非常不穩定，這樣的經歷使她認為自己不想要孩子，除非她能提供孩子一個不同於自己成長環境的家。她在二十多歲時一直認為自己不想要有孩子，直到她三十一歲時遇到了現在的伴侶。她很快就意識到他是自己願意生小孩的對象，但他才剛唸完醫學不久，所以時機不對。考量到他需要一些時間，在自己的領域中立足，他想等到六年後再生孩子。計算方式很簡單，六年的等待會讓吉兒變成三十八歲，這會降低她自然懷孕的機率。吉兒決定去凍卵，而不是採取等待和觀望的方式。「凍卵已經變得越來越普遍，當時的感覺就像只是去剪頭髮一樣。大家都可以接受，只是非常昂貴。」吉兒說道。「可能等我到了三十歲時，我的財務狀況還是無法讓我有能力考慮這麼做。」

凍卵之前，吉兒必須先進行生育評估。她沒有理由會認為自己的生育力和一般三十二歲的同齡女性不同；進行測試只是流程的一部分。直到看診到一半時，她才意識到凍卵可能不是她所想的那麼簡單。她卵巢中的卵泡比預期的還少，右邊有兩個，左邊有四個。此外，吉兒體內有助卵子儲存的抗穆勒氏管賀爾蒙（anti-Müllerian hormone, AMH）含量比一般同年齡層的人還低，她很震驚，也很困惑。若放棄凍卵，這是否意味著她無法生育了呢？

認識自己的生育能力讓人感到充滿力量，卻也可能讓人感到害怕。大多數人都認為自己隨時可以懷孕或讓人受孕，所以當被告知事情並非如此時，通常會感到相當震驚。儘管只有相對少數的人受到不孕症的影響，特別是三十五歲之前的人，但是一般人所謂的正常狀況也有所差異。處於正常範圍邊緣的人，即便處在正常範圍內，也很容易因這種認知差異而感受到壓力。在進行任何測試之前，必須先了解測量的內容，以及它們如何論斷你的生育力。提示：通常這都不是那麼簡單明確。

什麼是生育能力測試

生育測試、凍卵和生育治療都是數字遊戲。幾乎每個步驟都會學到新的數字，從抗穆勒氏管賀爾蒙、濾泡刺激素（FSH）、竇卵泡數（AFC），到胚胎級數。要學的東西很多。

在你踏進生育診所前，首先要了解的是，沒有所謂完美的生育力檢測。即使你的數字很

「完美」，也可能不孕（一年內無法懷孕）。相反地，就算數字很糟糕，還是可能成功懷孕。生育力檢測主要測量卵巢的儲備量，預測你的身體對治療的反應，並非預測懷孕的可能性。[1] 這些檢測主要測量的是卵子數量，而非品質。沒有針對品質的檢測，年齡就是我們最好的指標。「遺憾的是，直到我們真正使用卵子之前，任何檢測都無法讓我們得知卵子的品質究竟如何。」生殖內分泌學家艾米．艾瓦札德（Aimee Eyvazzadeh）表示。「我們會考慮你的年齡、生育能力水平、卵子或竇卵泡數，甚至在你凍卵前就能透過它們預測未來。事實上，在你真的將它變成胚胎前，你永遠也不知道會得到什麼結果。」

雖然這聽起來可能很可怕，但請記住，只需要一顆卵子就可以懷孕。即便你的數字看起來並不理想，但只要你能排卵、輸卵管不阻塞且擁有一個子宮，那麼不論是經由性交或人工授精，你都能夠自然懷孕。然而，這並不代表你一定會懷孕，其他的因素也會帶來影響。但是如果你已具備這些基本的懷孕要件，至少還有懷孕的機會。

不好的數字不一定表示厄運降臨，而好的數字雖然表示有希望，但也不一定代表你完全沒有問題。「千萬別說：『哦，因為我的檢測結果很好，所以可以拖延一陣子。』」生殖內分泌學家賈妮爾．路克（Janelle Luk）表示。「它的意思並非如此，如果你的數值很高，擁有很多卵子，而且才二十八歲，那麼或許真的可以過幾年再說，但我也見過數值表現很好的患者，後來因為難以懷孕又回來看診。」

那麼，這些檢測究竟告訴我們什麼呢？讓我們來分析一下。

醫生通常會要求進行四項賀爾蒙血液檢測：濾泡刺激素、雌二醇（E2）、黃體化激素，以及抗穆勒氏管賀爾蒙。如果你服用賀爾蒙避孕藥，醫生可能不會檢測濾泡刺激素、雌二醇或黃體化激素，因為避孕藥裡的賀爾蒙會使判讀失準。濾泡刺激素、雌二醇和黃體化激素等生育相關的檢測，通常會在經期的第三天進行。由於週期的第一天是從月經的第一天開始計算，因此在第三天測試，可讓醫生得到準確的基準，這些賀爾蒙的含量在第三天時最低。

濾泡刺激素是由大腦中的腦下垂體所分泌的賀爾蒙，它促使卵巢內的卵泡生長。在你的週期第三天，濾泡刺激素的理想數值應該低於十 IU/L。為了準確反映你的濾泡刺激素，醫生還會檢查雌二醇，這是卵巢主要產生的一種雌激素。週期第三天的雌二醇數值應低於六十~八十 pg/mL。雌二醇會抑制濾泡刺激素，因此如果你的雌二醇數值較高，可能會使你的濾泡刺激素比實際值更低。週期一開始時，較高的濾泡刺激素和雌二醇代表卵巢庫存量減少或卵巢中的卵子較少。另一種由腦下垂體分泌的賀爾蒙是黃體化激素，這是顯示身體排卵的賀爾蒙。在週期的第三天時，它應該低於七 IU/L。如果你的黃體化激素數值較高，可能表示患有多囊性卵巢症候群。[2]

抗穆勒氏管賀爾蒙的檢測可在任何時間進行，因為它在整個月經週期中皆維持穩定。抗穆勒氏管賀爾蒙是卵泡中特殊的顆粒細胞所產生的賀爾蒙，這些細胞有助於發育中的卵子。抗穆勒氏管賀爾蒙數值較低，意味著剩餘的卵子較少。與其他的血液檢測不同，使用口服避孕藥仍可檢測抗穆勒氏管賀爾蒙數值，因此有助於那些不想停止服用避孕藥的人評估自己的生育力。如果你使用的是子宮內避孕器的話，還是可以繼續使用。

服用口服避孕藥期間，抗穆勒氏管賀爾蒙數值可能略低，但在此情況下所進行的檢測評估依然可靠。如果數值低於醫生根據你年齡預期的標準值，他們可能會要求你停止服用藥物，一兩個月後再重新檢測，屆時你的抗穆勒氏管賀爾蒙數值應該會回到正常值。[3]抗穆勒氏管賀爾蒙數值的正常範圍是一到四 ng/mL。一項針對兩千七百四十一名女性的研究調查顯示，二十五歲女性的抗穆勒氏管賀爾蒙平均數值為五・四一 ng/mL，三十歲女性的數值為三・五三 ng/mL，三十五歲的數值為二・五八 ng/mL，四十歲的數值為一・二七 ng/mL。[4]如果你的數值高於平均標準，代表你可能患有多囊性卵巢症候群。

最後一項生育評估是竇卵泡計數（AFC），即該週期募集到的卵泡數量。請記住，除非你正在進行生育藥物的治療，否則通常只有一個卵泡會成熟並且主導排卵。竇卵泡計數需藉由陰道超音波檢查（使用陰道插入式探頭進行超音波檢查）。竇卵泡計數通常與抗穆勒氏管賀爾蒙數值正相關，當抗穆勒氏管賀爾蒙數值越低時，竇卵泡計數就越低。竇卵泡計數少於五至七個卵泡，通常代表卵巢儲備功能減退。如果你正進行凍卵或試管嬰兒，竇卵泡計數可以為你預測該週期可能提取的卵子數量。艾瓦札德博士表示：「病人會問我，『我的數值正常嗎？』我會說，『你的數值是正常的；這是你的數值，我不能把你和別人相提並論，那並不公平。凍卵不是比賽。』」

研究顯示，不論是抗穆勒氏管賀爾蒙數值低、濾泡刺激素數值高還是竇卵泡計數，都不能預測懷孕的可能性。濾泡刺激素數值高且抗穆勒氏管賀爾蒙數值低的人，六個月內的懷孕機率與擁有正常值的人相似。因此，研究人員認為，「卵巢庫存量減少與否，和生育能力是否降低無關。」[5] 濾泡刺激素數值高可能表示卵子的品質較差，尤其是超過三十五歲的人，但研究並未明確證明這一點。一項針對濾泡刺激素值較高的女性和正常值的女性進行的比較研究發現，濾泡刺激素值較高的女性使用自己胚胎的植入率與同儕並無差異，這意味著濾泡刺激素並不會明顯影響胚胎的品質。[6]

生殖內分泌學家蘿希・吉拉尼（Roohi Jeelani）表示：「這些生育力檢測只有告訴你卵子的數量，而非品質，然而品質才是你所需要的。當我們凍卵和胚胎時，人們會想：『我們做好準備了。』這可能奏效，但也可能不會奏效，因為我們尚未理解品質這個變數。我總是告訴患者，如果在這裡接受檢測，那就意味著你正在思考這個問題，且還沒有做好準備。我會建議患者採取積極的措施，無論是凍卵還是胚胎，只要能得到機會。」

我會用比較謹慎的態度解釋這些事情，並非是病人有卵巢庫存量減少的高風險（對於女性來說，這個風險約是百分之十），而是因為大多數人太高估自己，認為生育治療很輕鬆也很容易成功。事實上，生育治療無法保證你能成功抱著一個和你擁有相同DNA的孩子回家。如果你的年齡低於三十五歲，你必須冷凍二十四顆卵子，才能獲得百分之九十四．四的機會生下一名活嬰。如果你的年齡超過三十五歲，二十顆冷凍卵子讓你生下一名活嬰的機率只有百分之四十九．六。[7]大多數人至少需要進行兩個卵子提取週期，如果你的年齡較大，那就需要進行更多卵子提取週期才能儲存二十顆卵子。

「一般而言，我們或許能從三十歲的女性身上，得到平均至少三十顆成熟的卵子。然而，只能從四十歲的女性身上得到三至六個成熟的卵子。」艾瓦札德博士說道。「我有個三十歲的病人只能取得兩個卵子，但也有三十歲的病人能取得二十五顆卵子。這取決於你的卵子數量，但同時又受到年齡、基因和環境的影響。」

聽到自己的竇卵泡計數或卵巢庫存量不如預期時，確實人難受。因此必須記住，不能單憑這些檢測來預估懷孕的能力，它們只能預測能夠取得的卵子數量。遺憾的是，不論你做什麼都無法增加卵巢中的卵子數量。抗穆勒氏管賀爾蒙指數會根據檢測時間而略有波動，但你卻無法改變它；它就是它。同樣地，你也幾乎無法減少濾泡刺激素的數值，該數值和竇卵泡計數可能會因月份而略有波動，一旦濾泡刺激素超出正常範圍時，通常就不會再改變了。濾泡刺激素指數較高的人通常對於生育治療的「反應較差」，這些藥物利用濾泡刺激素刺激卵巢產生更多優勢卵泡，但是他們的身體早已習慣高含量的濾泡刺激素了，所以這些藥物無法派上用場。雌激素可以降低濾泡刺激素的含量，在冷凍卵子或進行試管嬰兒的週期之前有所幫助。如果你因濾泡刺激素增加而導致經期不規律，這可能也會有所幫助，但它無法逆轉你身體自然運作的過程。

卵巢庫存量減少的可能性隨著年紀漸長而增加，大多數人在診斷後感到時間緊迫是因為他們知道自己的卵子數量低於平均標準，這也增加了更年期提前到來的可能性。因此，如果你現在還有卵子，那就還有懷孕的機會，但若你的卵子較少，能懷孕的時間可能就無法像同年齡的人一樣長。如果你決定凍卵或進行試管嬰兒，便可能無法取得太多卵子。三十五歲以下的人卵巢庫存量不足的原因，可能是內膜異位症、曾接受過卵巢手術、癌症治療或基因異常等疾病所引起。吉兒的醫生診斷後，並沒有給她任何解釋，因此吉兒接受進一步的檢查，並且諮詢了另一位醫生。遺傳學檢測顯示她的FMR1基因序列異常，這是一種與X染色體脆折症相關的基因異常，可能導致卵巢早衰。儘管吉兒有機會自然懷孕或藉由體外受精懷孕，但她的數值意味著能取得的卵子數目更少，且更早進入更年期。

「這感覺像是自己有一部分正在死去。我們都會死，我們都知道自己會死，但我沒有想到的是，我身體的這個部位比預期的還早死去。」吉兒說道。「為了保留生育力，我開始踏上了這條治療之路。最後我決定不進行體外受精，因為這會讓我的戀情告吹，只剩我一人獨自扶養小孩。我很想要生下自己的孩子，也很願意將時間投入在孩子身上，但對我來說最重要的是，和我愛的人一起完成這件事。你無法強迫別人為了某件事情做好準備，尤其是生下一個孩子。」

我想要孩子的心情比不想要孩子更強烈，但是因為生育問題（卵子數量少和週期不規則），我想如果自己無法生孩子，那麼不要孩子或許可以減少痛苦。此外，我感覺這個世界一團糟，我還未婚，而且我和伴侶沒有足夠的錢，生活也不太穩定。在二十三歲之前，我一直對生孩子感到非常反感。我詢問婦產科醫師週期不規則的問題。

他對我的避孕措施提出了一些引導性的問題，並告訴我不規律的狀況沒有什麼問題，因為我已經進入早期更年期了，如果我想要孩子就應該立刻行動。那一刻對我而言真的非常重要，因為我的想法改變了，我覺得生育孩子的選擇權被剝奪了。隨著我變老，孩子和家庭對我來說變得越來越重要。也許一開始是因為我的選擇權被剝奪了，但隨著我開始試著消化這些感受，我對生育孩子的渴望也與日俱增。我很希望能和伴侶一起生育孩子，也許有一天我們能實現這個願望。

上一位婦產科醫師建議我盡快冷凍卵子，但費用太高了。我現在二十七歲，我明白如果不透過醫療手段，我的機會就是盡早生下孩子。出於這個原因和其他因素，我希望能在三十歲之前生下孩子。這個想法有些讓人不安，因為不到三年的時間，我就可能成為一名母親，但我現在連照顧自己都已經很困難了。男友知道我為自己設定的時間表，這也讓他感到有些焦慮。

蔺西（Nancy）

二十七歲、加州、女性、人資、亞裔、順性別、異性戀、交往中

精子健康評估

另一個關鍵因素是精子。精液分析可以幫助醫生評估精子的健康狀況。雖然精液分析是現有最佳的精子評估方式，但並不被認為是生育能力的全面評估指標。精液分析結果正常並不一定代表具有生育能力，而檢查結果異常，除非患有無精症，否則也不表示會被診斷為不孕。如果你的檢驗結果出現一次異常，醫生可能會鼓勵你在一個月後進行第二次檢查。

精液分析是檢測精液樣本的測試，使用顯微鏡檢查精液樣本，評估精子數量、活動性（運動能力）和形態（形態學）。用於生育測試時，它會檢查pH值（過於酸性會殺死精子）、精液量、精子濃度（每毫升精液中的精子數量）、精子形態（精子的大小和形狀）、精子運動能力（精子運動方式）、樣本中活躍的精子數量和白血球數量（感染的徵象）。只有多個參數出現異常時，精液分析才被認為具有臨床意義。

如果你的精液分析結果異常，醫生可能會建議你進行血液測試，檢查促性腺激素和睪固酮的濃度。促性腺激素有助於控制精子的生產，睪固酮也在精子生產中發揮作用。如果促性腺激素濃度超過七IU/L，則表示精子生產過程中出現問題。[8] 睪固酮濃度因人而異，檢查睪固酮濃度的血液測試應在早上進行，以獲得最準確的數值。睪固酮在睪丸中的濃度比在血液中高出許多，因此以血液中的睪固酮濃度預測不孕並不可靠。即使是睪固酮濃度較低或臨界值的人，也可能生產足夠的精子。[9]

睪固酮濃度下降是正常的衰老現象。生理男性的人睪固酮濃度每年下降百分之一至百分之二。在四十五歲以上的人裡，超過三分之一的人睪固酮濃度低於正常標準。隨著年齡增長，睪固酮濃度下降可能導致類似於更年期的症狀，出現疲勞、肌肉量減少、憂鬱、焦慮、易怒、性慾降低、失眠和生育能力降低等現象。[10]

精液分析以世界衛生組織對人類精液的參考限值為依據。以下數據以

正常與異常的精子

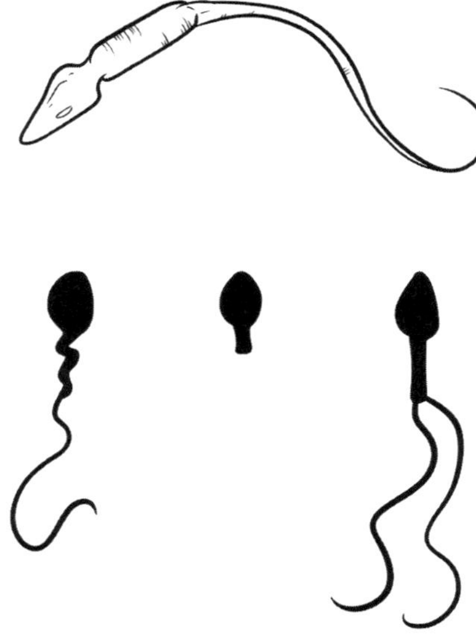

具備生育能力且數值較低的男性（第五個百分位）為基礎，這些男性的伴侶皆於十二個月之內懷孕。[11]

精液參數	
精液量	一・五毫升
總精子數量	每次射精三千九百萬
精液濃度	每毫升一千五百萬
生命力	百分之五十八存活
向前運動精子	百分之三十二
總活動力	百分之四十
形態正常	百分之四

只要你能生產一些精子，就有機會授孕生子。但在某些情況下，可能需藉由手術取得精子並配合生育治療。

我一直知道自己想要孩子，可能比我認識的大多數男人都更想要小孩。我是三個兄弟姐妹中最年長的，我還有好幾個表弟表妹。我一直都很喜歡嬰兒，也喜歡照顧孩子，而且我做得很好。每當我遇到嬰兒時，我很喜歡抱抱每一個孩子！對我來說，生孩子一直是理所當然的事情，我知道這將成為生活的一部分。這當然使我在經歷不孕症時更加痛苦，我很想知道自己是否能一圓當父親的夢。

我選擇不進行顯微睪丸取精術（microsurgical testicular sperm extraction, microTESE）的原因有幾個。首先，我的主治醫師建議我不要進行這種手術；其次，我曾經有過一次修復靜脈曲張手術失敗的經驗；最後，這種手術非常昂貴，即使在最好的情況下進行昂貴且痛苦的體外受精程序，成功的機會也很小。這不是一個容易的決定，即便我對於這種程序從來都沒有好感，但是我知道它是我擁有自己孩子的唯一希望。

我因基因缺失和無法擁有孩子而沉浸在悲傷裡約一年。在這段時間裡，我們接受了治療，決定下一步該怎麼做。我們知道使用捐贈的精子是一種選擇，因此決定略過顯微睪丸取精術，讓事情變得稍微容易一些，我們仍然有成為父母的希望。我們倆都想體驗懷孕和分娩的過程，而共享DNA並不是澈底愛一個孩子的必要條件。經歷了這一切，我只是渴望成為父親，最終我們認為使用捐贈精子是個正確的選擇。

不孕症會帶來很多羞恥感。我覺得很多男人很難敞開心扉或者根本無法面對它。這種診斷會降低男子氣概並讓男性感到尷尬，幾乎每一個曾經和我談過這個問題的男人都有相同的感覺，我當然也不例外。一開始因為這個原因，我真的很難接受使用捐贈的精子；我擔心（有時仍然擔心）其他人會因為某些原因看不起我，或者覺得我不夠男人。我建議其他處於同樣困境的男人，要理解這是一個醫學診斷，不是你應該感到羞愧或者男子氣概受挫的原因。除了能夠生產精子外，做為一個男人、丈夫或父親，意味著更多不同的事。

艾力克斯（Alex）

三十三歲、奧克拉荷馬、男性、白人、順性別、異性戀、已婚

取得不孕的診斷

你至少需要花一年時間嘗試懷孕卻沒有成功，才能取得不孕症的診斷。在嘗試懷孕的六個月內，大多數夫婦（約百分之八十）都會懷孕。對於那些無法懷孕的人來說，第一步通常不是試管嬰兒。吉拉尼博士說：「大多數人處於灰色地帶，看起來都還不錯，不算糟糕。對於你們這個年齡層的人來說並不算問題，因為你們是最具生育力的族群。大多數夫婦並非不孕，只是生育力較差。也許只需要一點時間和幫助，他們就能懷孕了。」

大多數人都誤解了不孕症的成因。發表在《生育和不孕症》（*Fertility and Sterility*）期刊上的一項研究發現，百分之七十五的人認為不孕是酒精以及使用藥物導致的，近百分之五十的人認為口服避孕藥、子宮環和墮胎等家庭計畫措施會造成不孕。[12] 值得注意的是，沒有證據顯示避孕藥、子宮環或墮胎對生育力產生負面影響，而吸煙則與生育力下降有關，但是酒精和生育之間的關係則尚未定論。[13]

不孕問題是不論性別的。在異性戀伴侶中，三分之一的病例屬於順性別男性的，另外三分之一是順性別女性的問題，最後的三分之一則是伴侶雙方都有問題。大約百分之二十的病例沒有明確的原因。[14] 對於生理性別是女性的人來說，隨著年齡增長，不孕症的可能性會增加，更年期結束後便沒有生育力了。即使是在更年期到來的前幾年，由於卵子的品質不佳，所以很難用自己的卵子懷孕。生理性別為男性的人，不孕症的機率也可能隨著年齡增長而增加，但年齡的影響相對較女性小。在生理性別為男性中，百分之二．五至百分之十二可能經歷不孕症。[15]

當然，除了年齡之外，還有其他因素可能影響生育力。吸煙和未經治療的性傳播感染會影響兩性的生育力，體重也會。如果你的ＢＭＩ（我得再次強調，這不是一個好的健康評價指標，但常被用在研究中）高於三十或低於二十，可能會使懷孕更加困難。[16]雖然體重會影響生育力，但研究表示體重不會影響胚胎的形成或品質。發表於《人類生殖》期刊的一項研究以ＢＭＩ為基礎，將女性分為四組：體重過輕、正常、超重和肥胖。研究發現不論是哪一種體重類別，囊胚的品質並無差異。[17]若分別從兩性檢視不孕症，主要的成因如下。

◆男性不孕症

大多數男性不孕症的原因，主要歸結於精子生產或精子運輸。精子運輸的問題占男性不孕病例約百分之二十。[18]而不孕原因決定了可行的治療方式。在某些情況下，藥物可能有助於促進精子的生產。另一種選擇是藉由手術修復精子運輸相關的問題，或從輸精管、附睪或睪丸中取得精子。大多數男性不孕症成因來自以下幾個面向：

- 無精症：完全缺乏精子，通常由賀爾蒙失衡（非阻塞性無精症）或精子運輸系統中的阻塞（阻塞性無精症）引起。約百分之一的生理男性和約百分之十至百分之十五的不孕族群受到無精症的影響。[19]
- 少精症：精子數量不足，通常由精索靜脈曲張引起，睪丸中的靜脈變大，陰囊的溫度比正常情況下還高，從而影響精子的生產和品質。大約百分之四十的男性不孕症與精索靜脈曲張有關。[20]
- 部分慢性疾病，如糖尿病、甲狀腺疾病、自身免疫疾病和高泌乳素血症（一種泌乳素分泌過多的情況）。不孕症病例中，類似高泌乳素血症等賀爾蒙失調的狀況約占百分之二十。[21]患有囊性纖維病的人，通常沒有精管，因此也會導致生理男性不孕。在某些情況下，囊性纖維病的男性帶原者（僅擁有基因而本身無疾病的人）也可能缺乏精管。雖然他們沒有運輸精子的管道，但仍然會產生精子，可以通過手術取得精子。[22]
- 遺傳異常：克氏症候群（多出X染色體）會導致不孕，Y染色體上的微小缺失和平衡易位也會如此。患有克氏症候群的人通常無法產生足夠的精子。取精手術可能是一種選擇，因為約有一半患有這種情況的人可以找到精子。[23]平衡易位是指染色體的一部分斷裂，並重新附著到另一個染色體上。大多數人直到難以懷孕時，才知道自己患有平衡易位。遺傳疾病可透過名為「核型檢查」的專門血液測試診斷。

- 逆行性射精障礙：這是精子運輸的問題，精子進入膀胱而不是從陰莖射出。透過藥物或手術或許可以修復這種情況並擷取精子。
- 隱睪症：一個或兩個睪丸未能下降至陰囊。如果在一歲前進行手術，就能降低不孕的機率。[24]
- 睪丸受傷或睪丸扭轉（睪丸轉動時會干擾陰囊的血液流動）都可能導致不孕。及時治療睪丸扭轉，能幫助維持生育力。
- 雄激素不敏感症：對睪固酮等賀爾蒙無反應，進而影響精子的產生。
- 化療或放射線等癌症治療，對於精子產生的影響可能是永久性的或無法修復的。

◆女性不孕症

賀爾蒙問題、排卵問題和其他生殖健康狀況是不孕症最常見的原因。排卵問題占不孕症約百分之二十五。[25]吉拉尼博士表示，「二十歲中後期至三十歲初期的女性中，最常見的診斷是多囊性卵巢症候群。多囊性卵巢症候群非常多變，像子宮內膜異位一樣，其狀況因人而異。有些人只需要讓她們排卵一次就能懷孕，而有些人得像我一樣花很長的時間才能受孕，並需要進行體外受精。我透過試管嬰兒生下了兒子，並在他斷奶時自然地懷了女兒，所以情況還是因人而異。」需要藉由體外受精並不代表一定是不孕。除非有阻礙受精卵在子宮內著床的結構性問題，或者你的年齡較大，否則生育專家通常會先嘗試其他治療方法，然後再考慮做試管嬰兒，大多數女性不孕的原因如下：

- 多囊性卵巢症候群：過度分泌雄激素所引起的賀爾蒙失調。雄激素是負責發育男性性徵的賀爾蒙。多囊性卵巢症候群會導致排卵不規則和月經週期延長，使得受孕期難以判斷。該疾病的用詞並不精確，因為多囊性卵巢症候群並不會導致「多囊」，而是會出現過多的顆粒卵泡。[26]大約百分之十五的生理女性患有多囊性卵巢症候群，約百分之四十的多囊性卵巢症候群患者會出現不孕症。[27]使用口服藥物誘發排卵可以幫助患有多囊性卵巢症候群的人排卵。相較於沒有該疾病的人，患有多囊性卵巢症候群的人往往需要提取更多的卵子，但是它們形成的胚胎數量和懷孕機率，與沒有該疾病的人相同，這表示卵子的品質可能較低。[28]

- 子宮內膜異位症：一種發炎症狀，其中類似子宮內膜的組織出現在子宮外。子宮內膜異位症會減少卵子的數量和品質，扭曲骨盆內部的結構，並產生瘢痕組織和炎症，使懷孕變得困難。受到子宮內膜異位症影響的生理女性約百分之十，通常在月經期間還會引起嚴重的破壞性骨盆疼痛。約百分之三十至百分之四十患有子宮內膜異位症的人不孕。[29]對於患有子宮內膜異位症的人而言，其疾病的症狀決定了生育治療的方式。手術切除患部可以顯著改善懷孕困難，但也不是沒有風險。[30]卵巢手術和切除子宮內膜異位症相關的囊腫，即子宮內膜囊腫，有時可能會降低抗腎上腺皮質激素，並影響卵巢儲備功能。[31]對於無法懷孕的人來說，試管嬰兒技術可能是一個選擇。
- 子宮肌瘤：子宮內的非癌性腫瘤，可能會影響胚胎在子宮內著床的能力。每五個人就會有一個人有子宮肌瘤，以及百分之五十至百分之八十的黑人女性，但只占不孕症病例的百分之五至百分之十。當子宮肌瘤大於六公分、改變子宮頸或子宮形狀、阻塞輸卵管或限制子宮血液流動時，更容易導致不孕。[32]
- 結構性問題：輸卵管或子宮的問題可能會限制卵子成功著床的能力。輸卵管阻塞或輸卵管水腫（管內液體）可能是舊感染或子宮內膜異位症的結果。子宮問題包括子宮肌瘤、子宮內膜息肉（子宮內膜的非癌性生長）、穆勒氏管發育不全（例如，子宮被隔板分隔）或子宮腺肌症（子宮內膜穿過子宮肌層的情況）。子宮肌瘤、息肉和隔板等部分問題能透過手術切除。在某些情況下，手術也可以修復輸卵管，但阻塞的輸卵管通常需要透過試管嬰兒移植來解決。

- 著床問題：子宮內的瘢痕或子宮內膜過薄，可能會影響胚胎在子宮內著床的能力。孕激素製劑可以幫助子宮內膜增厚，提高懷孕的機率。
- 某些慢性疾病：甲狀腺疾病和高泌乳素血症可能會導致賀爾蒙失衡，從而影響排卵。根據問題的不同，可以透過藥物穩定賀爾蒙的濃度。自體免疫疾病也可能對生育產生負面影響。

子宮內膜異位症、子宮肌瘤和多囊性卵巢症候群

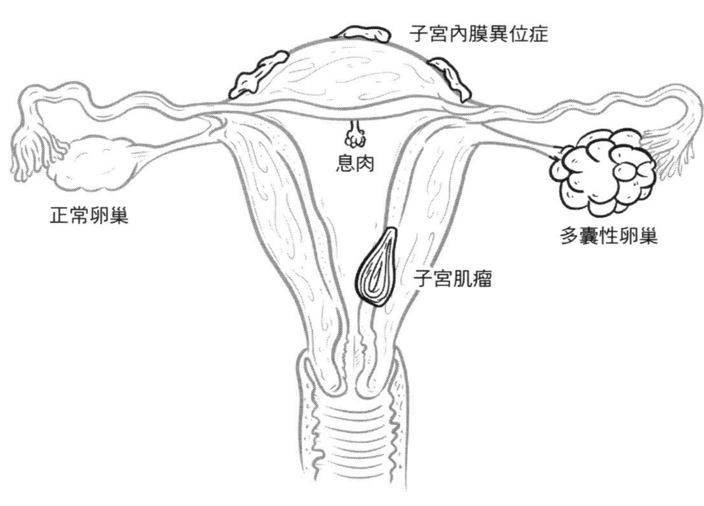

- 遺傳異常，如透納氏症、X染色體脆折症和斯威爾症候群，都會影響卵巢庫存量。透納氏症的自然懷孕率約為百分之二。[33]患有斯威爾症候群的人是雙性畸形者，不會產生卵子，但可以使用捐贈的卵子懷孕。平衡易位也會增加流產的風險，使懷孕變得困難。
- 癌症治療，如化療或放射線治療，也會耗盡卵巢庫存量。

「接受檢測是一種掌握信心和能力的方式。我曾見過普通檢測對於那些後來無法懷孕的病人造成的影響，因此不論在檢測前或後，掌握信心和能力非常重要。」路克博士表示。「檢視自己為什麼要接受這個檢測。如果你只是想獲得知識，請繼續進行。但如果你得到了一個出乎意料的數字，不要擔心，和你的醫生談談。如果你的庫存量很低，而你沒有伴侶，我認為知道自己的狀況會更好。考慮冷凍卵子，了解你的資源，也許存一些錢用來保存一些卵子是最好的做法。」

我十二歲時曾想要十三個孩子，甚至給他們取了名字。隨著年齡增長，我覺得三個孩子似乎是個不錯的數字。我從來沒有想過我的孩子們會相差超過二十一歲。我在十七歲時生下了第一個孩子。那次懷孕是個意外，所以我在撫養孩子時，自己也必須當個大人了。我沒有和女兒的父親結婚，我們經歷了一場非常激烈的監護權爭奪戰。我上了大學和研究所，然後經歷十年工作的美好時光，同時期望能夠遇到「對的人」，再生育更多的孩子。

快三十六歲時，我終於遇見了那個人，和他結婚了。四個月後，我們開始嘗試懷孕，但一直沒有成功。超過三十五歲的女性被視為「高齡產婦」，所以嘗試懷孕六個月後，我們諮詢專家。最終我們自然懷孕，但我不久後流產了。一個月後我又懷孕了，但在第八週時又流產了。檢查後，發現我患有一種凝血異常的基因；此外，我的卵子年齡較大，而我丈夫的精子數量和品質也有問題。因此，我們成功的機會並不高。我們進行了一些非藥物治療的人工授精，進行了兩次體外受精和兩次藥物治療的人工授精。我又經歷了三次早期流產。最終，我在三十八歲時懷上一對異卵雙胞胎，他們在我三十九歲時出生。生孩子並不是每個人的選擇。我的兄嫂選擇不生育，他們對自己的決定感到滿意。對於那些有孩子的人來說，育兒同時是美麗的、快樂的、壓力重重和精疲力盡的。你會對所有事情都擔心不已，至少我是這樣。即使孩子長大了，這種擔心也永遠不會停止。我有兩個八歲的孿生兒子和一個三十歲的孩子，我對三個孩子的擔心都是一樣的。

瑪莉．貝斯（Mary Beth）

四十八歲、賓州、女性、白人、順性別、異性戀、已婚

14 保存生育能力

珍妮．海耶斯．愛德華茲（Jenny Hayes Edwards）三十五歲時冷凍了自己的卵子，但她並不確定是否會使用它們，也不知道何時會使用。二〇〇八年金融危機後，珍妮努力維持她三家餐廳的生意。人們不再進行滑雪之旅，因此位於科羅拉多州的餐廳顧客人數逐漸減少。為了維持生意，她需要日以繼夜地工作，沒有時間約會，這對她結婚生子的計畫造成了巨大影響。當珍妮全心忙著其他事情時，朋友建議她凍卵。她的朋友已經四十歲了，經過三次試管嬰兒移植後還是無法懷孕。「如果我有三十五歲的卵子，現在就已經懷孕了。」她朋友的醫生說道。於是她的朋友轉達了這個訊息：「冷凍你的卵子，不要等到太晚。」不到一年，珍妮冷凍了十六個卵子。十年後，珍妮在四十五歲時使用那些卵子生下了一個女兒。

凍卵，就像是為你的生育力買保險。如果你計畫直到三十多歲或四十多歲才考慮生孩子，凍卵可以提高你晚年還有生育力的機會。凍卵讓珍妮有時間重新定位自己。她賣掉了自己的餐廳，回到東部與家人住在一起，並在四十二歲時遇到了她的丈夫。「我一直認為，即使我無法擁有自己的親生孩子，至少我想成為一個繼母。我知道我想以某種方式成為一個家庭的一部分，當我遇到我的丈夫時，他當時已經有三個正值青少年的孩子，我想：『好吧，也許這就夠了。』」珍妮說。「我們討論了我為冷凍這些卵子而付出的努力，天啊！這只需要經歷一次就夠酷了，他也支持這個想法。我不需要一大堆孩子，也不需要使用所有的卵子，我只是想經歷一次懷孕的過程。」珍妮將所有的卵子解凍。其中十個受精了，四個發展到了囊胚階段，而這四個胚胎的染色體都正常。珍妮懷上了第一個移植的胚胎。

凍卵是數字遊戲。你冷凍的卵子數量越多，成功的機會就越大。以下是基於你的年齡和冷凍的卵子數量，實現一次成功生育的機率。[1]

三十五歲以下的人：

- 五個卵子讓你實現一次成功生育的機率為百分之十五・八。
- 十個卵子的機率為百分之四十二・八。
- 十五個卵子的機率為百分之六十九・八。
- 二十個卵子的機率為百分之七十七・六。

- 二十四個卵子的機率為百分之九十四．四。

三十五歲以上的人：

- 五個卵子讓你實現一次成功生育的機率為百分之五．九。
- 十個卵子的機率為百分之二十五．二。
- 十五個卵子的機率為百分之三十八．八。
- 二十個卵子的機率為百分之四十九．六。

遺憾的是，你所冷凍的卵子無法確保一定能成功生育。成功與否取決於年齡和冷凍卵子的數量等因素。卵子的成功率主要取決於卵子的品質，而品質通常與年齡相關。生育力在二十八至三十三歲之間相對穩定，但從三十五歲開始逐漸下降。三十四至三十五歲的女性在一個月經週期內實現懷孕的可能性，比三十至三十一歲的女性約低百分之十四。到四十至四十一歲時，每個週期懷孕的機率比十年前少了一半以上。[2]如果你想要凍卵，越年輕越好。然而，如果你非常年輕時就凍卵，就有可能永遠不會使用它們，這樣就是不必要的開銷。艾瓦札德博士建議二十五歲時檢查抗穆勒氏管賀爾蒙，並在三十二歲之前凍卵。如果你有子宮內膜異位症或早期更年期的家族史，就必須更早檢查你的生育力。

如果你計畫要凍卵，重要的是思考未來：你想要幾個孩子以及計畫何時使用這些卵子。「如果你想要兩個孩子，我想確保你至少有百分之五十或更高的機會，使用你為自己冷凍的卵子懷上第二個孩子。」艾瓦札德博士說。「一個三十歲的人需要冷凍十四個成熟的卵子，讓自己至少有百分之五十的機會擁有兩個孩子。」

你還需考慮計畫什麼時候使用這些卵子，如果它們不能產生足夠的健康胚胎，你以後取出卵子的成功率可能不會很高。艾瓦札德博士說：「我認為很多女性凍卵後就遺忘了，然後等到她們已經沒有任何卵子時，再回來使用這些卵子。患者在三十五歲時冷凍她的卵子，然後在四十五歲時將卵子全部解凍後卻發現沒有好的胚胎，那是令人心碎的。我總是告訴年輕的女性，如果你終將在自己身上已沒有任何卵子的情況下，使用你冷凍的卵子，那麼請增加凍卵的數量。如果第一批卵子沒辦法用，你還有更多的選擇。」

我今年四十二歲，我一直以為自己會在這個年紀有孩子。事實上，我曾在二十二歲時懷孕，但決定不留住孩子。我總是稱它為最簡單又最困難的決定。我在成長過程中並沒有任何宗教信仰，但在十四歲時我選擇受洗了，現在想想這真的是很奇怪。所以，我有一些非必要的內疚，只想知道自己是否做了正確的決定。但我想「哦，我三十歲的時候會有孩子」，但很快我就三十五歲，再來就是四十歲了。有人曾向我提過凍卵，所以我四處打聽。當然，那太他媽的昂貴了。接近四十歲那幾年，這件事一直在我的腦海中縈繞。然後，我在四十歲時被甩了，那是一個「哦，該死」的時刻。但是在完成凍卵之後，我感到大大地鬆了口氣。在實際進行的過程中，真的是一股腎上腺素的衝動，你彷彿真的能感受到你的卵巢在膨脹一樣。

在我開始凍卵這個過程的一個半月前，我在 Tinder 上認識了一個人，真他媽的巧。我們進行了第一次談話，我在那裡輕輕地拋出一些紅旗（示警訊號），只是為了看看對方是否會逃之夭夭。他回覆的是他抽煙，我則是說：「嗯，我的大紅旗是我想有孩子。事實上，我要凍卵了。」他沒有動搖，這對我來說非常重要，因為我原本打算獨自完成這件事。我相信其他女性可能也有這種感覺，但每次我想到凍卵，我就會開始哭。它讓你想到你所做的每一個決定，讓你思考如果未來的生活不如預期又該怎麼辦。我從不會這麼想：「**哦，如果我二十二歲時生了那個孩子呢？如果我沒有以事業為優先呢？**」我不為任何事情感到後悔，但它確實讓我覺得這真的很不公平，因為女人有將要到期的感覺，或因此必須趕著完成某些事情。

有些比我年輕得多的朋友也經歷了過這些，她們獲得的成熟卵子數量和我一樣。然而，有鑑於她們的年齡，她們沒有染色體異常的機率要低上許多。當時我的抗穆勒氏管賀爾蒙值為〇．八一，以四十一歲的年齡來說，這個數值被認為是低的。醫生預測能收集到兩到四個成熟的卵子，但最後得到了十六個卵子，其中有十個是成熟的。不過，在我製造出胚胎前，是沒辦法知道卵子的品質如何。醫生告訴我，如果能再做一次的話會更好，但這太貴了。如果未來一年我們交往得還不錯，我會先嘗試一下不避孕，看看會發生什麼事。如果幾個月內什麼都沒有發生，那麼也許我會動用庫存。

娜塔莉亞（Natalia）

四十二歲、加州、女性、人類學家／喜劇演員、白人、順性別、交往中

冷凍卵子的過程

凍卵基本上是體外受精程序的其中一半。如果你決定在以後使用這些卵子，你需要進行第二部分的程序，包括使卵子受精形成胚胎，然後移植這些胚胎。根據英國的數據，約有五分之一的人在凍卵之後會使用它們。[3] 在冷凍任何胚胎之前，你將進行生育力評估，檢查賀爾蒙濃度和竇卵泡總數。醫生會根據你檢查出來的數據制定治療方案。你的醫生可能會使用幾種不同的方案；然而，這些方案因醫生和患者而異，因此在此討論細節幫助不大，因為週期進行期間所使用的藥物劑量，會反映出許多不同因素，包括身體對藥物的反應。

以凍卵和體外受精的程序來說，卵巢採集所需的藥物和程序基本上相同。有些診所會要求你在週期開始之前，服用口服避孕藥或其他形式的雌激素，以抑制卵巢，促進卵泡均勻生長。通常從月經週期的第三天，或前後一天左右，開始刺激卵巢。首先要服用的是促排卵藥物，這有助於卵泡生長。促排卵藥物包括注射用的濾泡刺激素藥物，其作用與身體自然產生的濾泡刺激素和黃體化激素相似。如果你以前從未為自己注射過藥物，這可能會你讓感到害怕，但注射的過程非常快速且簡單。用一根極細的針頭插入下你在腹部捏起的一小塊皮膚。如果你對此感到不舒服，可以請求幫助。

研究表明，產生最成熟卵子的最佳刺激階段長度為十至十二天，但根據你身體的狀況可能會有更快或更慢的反應。[4]起初，你可能每隔幾天就得去一次診所檢查，當接近卵巢採集日時，就得每天或每隔一天去診所。這些稱之為「監測」的看診通常在早上進行，包括抽血和陰道超音波檢查。超音波檢查會測量卵泡的生長情況。一旦卵泡達到十四毫米或雌激素濃度明顯升高時，你就需要注射另一種藥物，即GnRH促進劑（GnRH agonist）或拮抗劑，防止你的身體排卵。你需要每天服用排卵阻滯藥物，和使用刺激藥物的方法相同，直到注射促排卵藥物的時間到來。促排卵藥物採用人類絨毛膜性腺激素，這是一種孕期間會產生的激素，用來促使黃體化激素變多，告訴你的身體現在是排卵的時候了。

如果你有卵巢過度刺激症候群（OHSS）的風險（風險因素包括多囊性卵巢症候群或高抗穆勒氏管賀爾蒙），醫生可能會使用不同的藥物。卵巢過度刺激症候群是對刺激性藥物過度反應，導致卵巢腫脹。它可能會引起腹痛、噁心、脹氣，嚴重的話可能會引起腹部積水。輕度的卵巢過度刺激症候群會在三個週期中出現一次；嚴重的卵巢過度刺激症候群則較為罕見，發生機率為百分之一．四，可能需要住院治療。[5]

有些促排卵針劑注射在皮下，有些則需要使用較大的針頭注射在肌肉裡，通常是臀部。有些人需要別人幫忙注射，有些人則可以自行完成。醫生會等到大多數卵泡達到良好大小後再進行促排。卵泡的生長速度平均每天約為一．七毫米。研究表示，使用促排卵針劑當天，直徑在十二到十九毫米之間的卵泡最可能成熟。[6] 直徑超過二十三毫米的卵泡較可能過度成熟，進而降低胚胎的品質。[7] 雌二醇濃度也可以預測你將獲得多少顆成熟的卵子。成熟的卵泡所產生的雌二醇濃度介於兩百至兩百九十九．九九 pg/mL 之間。[8] 將你的雌二醇濃度除以兩百後，你就能得到一些關於自己將可取得多少成熟卵子的線索。

重要的是，必須在醫生告知的確切時間裡注射促排卵針劑，因為將在注射後的三十五到三十六小時取卵。取卵通常在輕度麻醉下進行，你將會在手術期間睡著。取卵大多經由陰道，醫生使用類似陰道超音波探頭的探針，但這個探針有一個可以滑動的中空針頭，能穿過陰道壁進入卵泡中。這是一個很大的針頭，但你永遠不會看到它，因為你會先睡著。接著，醫生會用液體沖洗卵泡，然後再透過針頭將液體抽回。胚胎學家會在顯微鏡下檢查液體，尋找卵子。

根據你的卵巢位置，醫生可能會從腹部進行手術，從外部引導針頭，放置在骨盆腔內卵巢位置的上方。手術通常不會很痛，但你可能會在手術後出現輕微的痙攣和出血。許多診所會將麻醉費用一併納入，但有些診所不會這麼做。當我做試管嬰兒時，我選擇在手術期間保持清醒，以節省五百美元，因為我只需要從腹部取出幾個卵子。這並不痛苦，但我也不認為這個過程很愉快。這是一種奇怪的感覺，但你永遠不會感覺到，因為你會被麻醉鎮靜。（大多數診所會麻醉鎮靜病人，而大多數病人也接受麻醉。）在麻醉消退之前，你必須先留在診所的恢復區大約一個小時。由於鎮靜後不能開車，你還需要有人來接你。取卵當天需要休息，而且如果可以的話，取卵後一天也休息。

從取卵手術恢復清醒後不久，醫生會告訴你獲得了多少顆卵子。希望這個數字與你進行手術前的卵泡數相同，但也可能少於卵泡數。在某些情況下，如果較小的卵泡在注射促排卵劑後成長的夠大，那數量可能會更多。注射促排卵

取卵示意圖

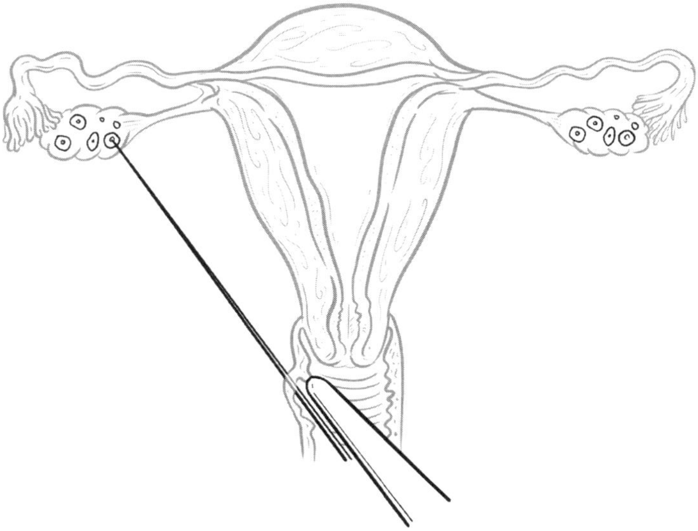

劑有助卵子完成減數分裂，核中染色體的數量從四十六個減少到二十三個，使卵子能與精子結合。精子也有二十三個染色體，因此結合後可形成四十六個染色體的胚胎。

胚胎學家藉由觀察極體判斷卵子是否成熟，極體包含多餘的染色體。減數分裂幾天後，極體就會分解，但取卵時仍舊可見。一般而言，取得的卵子中有百分之八十的成熟卵子。有時，胚胎學家可以在實驗室裡讓卵子一夜之間成熟。

一項針對一千六百一十五個試管嬰兒週期的研究發現，對於三十五歲以下的人而言，至少收集到十個卵子的「最佳」懷孕率為百分之四十四，收集到一至四個卵子的懷孕率為百分之三十．八，收集到五至九個卵子的懷孕率為百分之三十六．二。對於三十五至三十九歲的人而言，收集到五至九個卵子的最佳懷孕率為百分之三十四．八。[9]其他研究表示，一個週期中十五個卵子即可保證最佳的活產率，更高的卵子數量並不會產生更多高品質的卵子。該研究分析的四十萬零一百三十五個試管嬰兒週期中，收集到的卵子數量平均為九個，平均每個週期的總體出生率為百分之二十一．三。[10]

冷凍的過程相當快速，目的是為了不損壞任何卵子。卵子冷凍需要一種稱為「玻璃化」的過程，它使用液氮快速冷凍卵子，防止冰的形成，增加卵子在解凍時的存活率。絕大多數的卵子都能夠耐受冷凍，但並非所有的卵子都耐凍。玻璃化解凍的存活率為百分之六十五至百分之九十九。一項研究調查了三千一百四十六個卵子捐獻週期，發現百分之一．四（四十五個週期）的卵子無法在解凍後存活。[11]

大部分情況下，如果你打算凍卵，就必須準備一大筆錢。一個冷凍卵子的療程平均花費約一萬五千到兩萬美元。這筆費用包括診所費用（通常在一萬到一萬五千美元之間），以及藥物費用（根據需要的藥物可能高達五千美元）。你還需考慮儲存的成本，這些費用每年從五百到一千美元不等。第一年儲存的費用通常包含在療程費用中。雖然這個過程極其昂貴，但有一些建議可以幫助你節省一些錢。

為了節省診所費用，你可以尋找高診療量的診所（診所可收治很多患者），因為它們往往比較便宜。一些較大診所的宣傳價格甚至低至六千美元。如果你選擇了一家較大的診所，因為患者數量很多，所以你與醫生的互動可能較少。無論診所規模大小，主要都仰賴護士協調員進行大部分的聯繫，因此無論去哪裡，可能都不會像你預期的那樣，可與生育專家交談。你的醫生甚至可能不是執行取卵手術的人，因為醫生通常會輪流值班，而且並非所有的醫療機構都會進行取卵手術。

有時候，保險公司會支付一部分的卵子冷凍費用。然而，這種福利通常僅限於與不孕症相關的醫療條件，例如子宮內膜異位症或多囊性卵巢症候群之類的生殖系統疾病，或正在接受癌症治療的人。[12] 如果你有保險，問問看他們承保了什麼。雖然大多數診所的財務人員會致電你的保險公司了解承保內容，但你也應該自己聯繫，因為有些診所不接受保險，或者僅接受某些程序的保險。直接打電話給保險公司可以更加了解整個承保範圍，而不僅僅是在某一家診所的承保範圍。

當保險公司提供保險時，通常只限於「監測」。監測包括取卵前進行的所有血液檢查和超音波檢查。在大多數情況下，你可能需要自己支付取卵和生育藥品的費用。越來越多公司已經開始將凍卵納入員工福利，因此請查看你的聘用信或員工手冊。如果你找到了一家價格更實惠的診所，但在離家很遠的地方，可以詢問他們是否接受在別的檢驗機構做監測，僅為取卵而來的患者。在這樣的安排下，診所費用往往較低，因為你只支付取卵、冷凍和存儲的費用，監測費用則歸附近的檢測機構。

雖然去遠一點的地方可以省錢，但往往需要付出更多心力。首先，你得在診所附近找到一間檢測機構，可以為你提供當日血液檢查和超音波檢查。如果你與婦科醫生關係良好，他們可能會同意為你進行超音波檢查。至於血液檢查，如果早點去的話，大多數實驗室都提供當日檢測。除了這些預約之外，你還需要確保每個人都有他們所需的資料。生育診所通常會發送需要進行的影像檢查和檢測的處方，然後做檢測的機構再將超音波和實驗室報告傳回診所。這一切都必須及時進行，因為檢查結果決定了你的藥物劑量和用藥時間。如果選擇這種安排，你需要計算診所費用、監測成本和交通住宿費用，因為你可能得在附近至少住一晚。如果考量到術後康復，你則需住宿兩晚。

其他省錢的選擇，還包括你可以申請的貸款、補助金和診所贊助的贈品等。一些補助金和贈品需要申請費或侷限於正在積極嘗試懷孕的人。診所可能提供分期付款或風險共擔計畫。然而，風險共擔計畫和套餐優惠通常是提供給最有可能成功的人，因此最終可能沒有節省太多。[13]

還有一些可以節省藥物費用的方法，例如從海外訂購藥物。然而，這也不是沒有風險，因為用於個人的進口藥物在技術上是非法的。這部分是由美國食藥署的規定和法規所規範，該機構無法在國際上執法。雖然進口藥物在技術上是非法的，但在現行法律下，食藥署允許個人進口的藥物「必須明顯為個人使用，且不會對使用者造成不合理的風險。」[14]如果你的藥物用完了，診所偶爾會有其他病人捐贈的額外劑量，或許能提供給你。你也可以四處購買看看，每個藥房的價格或許不同。你還可以問問醫生是否有合作的藥局。有時診所會為特定藥局的患者提供套餐優惠。

購買藥物時，務必詢問自費價格。如果你的保險計畫針對生育治療訂立終身最高限額，則自行支付藥品費用可能比向保險公司結算更划算。如果你負擔不起藥物費用，也可以嘗試進行「迷你週期」，這樣可以減少用藥量。然而，在大多數情況下，這也會造成收集到的卵子變少。一些研究顯示，卵巢庫存量減少和年齡較大的人對迷你週期和傳統週期的反應相同，因此如果你需要進行多次週期才能獲得卵子，這可能是降低費用的方法。[15]

喬伊：我在二〇一五年夏天被診斷出患有第四期胰臟癌，那時我只有二十五歲。我被告知只剩十八個月可活。當時有很多關於生育的討論，包括凍結精子和化療會影響生育能力，當然還有關於末期的討論和治療。最終，我們決定不凍結任何精子，原因有很多，主要原因是這個過程太昂貴了，且不一定會成功。但另一個原因是，如果我們未來想要孩子，則會考慮收養。對我們來說，擁有一個親生孩子的渴望並不是太重要的事情。

薩米：我們百分之兩千被迫討論這件事。我們當時才交往八個月而已，戀情還不算長。那種情況很奇怪。我父母提議幫忙支付保存精子的費用，但我當時想，「你甚至還沒見過他呢！」。然後，他的父母也跟我討論保存他精子的事。整件事情很複雜。當時我們談論著未來生孩子的事，但我們甚至都不知道他是否能活下來。我覺得，如果他過世了，我不想生下他的孩子，因為這樣我就必須成為單親媽媽。先因他的過世而悲傷，然後再把孩子帶大，這對我來說太荒唐了。現在，喬伊已經痊癒兩年了，但我們還在等待他經歷更長的癌症免疫期，這樣我們才可以做一些事情，像是能先搬到離醫生遠一點的地方。

在我們交往過程中，有時會有人問我：「你什麼時候要生孩子？」我會因此流淚，因為我甚至沒有時間去處理到底發生了什麼事。我認為，如果收養更容易，我們可能會考慮這麼做。但事實上，收養是如此的複雜和挑剔，意味著他們可以僅因為喬伊患有癌症而拒絕我們。

薩米和喬伊（Sammy and Joey）

三十二與三十一歲、華盛頓州、女性／男性、性教育師與調酒師、白人、順性別、已婚

談夠卵子了，那麼精子呢？

當我們考慮保留生育能力時，或許可以把目光放遠一點，從卵子轉向精子。針對四十年的生育研究分析後，研究人員建議那些希望延遲育兒的人最好在三十五歲之前（最晚在四十五歲）冷凍他們的精子。年齡較大的精子，例如來自四十五歲以上的男性，可能會為新生兒和產婦帶來負面影響。一項研究檢驗了超過四千萬次分娩，發現來自四十五歲以上男性精子的新生兒，更可能出現早產、出生體重較低，阿帕嘉新生兒評分（Apgar，一項用於確定新生兒健康狀況的測試）也較低。接受年齡較大的精子而懷孕的女性，患上子癲前症和妊娠糖尿病的風險也更高。年齡較大的精子還會增加先天性疾病、神經精神障礙和癌症的風險。精子年齡也可能增加流產的風險，特別是三十五歲以上年齡的孕婦。[16]

冷凍精子相對簡單：你可以去生育診所「提供樣本」。也有新創公司讓你在家中提供樣本。前期用在評估和冷凍精子的費用通常少於一千美元。之後，你需要支付平均約幾百美元的年度存儲費。只要冷凍精子被妥善存儲在液氮罐中，它就沒有保存期限。「沒有凍傷這回事。」艾瓦札德博士說道。「解凍時會失去一些精子，這是很正常的。但除非精子的品質本來就非常差，否則冷凍的精子品質應該與新鮮的一樣好。」

你需要冷凍你的精子嗎？不是必須，但當然也不會有害。如果你患有慢性疾病（如糖尿病、林奇氏症候群）、家族有癌症病史、脊椎受傷、童年時期曾有睪丸的問題或正在軍隊服役，艾瓦札德博士建議你約在二十五歲時就冷凍精子。她說：「我可以告訴你，當我兒子二十五歲時，我會告訴他們去冷凍精子，然後就不用再去想這件事了。」

最終，卵子品質決定成功的程度大於精子的品質。一項關於試管嬰兒移植週期的大型研究發現，超過百分之八十的成功率取決於卵子的年齡。[17]吉拉尼博士說：「男性有每九十天重塑精子的能力，因此某一時間點的精子檢測不一定能反映他們未來的情況。」

跨性別者的生育能力保存

長久以來，跨性別人士認為失去生育能力是接受性別認同治療的「代價」。[18]幸運的是，現今情況已經不同了，但是保存生育力所需的費用可能會影響決策。許多跨性別人士希望組建家庭，其中一半的跨性別成年人希望有自己的孩子。[19]然而研究表明，只有不到百分之五的跨性別青年會進行生育力保存。[20]成本對許多人來說是一個重大的障礙，除此之外，治療的侵入性和性別焦慮，以及擔心保存生育力會拖延賀爾蒙的治療也是問題。[21]希望進行賀爾蒙治療的非二元性別人士，也可以從生育能力保存中受益。

雖然跨性別男性常被建議，在開始睪固酮療法之前先凍卵，但一項關於跨性別男性進行睪固酮治療的研究顯示，這樣做並不會減少卵子的數量。在開始睪固酮治療一年後，睪固酮稍微降低了抗穆勒氏管賀爾蒙，但濃度仍在正常範圍內。不論何時，睪酮固對研究對象的卵泡數量都沒有影響。研究中，四名使用睪固酮治療長達十二年的男性仍生下親生孩子。唯一需要注意的是，研究中大多數受試者都很年輕，大多數人的年齡在十九至三十一歲之間，因此不確定睪固酮在卵巢年齡衰退的情況下，是否會影響卵巢庫存量。[22]

案例研究顯示，已經有年僅十五歲的跨性別青少年成功地取出卵子，其中包括那些原本正在進行青春期阻斷治療的人。在波士頓布里格姆和婦女醫院中，有四名年齡介於十五至二十一歲的跨性別男性接受卵子取出手術，這四名患者都能獲得至少十個成熟的卵子，因此他們有百分之六十九的生育機會。[23]

「我在進行卵子冷凍時有些擔心，因為有些人說你要注射大量女性賀爾蒙，我以為這會讓我感到非常不舒服。」進行凍卵的亞瑟（Arthur）說道：「但事實上，許多不適主要來自那些卵子冷凍過程中無法改變的事情。凍卵不會讓你的聲音音調變高，也不會讓你的臀部變大。在那些時刻，你可能會感到賀爾蒙濃度的變化，可能會感到不舒服，但是女性賀爾蒙濃度並不像缺乏睪固酮一樣重要。確保自己處在良好的社交環境中很重要，診所願意承認你的男性身分也很重要。確保為你注射的人，尊重你的跨性別身分和經歷。」

二十三歲的亞瑟在凍卵時，他處理性別焦慮的方式是，不再認為器官具有性別。你可能還記得在第十二章的一開始曾提到，形成附睪、精管及精囊的管道，以及形成子宮、輸卵管、子宮頸及陰道的管道，是我們最初發育的開始。此外，你也可以在診所裡採取一些措施來減緩性別焦慮。你可以要求進行外部或腹部超音波檢查，而不是內部檢查，並要求在鎮靜之前不要調整體位（類似鞍座的姿勢）。

跨性別女性也可以冷凍精子。最好在開始進行賀爾蒙療法之前，就先冷凍精子。青春期過後的任何時間點都可以冷凍精子，就算使用了青春期阻斷劑後也可以進行。年輕跨性別女性的精子形態偏低，但其他方面都正常。開始進行賀爾蒙療法後仍可能冷凍精子，但這取決於賀爾蒙療法的時間長短，並須停止服用雌激素才能進行。一名跨性別女性在服用雌二醇和螺內酯兩年多後停止賀爾蒙療法，但已不再具有活動力的精子，因此在進行性別肯定療法後，成功冷凍精子的可能性很小。[24]

接受雌激素治療的跨性別女性也可以哺乳。有報告指出，曾有跨性別女性在賀爾蒙和泵奶的結合之下，成功誘導乳汁分泌，並持續哺乳至少六個月。[25]

有一陣子，我一直以為自己不會有孩子，因為我有很長一段時間都不想要孩子。而且，我還必須考量一些複雜的問題，例如不能像異性戀夫妻一樣懷孕。我曾經考慮過收養孩子，但其實我對這個想法不太感興趣。我想保留生育親生孩子的選擇權。直到我在上網做了一些研究，才發現有冷凍卵子這個選項。

找醫生的過程並不像我想的那麼困難。我寄了幾封電子郵件就找到了附近的診所。但我必須說，由於我是一名跨性別男性，整個體驗讓我感到有些不舒服，我必須向每個醫生解釋我的情況。如果你是跨性別者或非二元性別者，你就得準備不斷地向別人解釋自己，因為人們往往無法真正理解你。我並不完全責怪他們，但對於許多跨性別者來說，有些時候可能會感到不舒服。我知道我當時可能沒有準備好。我知道會有一些程序，像是很多次的超音波檢查，還得進行第一次子宮頸抹片檢查。你必須將最終目標牢記在心中，並且不斷告訴自己，這一切終究會結束。如果這些所有經歷都是值得的，那麼你一定能夠克服它。

截至目前為止，我只有一個非常初步的時間表，因為即使我已經二十三歲了，我仍然覺得自己不是完全成年；我媽在二十二歲時生了我，這對我來說很瘋狂，我覺得自己還沒有準備好要孩子。理想上，我希望能在三十歲之前結婚，在三十歲左右或之後，比如三十五歲之類的，才考慮讓我的妻子使用這些冷凍的卵子。但我仍然不確定是否會有孩子，也不確定何時會有。我主要是先將自己的卵子冷凍，這樣我日後就能選擇是否要生育親生孩子了。

沙恩（Shane）

二十三歲、康乃狄克州、男性、網紅／自由編輯、西班牙裔／拉丁裔白人、跨性別、異性戀、交往中

15 生育治療

二十九歲的賽恩（Sione）從小就渴望擁有漂亮且健康的孩子，他希望盡可能多生幾個，因為這是東加人（Tongan）的文化習俗。賽恩的父親有八個兄弟姐妹，家族中大部分的人都有六個以上的孩子。賽恩從未想過自己的情況會有所不同，所以當他和妻子懷不上孩子時，他感到非常害怕。

當時二十五歲的賽恩和寇特妮（Courtney）決定開始嘗試懷孕。在他們所居住的中西部地區，二十五歲生孩子已被視為晚婚晚生了。大多數父母在二十歲出頭就開始生孩子，但賽恩希望等到完成學業後，再開始計畫生育。「每個人和他們的母親都在生孩子，」賽恩說。「大家都會問：『那你們什麼時候要生孩子呢？』，每次被問都是個打擊。」

在攻讀工程學位的幾年後，他們開始嘗試懷上孩子。經過幾個月的嘗試，還是沒有懷孕，寇特妮開始感到擔憂。她認識一些不孕的人，因此想要採取積極的措施。他們去諮詢不孕症專家，專家告訴他們如果一年內沒有懷孕就要再回來。百分之九十的人嘗試一年後就可以懷孕，所以不孕症專家通常要求三十五歲以下的人，在進行生育治療前必須先嘗試一年無防護措施的性行為，而如果你已經超過三十五歲，則只需嘗試六個月。這也是保險公司在批准治療之前的常見要求。

寇特妮買了排卵試劑盒，開始在家裡追蹤自己的週期，一切都按照她在說明書上讀到方式來計算時間。無論她讀到了什麼，他們都試了：飲食更健康，不再使用含有化學物質的洗髮水，補充輔酶 Q10 等維生素。他們按照書本的建議做了所有事情，仍然沒有懷孕。一年後，他們回到診所尋找答案。他們做了所有該做的事，但這個問題卻不是在家裡就能解決的：賽恩患有無精子症，精液中沒有精子。

由於精液中沒有精子，賽恩最好的選擇是進行取精手術。醫生為他進行了睪丸活檢並取出多個樣本。第一個樣本有大量的精子。醫生說這是個好消息，這意味著他們可以進行顯微授精（ICSI），直接將精子注射到卵子裡。他們將其餘的樣本送到寇特妮的生育診所，與此同時，寇特妮準備進行取卵手術。

寇特妮的手術非常成功，一共提取了二十六顆卵子。賽恩和寇特妮鬆了口氣，認為他們已經度過最艱難的時刻。然而，回家不久後，他們接到電話，得知胚胎學家在賽恩的樣本中只找到十個精子。「醫生說第一個樣本一定是某種幸運的樣本，但不幸的是，他們把它扔掉了，因為他們以為其他樣本也會很好。」賽恩說。「那組精子是整個過程中我們接收到的第一個好消息，但是它卻被拿走了。」

不論精子的品質如何，他們將十個精子全部用來授精寇特妮的卵子，並將剩下的卵子冷凍保存。只有一個卵子發展成了囊胚。進行移植後總算成功了，他們欣喜萬分地告訴家人和朋友。然而幾週後，寇特妮流產了。「一點幸福感也沒有了，我感到一片空白。」賽恩說。「那一刻，我真的感覺自己一無所有。」

這對夫妻療養了一段時間後，決定賣掉所有東西搬到夏威夷。儘管另一次精子檢測手術得到較多的精子，但也不多。他們對寇特妮剩下的卵子進行授精，留下三個可行的囊胚。他們轉移了兩個胚胎，而且兩個都受精成功。幾週後，寇特妮開始流血。他們失去了一個胎兒，但另一個胎兒還在，八個月後寇特妮生下了一個漂亮的大寶寶。

大多數人想到不孕治療時，他們會想到試管嬰兒，但試管嬰兒並不是最常見的不孕治療方法。約百分之八十五至九十的病例，對於常規療法（如藥物或手術）有反應。[1] 如果嘗試一年後仍未懷孕，或者如果已超過三十五歲且在六個月後仍未懷孕，不孕症醫生可以檢查潛在的問題。不孕檢查包括雙方的血液檢查、精液分析、陰道超音波檢查和子宮輸卵管攝影（HSG）檢查。在子宮輸卵管攝影檢查期間，醫生會將一根細管或一個小型儀器從子宮頸通過，慢慢注入染料後，再以X光成像檢查子宮。如果輸卵管是通暢的，染料會通過輸卵管並流出。阻塞則會導致輸卵管擴張，液體可能引起痙攣，因此醫生可能會開給你肌肉鬆弛劑，或者建議你在手術前服用非處方止痛藥。染料流過時，你不會有任何感覺，執行檢查的放射科醫師會使用X光成像來觀察染料。

醫生可能會要求你進行子宮內視鏡檢查，這是一種經由麻醉觀察子宮內有無息肉或異常的程序。或者，他們可能要求你接受生理食鹽水灌注子宮造影檢查，透過生理食鹽水填充子宮評估其形狀，並檢測如子宮肌瘤、息肉或瘢痕組織等異常情況。當導管通過子宮頸進入子宮，灌注生理食鹽水時，你可能會感到痙攣。如果你擔心在過程中感到疼痛，請向醫生詢問鎮痛的方式，不要硬撐。

如果你正與同性伴侶交往中，並計畫進行人工授精（IUI），也可以提早前往生育診所。遺憾的是，由於沒有嘗試「自然」懷孕，因此保險公司不會支付生育治療費用。根據他們的標準，你沒有不孕的問題。（如果你在之後的治療中失敗了，保險可能會在一定數量的失敗次數之後提供報銷）。該如何進行則依情況而定，你的選擇通常是在制定時間內性交、人工授精和顯微授精或試管嬰兒。

我在三十六歲時生了孩子，當時尚在疫情期間。我在三十一歲決定開始嘗試懷孕。我一直都知道自己想要孩子，即使我還很年輕時也是這麼想的。我很堅定地想確保自己在正確的時間擁有孩子。我當時的經濟情況穩定，並且有許多旅行經驗。當一位朋友宣布她懷孕時，我感到很嫉妒，這是一種新的感覺，我的內心彷彿在說：「去吧，現在輪到你了。」最後，我花了將近五年的時間才懷有身孕。

育兒的生活從一開始就非常困難。我的分娩過程非常痛苦，產後初期的經歷也很不容易。懷孕本來就很辛苦，試管嬰兒移植成功後不久，我得了深部靜脈栓塞，所以除了試管嬰兒移植時所需要的注射之外，我在整個孕期都必須注射稀釋血液的藥物。在疫情封鎖期間，沒有人看到我的肚子。我的壓力很大，因此血壓也高，所以我有患上妊娠高血壓症的風險。生小孩很辛苦。但我決心要有一個健康的寶寶，所以我確保自己能清楚表達自己的感受並設定界限，但這真的很困難。

我相信人們應該相信自己的直覺。育兒之路永遠不會是一條容易的路，所以如果這不是你想要的，那也沒關係。在成為父母之前，我已經過著充實的生活，現在我感覺可以重新開始，再次享受所有的美好。

卡莉（Kari）

三十六歲、華盛頓州、女性、電子遊戲執行製作人、亞裔白人、順性別、雙性戀、已婚

定時性交是最不具侵入性且成本最低的方法。在大多數情況下，醫生會給你復乳納膜衣錠（letrozole）或可洛米芬（clomiphene citrate）等口服藥物，以誘導排卵。這些藥物會降低雌激素濃度，使大腦產生更多濾泡刺激素和黃體激素，促進卵泡的募集和排卵。由於這些藥物促進卵泡的生長，它們也會增加雙胞胎的風險。使用可洛米芬的雙胞胎風險為百分之七·四，使用復乳納膜衣錠則為百分之三·四。一項針對多囊性卵巢症候群女性的研究發現，與可洛米芬相較，復乳納膜衣錠擁有更高的懷孕率（百分之二十七·五與百分之十九·一）。[2]醫生會要求你在預計排卵的時間內，回診所檢查黃體激素升高的情況，或要求你進行與懷孕測試類似的居家排卵測試，檢測黃體激素升高的情況。或者，當卵泡夠大時，醫生可能會讓你接受促排卵注射。通常在黃體激素急遽上升後的二十四至四十八小時內會排卵。卵子在排卵後僅有二十四小時的生命力，如果你在排卵前一天發生性行為，那麼成功的機會最大。

如果定時性行為不在選項裡或無法成功，下一步通常是人工授精。人工授精只有在輸卵

管通暢時才有效。進行人工授精時，你通常需要服用與定時性交相同的藥物。主要的區別在於，你不是在家裡性交，而是在不孕診所內受精。此外，一些同志和單身人士可以完全跳過不孕診所，直接購買捐精，然後在家中進行體內人工授精（ICI），也就是所謂的「火雞滴油管法」（Turkey Baster Method）。你可以購買特定的注射器進行人工授精，但也可以使用沒有針頭的注射器。

如果你選擇到診所就診，你或伴侶須提供一份精液樣本或捐精。早期的人工授精並未先過濾精子，所以很痛苦。現在，診所會採用「精子清洗」技術，它可以去除精液中不必要的各種細胞，並且選擇優質的精子提高懷孕機會。雖然人工授精本身不會引起任何疼痛，但當輸送精子的導管穿過子宮頸進入子宮時，你可能會出現痙攣。每個週期的人工授精成功率約百分之五到十五。一般來說，年齡和不孕的原因決定了成功的機率。如果你的伴侶精子數量偏低，人工授精是一個好選擇，但如果活動精子少於九百萬，成功率往往會下降。[3] 如果你沒有不孕症，而是因為你是同性戀、無性戀或者沒有伴侶才進行人工授精的話，你的成功率可能會更高。

二〇一四年，一份針對使用捐贈精子進行人工授精的女同志伴侶，與使用捐贈精子的單身女性比較的研究，結果顯示女同志伴侶的懷孕率較單身女性高，因為單身女性往往年齡較大。在一個週期後，女同志伴侶的臨床懷孕率為百分之十四，而單身女性為百分之八。在進行了八個週期的人工授精後，百分之七十的女同志伴侶和百分之四十七的單身女性都懷孕了。[4]人工授精大多在三到四個週期內成功，所以如果你沒有成功且已經超過三十五歲的話，醫生可能會建議你轉向體外受精。[5]然而，有些人仍然堅持體內人工授精，因為它的價格比體外受精便宜。人工授精本身的費用約一百五十美元到四百美元不等，但還有其他如藥物、血液檢查和超音波檢查等費用。如果你有保險，這些費用或許可以核銷。[6]

我尚未決定是否要生孩子。事實上，我在三十五歲單身時，因為擔心隨著年紀漸長無法找到伴侶，曾經嘗試過人工授精。然而，我試了兩次都沒成功，反思之後，我意識到自己並不是真的想獨自一人養育孩子。我只是在回應社會壓力和規範罷了。

我喜歡孩子，我愛我的侄子和姪女、朋友的孩子，以及作為一名教師，我也喜歡我的學生。我一直認為自己最終會有孩子，但直到三十九歲才遇到我的妻子，當時她已經四十歲了。我們不太確定是因為疫情還是因為我們的教育工作，讓兩人都陷入疲憊。但依照我們如此疲倦的狀態，在四十多歲開始嘗試生孩子，似乎是無法持續的。

至於是否使用匿名捐贈，我們也尚未達成共識。我曾有幾個學生因為不知道自己的親生父母是誰而痛苦掙扎著，這是他們另一個親生父母為他們做的選擇，但我也知道使用已知捐贈者同樣存在著問題。這是一個需要為孩子好好考慮的複雜問題。

我們有時會討論未來收養或代養孩子的可能性，但還沒有認真行動。我們在這個階段將精神投注在孩子上，感覺似乎有些晚了，而且把孩子帶到世界上也要負起責任。因此，雖然我們仍然保持開放的心態，但為了對孩子公平，我認為我們越來越傾向不要生下親生小孩了。

阿珍（Jen）

四十二歲、伊利諾州、女性、教育工作者、白人、順性別、同性戀、已婚

試著將試管受孕想像成玩一場電玩遊戲。如果你到了採集卵子的階段並且取得成熟卵子，恭喜你，你已經完成一項積點，可以先存檔了。希望這些卵子可以創造出足夠的胚胎，讓你不必重新開始。試管受孕過程中需要很多個積點。也許你很幸運在第一次嘗試就能過

關，迎接新生命，但是對許多人來說，事情並不是這麼簡單。

我們在前一章節討論了取卵的過程，如果你跳過這個部分，請回去再讀一遍。在凍卵時，你會先採集卵子冷凍起來。當你準備使用時，再將這些卵子解凍並使其受精。你也可以冷凍這些卵子所形成的胚胎，由你決定何時移植卵子。然而，美國生殖醫學學會（ASRM）給醫生的建議是，對於有健康問題的母親來說，胚胎移植的年齡限制為五十歲，沒有健康問題的母親則是五十五歲。[7]

不論是試管受孕或精子顯微注射（ICSI），在移植或冷凍卵子前都會先進行卵子受精。在精子顯微注射中，胚胎學家會將單個精子注射到卵子裡。試管受孕則會使卵子暴露在多個精子裡，其中一個精子會使卵子受精。精子顯微注射通常用來解決與精子有關的問題。如果沒有與精子相關的問題，使用精子顯微注射不會增加成功率。[8] 平均試管受孕週期費用約一萬兩千至一萬七千美元，而精子顯微注射可能會額外增加八百至兩千五百美元的費用。幸運的是，倘若保險願意支付試管受孕的費用，通常也會支付精子顯微注射的。[9] 如果你的伴侶認為手術當天提供精液樣本令人緊張，可以詢問診所是否可以自行在家完成精液收集。有時候，人們在重要的日子難以完成任務，因此如果緊張的情緒可能會影響到受孕，那麼最好提前擬訂計畫。

有時需要進行手術取精才能獲取足夠的精子，以進行人工授精、試管受孕或精子顯微注射。對於非阻塞性無精症，顯微睪丸取精術（microTESE）可從睪丸中取出可用的精子。然而，從睪丸中取出的精子還沒有成熟，因此需要對檢測到的精子進行精子顯微注射。對於阻塞性無精症的人來說，取精的選擇更多。不論藉由陰囊或睪丸取精，都有不同類型的精子提取和抽吸程序。進行避孕手術後取出的精子通常來自副睪丸。來自副睪丸的精子已經成熟，如果能收集足夠的副睪丸精子，就可用於人工授精或試管受孕。有阻塞性無精症的人，檢測到精子的機率高達百分之九十以上，而非阻塞性無精症的人，檢測到精子的可能性則約百分之六十三。[10]

有興趣進行試管嬰兒的女同性伴侶，也可以選擇互助式試管嬰兒（RIVF）。互助式試管嬰兒可讓兩位伴侶一同參與這個過程。一位伴侶提供卵子，而另一位則負責懷孕。吉納・亞費（Gena Jaffe）和她的伴侶即是選擇這種方式。吉納的妻子負責提供卵子，吉納則負責懷孕，她們使用捐贈精子使胚胎受精。吉納表示：「有了兒子之後，ＤＮＡ對我來說沒有那麼重要了。我並不需要擁有一個與我基因相符的孩子；我們的兒子已經是我的孩子了。所以當我們想要生第二個孩子時，我說：『我們就用剩下的胚胎吧。』」

另一種比試管嬰兒便宜一點的互助式選擇是陰道內培養系統（INVOcell）。略過了在實驗室培養胚胎的程序，陰道內培養系統是將卵子和精子放置在一個大小約為香檳軟木塞的裝置中，再將其放置在陰道內。如此一來，就可將此裝置放進不提供卵子的伴侶體內。如果跨性別女性已進行下半身手術，也可以藉由陰道內培養系統孵育胚胎。但是，艾瓦札德博士警告，陰道內培養系統的成功率只有試管嬰兒的一半。

進行試管嬰兒時，了解耗損率是非常重要的事。取出十二個卵子並不代表你可以得到十二個胚胎，因為從取卵到移植的每一個步驟，都會損失卵子和胚胎。例如，你取出十二個卵子，其中大約百分之八十的卵子會成熟，因此有十個卵子可受精。取卵後一天，你就可以拿到一份受精報告。一般來說，大約百分之八十的卵子會受精，所以可以得到八個胚胎。接下來，你可能會在第三天收到另一份報告。大多數受精的胚胎都能存活到第三天。現在，大多是在第五天進行胚胎移植。在二十一世紀之前，胚胎實驗室因知識和技術的不足，無法將胚胎培養到第五天，這就是為什麼在兩千年前，所有的胚胎移植都在第三天進行的原因。稍後我們會再談到第三天和第五天的區別，現在先讓我們回到胚胎的數量。假設你的所有胚胎都能存活到第三天。下一個重要的檢查點就是第五天。只有百分之三十至五十的胚胎能存活到第五天。這樣培養到第五天的胚胎就只剩四個了。

到了第三天，一個胚胎通常會有六到十個細胞。有時候，如果取出的卵子非常少或先前的胚胎沒有存活到第五天，診所會在第三天（分裂期）移植胚胎。如果在第三天移植胚胎，除了得知細胞數量之外，你還會知道胚胎的等級評分。分裂期胚胎的等級評分為一到四級，一是最好的。如果胚胎中的細胞大小相等且幾乎沒有細胞質的碎片，則該胚胎可得到一或二的等級。碎片越多或細胞大小不均勻，等級評分越低。

等級評分為一或二的胚胎最有可能存活到第五天，也最有可能成功移植。品質良好的第三天胚胎（七到九個細胞，碎片量不超過百分之十）成功機率最高，出生率為百分之四十。[11] 在不考慮胚胎品質的情況下，美國疾病控制與預防中心的統計數據顯示，三十五歲以下的人，第三天胚胎的活產率為百分之三十四・四；三十五至三十七歲的人為百分之二十八・六；三十八至四十歲的人為百分之二十・八；四十一至四十二歲的人為百分之十二・五；四十三至四十四歲的人為百分之五・一。[12]

早期胚胎發展

第三天
八個細胞

第四天
桑葚胚

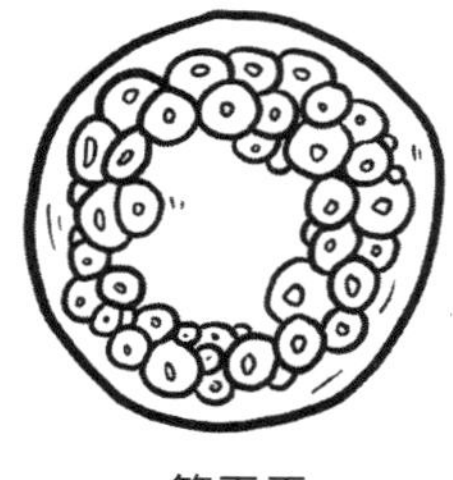
第五天
囊胚

成功存活到第五天的胚胎稱為「囊胚」。根據囊胚的發育程度情況，可分為早期或膨脹期的囊胚、已膨脹的囊胚和孵化期的囊胚。不同階段的囊胚決定了細胞數量。早期囊胚有五十至七十五個細胞，而膨脹期和孵化期的囊胚則有超過一百個細胞。這些細胞分化形成內細胞團（ICM）和滋養層（trophectoderm），其中內細胞將成為胎兒的一部分，而滋養層成為胎盤的一部分。為了在子宮內著床，胚胎必須脫「殼」（即透明帶）「孵化」。

胚胎有時在移植前就開始孵化，有時則到第六天才發育成囊胚。如果在第五天仍未發育成囊胚，診所會再延長培養胚胎一天或兩天。囊胚的評分取決於胚胎大小、發育情況以及內細胞團和滋養層的品質。發育等級分為一到六級，內細胞團和滋養層則分為A到C級。分數最高的六級是發育最成熟的囊胚，而A是最佳品質。生育診所的胚胎學家會在第五或第六天告訴你囊胚的評分。

一項針對一千七百六十六次單一胚胎移植的研究顯示，好的胚胎（三至六個細胞，AA、AB或BA）植入率為百分之五十五，出生率為百分之四十六．八。普通的胚胎（三至六個細胞，BB）植入率為百分之四十七．二，出生率為百分之三十九。較差的胚胎（三至六個細胞，BC或CB）植入率為百分之四十三．六，出生率為百分之三十四．一。[13]

從年齡而非品質的角度來看，未經基因檢測的囊胚活產率為：三十五歲以下為百分之四十九・四，三十五至三十七歲為四十二・一，三十八至四十歲為百分之三十二・一，四十一至四十二歲為百分之二十一・四，四十三至四十四歲為百分之十・九。[14] 根據年齡層的不同，囊胚移植成功率比體外受精移植高出一・五至兩倍。就使用捐贈卵子移植的情況來看，不論接受者年齡如何，新鮮囊胚移植的活產率為百分之五十一。[15]

如果你的胚胎發育到第五天，你可以進行基因異常測試。如果決定要測試胚胎，必須先將它冷凍保存。實驗室會在冷凍前取一小部分胚胎樣本進行。基因測試平均花費為三千至五千美元，保險不予報銷。[16] 胚胎著床前染色體篩檢（PGT-A）用於檢測非整倍體（aneuploidy），即擁有四十六條染色體以外或以內的胚胎。基本上，你會希望胚胎是正常的，也就是具有四十六條正常的染色體。有時，胚胎的測試結果是「鑲嵌型」（mosaic），代表胚胎混合了正常染色體和非整倍體細胞。如果沒有正常的胚胎可用，一些診所會移植鑲嵌型胚胎，因為人們認為非整倍體異常，可能隨著胚胎的繼續生長而自我修復。非整倍體細胞含量低於百分之五十的鑲嵌型胚胎，持續懷孕率為百分之四十・一；非整倍體細胞含量較高的鑲嵌型胚胎，持續懷孕率為百分之二十八・四；完全正常的胚胎，持續懷孕率為百分之五十二・三。[17] 此外，染色體決定性別，如果在胚胎著床前篩檢染色體，還能得知胚胎的性別。

染色體異常是第一孕期流產的主要原因，因此選擇非整倍體胚胎可以提高活產率。在美國生殖醫學會（ASRM）年會上發表的研究發現，三個通過測試的正常胚胎提供了百分之九十五的活產機會。該研究調查了四千五百一十五名年齡介於三十一至三十九歲的患者，這些患者最多連續進行三次單一整倍體胚胎移植，並有百分之九十四．九的患者成功懷孕。第一次移植的懷孕率最高（百分之六十九．四），第二和第三次移植的著床率為百分之五十九。[18]

然而最新的研究顯示，對於三十七歲以下且擁有三個或更多優良囊胚的人，與上述傳統分級系統相較之下，基因測試並未顯著提高活產率，但或許有助於較年長的未來潛在父母。[19]

基因檢測並不是冷凍胚胎的唯一理由。促排卵藥物會改變賀爾蒙含量，可能會使子宮內膜變薄。以胚胎移植來說，診所預期會形成三層子宮內膜，且孕酮含量在十至二十 ng/mL 之間，使用促排卵藥物後或許無法實現，特別是如果你有卵巢刺激症候群（OHSS）的症狀。在卵巢刺激症候群解決之前，儲存的胚胎並不安全，因此無法移植。[20]

如果子宮內膜和孕酮含量看起來不錯，便可以進行新鮮胚胎移植，診所會為你注射孕酮以加速進程，或者你可以選擇等待並凍卵。如果你選擇等待及凍卵，診所還是會提供藥物，通常是注射在肌肉上的孕酮和雌二醇，增加子宮內膜厚度，以便進行冷凍胚胎移植（FET）。或者，你可以在自然週期移植冷凍胚胎，只用促排卵劑誘發排卵，幾天後再將胚胎放回子宮。[21]

由於大多數促排卵劑含有人類絨毛膜性腺激素（hCG），這是懷孕時檢測到的激素，因此無論是新鮮胚胎移還是任何使用孕激素的療程，都還需要幾天的時間，等到促排卵劑排出體內，才能進行懷孕檢測。

約有百分之九十至九十五的囊胚在解凍後存活，三天胚胎的存活率為百分之七十至八十。[22]冷凍胚胎移植通常比新鮮的表現更好。美國疾病控制和預防中心（CDC）比較了八萬六千兩百六十六個週期中所有新鮮和冷凍胚胎移植，發現冷凍胚胎移植的活產率為百分之四十五·九，而新鮮胚胎移植的活產率為百分之三十六·三。[23]請記住，這些數據適用於所有年齡層和所有胚胎天數的組合。

一旦進行胚胎移植，通常還需要繼續服用黃體酮八至十週。研究顯示，在進行試管嬰兒的過程中，黃體酮可以提高懷孕率，有助於減少流產的風險。診所會求你約十天後回診進行懷孕測試。如果移植成功，你或許能在五天後檢測出懷孕。

在「自然」受孕中，胚胎通常在第八至十天著床於子宮內。因此，從五天的胚胎移植算起，第五天正好是這過程的第十天。一旦檢測出懷孕，人類絨毛膜性腺激素含量預計每四十八小時翻倍一次。含量若未翻倍或下降，通常表示流產。雖然含量翻倍相當重要，但研究表示，在五天移植後的十天內或三天移植後的十二天內，人類絨毛膜性腺激素含量達到一〇〇 mIU/mL 時最可能活產嬰兒。[24]

這樣，你就懷孕了！

我一直想當媽媽，但經過多年的生育治療，且四年內經歷六次懷孕失敗，我覺得這不可能會發生了。當我決定去讀護理學校時，我們停止嘗試受孕。我對痛苦和失落感到厭倦，認為當母親對我來說，可能不是一件容易的事情。

在讀護理學校約三個月後，我自然懷孕了，這是個奇蹟，因為我只有一條輸卵管，只有百分之一順利懷孕的機率。我注射了幾個月的孕激素確保胎兒的安全。經歷了五年的痛苦和失落後，我們的女兒出生了。

女兒出生後大約兩年，我又經歷了一次子宮外孕。在某種意義上，這是一個福音，因為我們別無選擇，只能透過試管嬰兒才能擁有第二個女兒。我們植入了三個胚胎，得到了一個完美的小女孩。我仍然感到難過，因為我們無法再有更多孩子了，也無法再次經歷「正常」的懷孕，但我很幸運擁有兩個完美的女兒。

潔西卡（Jessica）

四十三歲、內布拉斯加州、女性、護士、白人、順性別、異性戀、已婚

16 面對不孕的悲痛

三十二歲的迪安德拉（Diandra）每當決定要搬家時，她就會懷孕，但快接近搬家那天時，懷孕也隨之結束。這似乎是個不祥的徵兆，這樣的情況已經發生了三次。這對任何人來說都難以承受，這也讓迪安德拉崩潰了。

「我真的精神崩潰了，」迪安德拉說道。「不只是失去了孩子，還有在我的身體裡起伏不定的賀爾蒙。我真的有一種產後憂鬱症的感覺。我想要醫院移除使我子宮外孕的那條管子，這是我剩下的最後一條管子，但因為那是一家天主教醫院，所以他們不會這麼做。他們說，『你現在正處於生育的黃金年齡。』我只好等到這關鍵時期過了之後，再寫信懇求他們。但當時我正處於精神崩潰，根本無暇顧及此事。我讓自己住進加護門診，接受部分住院治療，然後做出改變。我開始設立界限，從另一個角度來看待我的生活。」

迪安德拉已經嘗試懷孕十一年了。她和丈夫在結婚不久後便開始這麼做。迪安德拉年輕時，醫生告訴她患有多囊性卵巢症候群，因此很難懷孕。他們的確沒說錯。她知道這很難，所以他們開始嘗試，她深陷其中，沒有停下來問自己是否真的想要這樣。

「今年我不再嘗試了，我想以健康為優先，真的以自己為優先考量，這樣一來我才能意識到孩子是我真正想要的。」迪安德拉說道。「我問自己：**我是因為失去了孩子，感覺自己好像必須解決什麼問題，還是因為我真的想要當媽媽？**」

不孕和流產會讓人產生獨特的情緒波動。不孕症可能會讓你的願望變得模糊，或者讓你像迪安德拉一樣，全力以赴地跳進一些你還沒有準備好的事情裡。如果你流產了，那麼孕期帶來的美好高峰將被失落淹沒。或者情況可能剛好相反：發現自己不想要或還沒準備好懷孕，而鬆了一口氣；或者反而意識到雖然一開始對懷孕感到矛盾，但發現這確實是你想要的。

經歷過一次流產後，莉亞（Lia）的丈夫才意識到他有多想要孩子。莉亞總是預見未來有孩子的身影，但她的丈夫伊凡（Evan）卻並非如此。起初，孩子對他來說是個大問號。莉亞十二歲時，醫生告訴她可能永遠無法生育。當時，他們認為她患有多囊性卵巢症候群。莉亞從一開始就告訴伊凡這一點和可能面臨的懷孕挑戰，但這並沒有改變他日漸增長的情意。不到六個月，時年二十四歲的莉亞和二十九歲的伊凡訂婚了。

儘管莉亞從小就對自己的生育問題非常敏感，但她始終感覺到孩子是他們未來的一部分。伊凡則沒那麼確定，但他深愛妻子，而她喜愛孩子，所以他們開始嘗試。六個月後，莉亞證明自己的直覺是正確的，她懷孕了。不幸的是，這次懷孕沒有成功。胚胎沒有在子宮著床，而是鑽進了輸卵管，變成子宮外孕。莉亞動手術切除輸卵管時，發現自己有子宮內膜異位症，這是一種會導致不孕的發炎性疾病。醫生現在相信，多囊性卵巢症候群是誤診。他們在整個二〇一七年試著懷孕，但都沒有成功，所以逐漸接受試管嬰兒可能是最好的選擇。

懷孕後，莉亞的健康狀況進一步惡化。二〇一八年，她動手術處理子宮內膜異位症對骨盆造成的損害。在子宮後面，瘢痕組織將她餘下的輸卵管和卵巢黏在一起。醫生告訴她，她之所以無法懷孕，是因為這種疾病完全扭曲了她的解剖構造。這與她想要的一切正好相反，但她開始接受孩子可能無法成為他們的選項之一。當然，試管嬰兒是一個選擇，但單單是費用就足以讓他們打消念頭。他們將重點放在莉亞的健康上，並在二〇一九年找到技術更熟練的外科醫生為她進行另一次手術。手術不僅緩解了她的痛苦，還帶來了希望。六個月後，莉亞再次懷孕了。

非常遺憾的是，這次懷孕仍然沒有成功。莉亞這次又流產了。「這次的失去比第一次更糟糕，說起來感覺很可怕，但這就是事實。」莉亞說。悲痛使莉亞和伊凡崩潰了。在遇到莉亞之前，伊凡無法想像自己成為一個父親。但是，這兩次懷孕讓他有這樣的機會，使他對成為父親感到興奮。

流產是指孕產婦在懷孕二十週以前失去孩子，其發生率比你想像的更高。高達百分之二十六的懷孕最後以流產告終。大約百分之八十的流產發生在孕期的前三個月，因此懷孕時間越長，流產的可能性就越小。[1]大約百分之五十的早期流產是由胎兒染色體異常所引起，這種異常的可能性，也會隨著年齡增長而增加。隨著年齡增長，懷孕期間檢測到胎兒心跳後的臨床流產率也會上升。在二十歲至三十歲之間，懷孕流產的機率為百分之九至十七。到了三十五歲，流產風險增加至百分之二十。到了四十歲，風險翻倍至百分之四十，並在四十五歲時上升至百分之八十。[2]

許多人流產後還是能健康地懷孕，但是，有些人卻面臨流產風險的增加。一次懷孕失敗後的流產風險為百分之二十。連續兩次流產後，風險為百分之二十八。連續三次以上的流產風險增加到百分之四十三。[3]

儘管社會開始鼓勵人們公開分享受孕或維持懷孕的困難，但人們通常會被告知等到懷孕十二週後再公布，因為此時流產的風險已降低。這個建議背後的想法是為了免除人們告訴朋友和家人流產的痛苦，但實際上卻是在汙名化流產，迫使人們默默忍受悲傷。

除了社會的汙名化之外，不孕症和流產引起的悲傷之所以如此複雜，是因為這樣的失去是模糊不清的。心理學家保琳・博斯（Pauline Boss）博士在一九七〇年代首次提出「模糊性失落」一詞，用來描述越戰期間失蹤飛行員家屬的失落感。在沒有遺體或死亡證實的情況下，哀悼的過程被凍結了。此後，模糊性失落的理解已擴展到包括不孕等各種其他方面的失去。

在本書的導論中，我提到我們許多人心裡都會思考著未來的孩子。我們為他們取名字，想像他們有伴侶的鼻子和我們的眼睛。我們看著小小的鞋子，想像他們穿鞋的樣子。對我們來說，他們是真實的人，即使他們還不存在。然後有一天，你被告知他們可能永遠不存在。你還未見面但已經愛上的那個人，以及你為自己描繪的生活因此全部消失了。這不是一個有形的身體損失；這是一種模糊性損失。就像等待親人從戰爭中歸來的家庭一樣，你正藉由生育治療或收養等方式等待一個人的到來，那麼或許也就不至於澈底絕望。模糊性失落將你的悲傷凍結，使它難以進一步發展。

悲傷有許多形式。如果一個寶寶無法在你的子宮中成長，你可能會感到無能為力。對於自認為女性的人來說，這種悲傷可能包括感覺自己的女性特質受到打擊。如果你擁有子宮，但不認同自己是女性的話，子宮失去功能可能會引起性別焦慮。如果你是想懷孕但卻無法懷孕的同性戀，你可能會因此感到受傷。

對於那些認為自己是男性的人來說，不孕可能會讓他們感到失去男子氣概。不孕治療師布蘭登．強森（Brandon Johnson）表示：「當你覺得自己正失去男子氣概，或感覺自己不如一個男人時，請記住自己是誰，記住自己擁有的一切、支持你的人，以及生活中的所有成就。你仍可回頭看看自己的成就，並說出：『嘿，我是一個好男人。我是個男人，更勝於生育力。』」

你可能還會經歷另一種被剝奪的悲傷，這是一種社會「較不可接受的」悲傷。[4] 不了解不孕痛苦的人會很快地告訴你，你還有其他實現夢想的選擇：你可以使用卵子和精子捐贈或收養。儘管你確實有其他選擇（本書談到成為父母的所有方式！），但是所有的評論，例如：「你很幸運沒有孩子」或「我不知道為什麼你要讓自己經歷這一切，外頭還有那麼多需要一個美好家庭的孩子。」，低估了不孕和懷孕失敗所帶來的實質痛苦。

即使別人說的話是「出自好意」，你也有權表達他們言行帶給你的感受。有時候，當別人「只是想幫忙」時，他們很難接受自己的好意被視為一種批評。心理健康專業人員認為，可以透過「自我表述」的方法，處理這種艱難的對話。這種方法不是將焦點放在傷人的行為，而是要解釋它帶給你的感受。舉例來說，與其指控「不要告訴我，我很幸運沒有孩子」，不如嘗試表達這些批評對你造成的傷害。「當你告訴我，我很幸運沒有孩子時，我感到難過，感覺沒有人理解我有多想成為一個父母。這讓我無法敞開心扉，談論我所面臨的困難。」

悲傷並非線性

承認悲傷重要性的同時，也必須明白悲傷沒有固定的時間表。你可能已經聽過精神科醫師伊麗莎白・庫布勒・羅絲（Elisabeth Kübler-Ross）所提出的五個悲傷階段的概念。雖然它從未經過嚴謹的研究，其科學依據並不完美，但許多人在其中找到了舒服的解釋，理解不同的情緒可能會伴隨悲傷。悲傷的過程可能會出現否認、憤怒、討價還價、憂鬱和接受等階段。有一個普遍的誤解是這些階段都按照時間依序進行，但實際上它們並不是線性的。你可以從憂鬱到憤怒到否認，然後再接受。你可能會在某些階段花上幾年的時間，也可能根本不會經歷其他階段。

雖然時間可以緩解悲傷，但它可能永遠無法完全痊癒。推特用戶 @LaurenHerschel 在一次治療會話中曾提到一個比喻，可用來解釋為什麼悲傷不會完全隨著時間流逝而消失。想像盒子裡面有一個按鈕，這個按鈕代表你的悲傷。想像盒子裡面還有一顆球，這顆球剛好適合放在盒子裡，球與盒子之間的空間很小，因此球不斷撞擊按鈕。這顆球代表不孕或流產。如果你初次被診斷為不孕，它會讓你感到無止盡的悲傷，就像那顆大球一次又一次地撞擊著按鈕一樣。

隨著時間推移，懷孕失敗或不孕症診斷所帶來的創傷會減少，球也會縮小。隨著球變小，它撞擊按鈕的次數也會減少。這個差別就像你在一開始診斷後，哭了好幾個星期，但幾年後只有在母親節時才哭泣。時間可以減少你觸發悲傷，但不能抹去你的記憶。你可能已經有了一個孩子，然而當同事輕描淡寫地告訴你，她只花了一個月就懷孕時，你會再次陷入悲傷。或者你可能會發現，當你意識到自己想要第二個孩子，卻又擔心自己不會像第一次那樣幸運時，這顆球就會又膨脹到原來的大小。

悲傷沒有時間表。一項針對不孕症且沒有孩子的

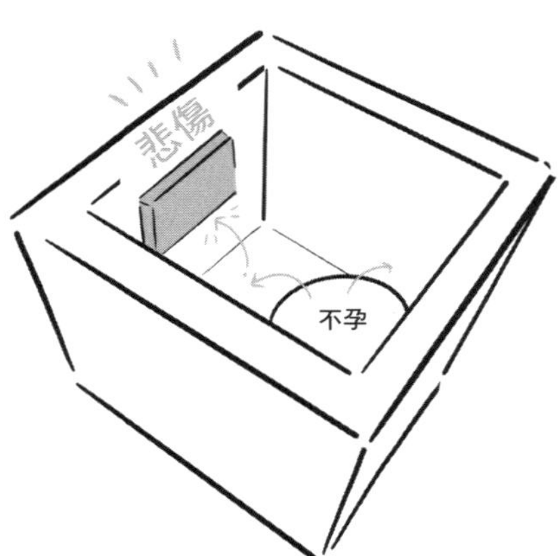

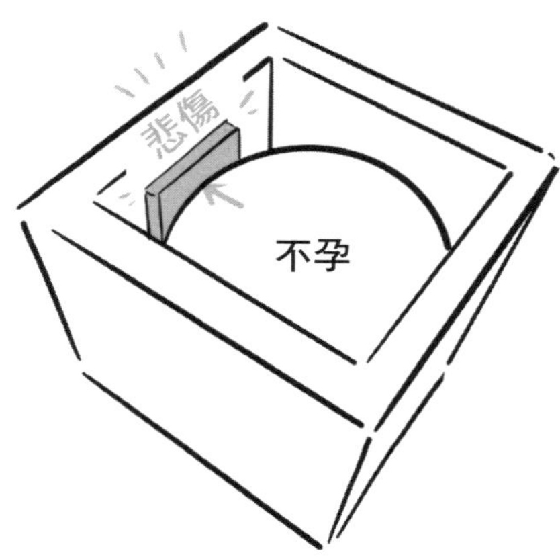

婦女的小型研究發現，平均需要三到四年的時間，才能讓不孕症不再成為她們的主要身分認同。[5]第三章節中提到的雷吉娜（Regina Townsend）即使在兒子出生後，仍因不孕症感到悲傷。「這很痛苦，因為有些部分一再被剝奪。我不曾有機會說：『我覺得有點怪怪的，我想驗驗看。』孩子出生時，醫院不得不催產，所以我甚至沒有機會自然分娩，而且他們還為我進行剖腹產，我認為這一點也不自然。」雷吉娜如此表示。「有時候我仍然會感到不一致，我必須提醒自己我是他的媽媽，因為很多都不是我所想像的那樣。」（她目前經營棕色破蛋〔Broken Brown Egg〕，這是一個為面臨不孕症黑人女性服務的網站。）

> 我的軍醫告訴我，由於我已經三十五歲了，他們認為我需要催產，那是他們對所有三十五歲及以上的人孕婦的政策，但他們從未告訴我為什麼。他們從沒說過：「死胎風險會增加。」我當時有點自以為是，而且我的助產士說：「哦，那不必要。」所以，我就按照助產士的建議去做了。我在懷孕滿四十一週時失去了我的兒子。我做了壓力測試，但孩子卻沒有心跳。醫生告訴我孩子沒有心跳後，我開始尖叫。
>
> 在這個社會群體中，我有點像怪人，因為我痛恨別人對我說這不是我的錯。我真

的覺得這是我的錯。我並沒有太過苛責自己，但這確實是我的錯。是我做出導致他死亡的決定，我不認為這件事實有什麼問題。我這麼說或許會讓很多人感到不舒服，但對我來說，承認真正發生的事情是非常重要的。

起初，我確實經歷悲傷和遺憾，而且我很難去談論這件事，因為人們會自動說出：「哦，這不是你的錯。你必須停止這麼想。」所以，我試著對大家說，不要告訴別人該有什麼感受。你所感受到的，就是你所感受到的，沒有對錯之分。我記得自己曾經在半夜兩點清醒過來，對著天花板尖叫。

在我兒子去世後約一個星期，我寄了一封電子郵件。這是一封非常簡短的信，我寄給了我認識的每一個人。我寫道：「我無法多次承受這樣的談話，所以每個人都被加入密件副本裡，就這樣吧。」記得當時我對收到的回應感到很驚訝，因為那些我認為會非常理解我的人都老話重彈，而那些我沒有期望太多的人，卻讓我感到心暖。有個人說：「如你所知，我知道這是個艱難的時刻，我想讓你知道我在這裡，如果你想打電話給我，只是靜靜地坐著，我也沒關係。」我知道這聽起來很奇怪，但對我來說這是非常有意義的。

我還是不知道對一個悲傷的人說什麼是最完美的。最簡單的話最好：我很關心

> 你、我在這裡、我愛你、我很遺憾。保持簡單，不要在沒有意義的地方尋找意義。
>
> 米蘭達．埃爾南德斯（E. Miranda Hernandez）
>
> 四十歲、加州、女性、順性別、以兒子之名經營阿德里安象園（Adrian's Elephant）

不孕及你的心理健康

儘管時間和擁有孩子可能會減輕不孕症帶來的痛苦，但在此期間你還可以做很多事情。其中最重要的是，與他人建立聯繫。儘管社會對不孕症和流產**保持沉默**，但仍有很多人能理解你的痛苦。

「和其他有不孕症的人交談，絕對有助你度過整個過程。」前一章的賽恩說。「如果我沒有任何人可以說話，情況只會更糟。對男性來說，打開心胸可能很不容易，這是攸關自尊心的問題；因此，你會覺得自己變得不夠男人，我想這些是我在一開始的感受。**我想這是我的問題，我要處理我的問題**。但和正在經歷不孕症的朋友聊天，對雙方來說都受益匪淺。」

除了與能夠理解你的人聯繫之外，還需要關注自己的心理健康。在經歷不孕症最黑暗的日子裡，你會相信幸福已經不存在了。不孕症可能會引起憂鬱症、焦慮症，甚至是創傷後壓力症候群。一項在美國心理學協會年會上發表的研究顯示，接受生育治療的人之中有百分之四十六出現了符合創傷後壓力症候群的官方標準症狀。[6]另一項研究發現，不孕症婦女和被診斷為癌症、高血壓和心臟疾病的人相較之下，焦慮和憂鬱程度相同。[7]不過，並非所有消息都是壞的。研究表明，透過諮詢和充分的支持，不孕症的挑戰可以帶來創傷後成長和復甦的積極心理變化。[8]

不孕的診療非常昂貴，如果你無法負擔，那是可以理解的。但是你若負擔得起，現在接受治療是一個很好的時機。曾經歷不孕的布蘭登（Brandon）說：「我真誠建議先尋求心理治療，處理情感方面的問題。我們太強調醫學上的問題，卻忽略了情感上的問題，在這方面也沒有做好準備。」

一些研究顯示，認知行為治療和支持團體可以減輕不孕症人士的焦慮和憂鬱症狀。[9]那些接受認知行為治療、參加支持團體或夫妻諮商的人，懷孕率也更高。[10]如果你有保險，可以查看保險的承保範圍。如果沒有保險或保險方案沒辦法支付心理健康診療費，你可以尋找當地提供按比例收費的預約治療診所。雖然單獨去治療有些好處，比如你或你的需求能獲得更多關注，但也可以尋求婚姻和家庭治療師展開夫妻諮商。

擁有信任的團隊成員是很重要的。作為一名社區健康專家，迪安德拉（Diandra）會提醒自己以及與她合作的人，醫學專業人士是為你服務的。「你是消費者；你支付他們服務的費用，」她說。「在購買新床墊時，你會向一個對你態度不好的人購買嗎？我不會這麼做。我不會跟說我太胖的人購買床墊。我為什麼要繼續支付他們服務的費用呢？你應該得到尊榮的對待，你值得被傾聽，也值得同情。」

不孕也會對人際關係造成巨大壓力，包括經濟上、情感上和性方面的壓力。一開始，所有的努力（包括性行為）可能會讓你們更加親近，但當你排卵時，又恰巧不想進行性行為時，完成這項任務就會變得非常艱鉅。如果你有伴侶，與伴侶保持良好的溝通非常重要，因為他們也可能為此感到悲痛。儘管大多數談論不孕的對象是異性戀女性，但不孕並不只是女性的問題。在一項針對兩百對在生育診所接受治療的夫婦進行的研究中，百分之五十的女性和百分之十五的男性表示，不孕是他們生命中最令人沮喪的經歷。[11] 然而，當男性被診斷為不孕時，他們的憂鬱和自尊降低的比率往往不亞於女性。[12] 儘管科學和研究通常僅探討二元性別，但必須注意的是，任何性別的人都可能經歷不孕與其帶來的悲痛。

最終，你毋須成為伴侶的不孕症心理輔導師。如果你的伴侶不想談論這個問題，這是正常的，每個人的悲痛方式都不相同。你可以詢問他們是否願意和任何人談論這個話題。如果你的伴侶經常向你傾訴，提醒他們你也正在經歷掙扎，並建議他們尋求其他協助，例如參加支援小組或夫妻諮商等。如果他們不願意在其他地方尋求幫助，那就由你主動劃下界限。

「只要在那裡陪伴，給他足夠的空間，讓他在覺得必要的時候敞開心扉。」布蘭登說。「有時候可能是當下的感受，只有一兩句話。這就是我當時的情況。有時候，你只需要讓他們自己處理，例如選擇捐贈精子或其他方案等事情上。給他們一些空間，但也可以給點提示，因為如果給予太多空間，你可能會一直等下去。」

我第一次懷孕是三十一歲時意外發生的。當時我害怕極了。懷孕大約八週的時候，我開始關心身體裡的生命，發現自己想成為一位母親的渴望，但我流產了。接下來的三次懷孕，包括一次子宮外孕，讓我對擁有孩子的前景感到困惑、焦慮和矛盾。我們決定停止任何治療措施後（當時我才經歷了最後兩次的人工受孕流產），我自然懷孕了。這是我第五次懷孕。我在三十六歲時生下了我的兒子。

對我來說，懷孕是一場可怕的經歷。我隨時可能會失去孩子。流產的創傷和忽略子宮外孕的醫療診斷差點害死我，這些痛苦永遠無法消失。事實上，我並未真正面對這些問題，只是在超音波檢查時望著天花板發愣。我經常哭泣，我的朋友責備我，要我在痛苦的時刻享受生活。那段時間真的是一場噩夢。我在懷孕八個月左右才逐漸接受自己懷有小孩，然後發現孩子有一個沒有人察覺到的狀況，而且直到產後才被人發現，這是我生命中最糟糕的一天。現在我縱然有一個非常快樂的四歲孩子，但回想這一切，還是感到非常難過。

納丁（Nadine）

四十歲、紐約、女性、非營利機構、白人、順性別、異性戀、已婚

每個人都有自己的界限

當你面臨不孕時，為了保持理智，設定和理解自己的界限，將是最重要的事情之一。就我個人而言，我不會待在嬰兒會出現的地方。現在的我，做不到。我已經設定了堅定的界限，決定這樣做是可以接受的。

很多人都會做類似的事情，像是在「帶孩子上班日」時請假，或是忽視某些在社交媒體上發布太多懷孕消息的人，或是不出席朋友孩子的生日派對。親朋好友容易將劃定界線和「自以為是」的行為混淆。人們認為你可以嘗試做一些事情，比如與孩子在一起，但你只是不想這麼做。除非你有一個經歷過不孕的家人或朋友，否則對於周圍的人來說，要了解你有多麼痛苦可能很困難。

親人不應該在你展現出情緒後，才懂得尊重你的需求。最終，你必須尊重自己的界限，才能期待別人也尊重你的界限。如果你告訴朋友，你覺得談論他們的懷孕對你來說太痛苦了，那麼你就不要再問他們太多關於懷孕的問題。如果他們不理解你的界限，他們也就無法尊重它。只有你自己可以決定你的界限。找出讓自己心煩意亂的事情，然後找到減輕觸發這種心情的方法，這是可以確定自己需求的好方法。例如，如果朋友懷孕的照片讓你嫉妒，你可以取消關注他們。（這與刪除好友不同；他們不會知道你取消了對他們的關注。）

值得注意的是，你的一些界限可能會遭受反彈。如果你對朋友說，你寧願在沒有她孩子的情況下與她相處，她可能會覺得受到冒犯。你可以試著減少這種情況發生，比如你可以這麼說：「朋友，當我看到你和孩子們互動時，我會想要擁有你所擁有的，這對現在的我來說是非常痛苦的，因為我正在接受生育治療。也許我們可以趁孩子去上學，或你的伴侶可以照顧他們的時候在碰面，一起做些什麼。」

站出來捍衛自己的需求，維護自己的權益是很困難的，但如果你不這麼做，很可能沒有人會替你著想。如果這有所幫助，你可以這樣想：把照顧自己的身心健康，當成為人父母的首要任務。如果你的孩子需要什麼，你會竭盡全力滿足他們。如果你正在接受生育治療或預備收養孩子，為了達成目標，你已經不斷地在克服困難了。同樣地，要給自己同樣的愛和關心。

與流產前的自己重新建立聯繫

在生育的旅程中，你會聽到醫生或好心的家人問你如何排解壓力，好像你可以透過瑜伽來擺脫憂鬱症。有人會告訴你，他們的伯父或表兄妹的兒女在放棄生孩子之後，就神奇地懷孕了。是的，科學證據顯示壓力會對身體產生負面影響，但若一直堅持這一點也不會幫助你懷孕。而且，值得注意的是，在充滿壓力的創傷時期，很多人仍然能夠懷孕——被強姦的倖存者和戰亂中的難民也能夠懷孕。甚至在大屠殺期間的集中營裡，也會有人懷孕。[13]

你需要找到能夠平衡這些沉重感受的方法，特別是如果你無法負擔治療費用，或者找不到滿足你需求的支援小組。你可能會想：**我已經身心俱疲，財務狀況也陷入困難，你還想讓我尋找快樂？你在開玩笑嗎？**我懂你的感受。我知道悲傷有多麼令人失落，那種感覺就像是除了你以外的所有人都在往前走。它威脅著你所有的快樂，但你不能讓它得逞。

「不孕不只跟孩子有關，當我們聽到這個詞，第一個想到的就是孩子。不孕症包括許多事情；它涉及財務狀況、社會經濟背景，以及宗教、家庭、文化、性別認同和性別表達等。孩子只是其中一部分，」雷吉娜說。「我最大的心願就是提醒人們，他們的感受具有價值且相當重要。因為我們所做的決定都是基於這些感受。如果不重視它們，不去確認並表達它們，我們就會浪費時間。我們會失去別人也失去自我。」

我知道我想要有育兒的經驗，同時也渴望體驗懷孕。我想知道我的身體能做到這件事。我曾經過著和我的身體爭鬥的生活，我希望能讚揚而非譴責我的身體。我非常渴望懷孕和生孩子，所以我和宇宙「進行交易」，心想只要我能懷孕就永遠不再抱怨。我不能說自己完全遵守了這個承諾，但我確實很感激我們所能得到的進展。我的女兒在我三十四歲時出生了。

我喜歡當父母。我經常對女兒存在於這個世界上感到驚奇。因為我們結婚幾年後才開始嘗試生育，然後經歷了兩年無法解釋的不孕，所以我花了很多時間想知道自己是否能擁有親生孩子。我會閉上眼睛，想像她在家裡走來走去，對我微笑——就像這樣存在著。」現在，我們已經花了將近兩年的時間嘗試懷上第二個孩子，上次雖然透過人工授精成功懷孕，這一次卻沒有效果。我第一次懷孕之前，曾對宇宙許下承諾，認為只要能擁有一個孩子，就會感到滿足。但現在我渴望擁有第二個孩子。我們正考慮其他方式，比如寄養或者收養，但我深深渴望能再擁有一個親生孩子，我原本以為這種渴望在第一個孩子出生時已經被「滿足」了。我感到孤獨且迷惘，因為我不知道何時、以何種方式才能擁有第二個孩子，我只知道我們的家庭還不算完整。

亞曼達（Amanda）

三十六歲、威斯康辛州、女性、非營利機構、白人、順性別、雙性戀、已婚

17 育兒的替代方案

當愛莉森（Alisen）和凱特琳（Kaitlyn）想要組建自己的家庭時，她們從未想過要藉由試管受孕成為父母。愛莉森從小就希望擁有兄弟姐妹。八歲時，她認識寄養制度後，便懇求父母考慮成為寄養家庭。十多年後，已成年的愛莉森報名學習如何成為寄養家長。她很難相信，一個年輕、同性戀的二十四歲單身女性可以成為寄養家長，但她已經有了第一個寄養孩童。

在接下來的兩年裡，愛莉森和凱特琳一起照顧五個四歲以下的寄養孩子。凱特琳住在距離兩個小時車程之外的地方，她開車到佛羅里達州探望愛莉森和她們的寄養孩童。愛莉森對於寄養孩童的熱情是吸引凱特琳的原因之一。愛莉森和凱特琳未曾計畫收養孩子，但她們與寄養孩童的關係日漸親密，因此越來越難抵擋那種感覺。愛莉森說：「我進入寄養系統時未曾想過，『哇，我希望我能照顧這些寄養孩子，然後他們永遠不會離開，我就可以收養他們。』我一開始想的是，我要幫助這些孩子，但後來你就會愛上他們。所以，儘管我很想給別人一些建議，比如說『不要帶著收養的心態踏入寄養體系。』，但我不能這麼說，因為我也不是故意的。你知道，感情是沒有辦法控制的。你可以說，『我會時時保持警惕，不抱期待。』，但有時候人的想法會改變。」

在佛羅里達州，處理兒童福利是很困難的一件事。事情經常產生變化，這對所有人都沒有好處。她們的最後一個寄養孩童離開後，愛莉森和凱特琳決定不再接受寄養孩童，只考慮收養孩子。她們申請收養一位十四歲女孩，但未被選中。然後，她們申請收養一組三兄弟姐妹：一個六歲，一個四歲，一個兩歲。但她們沒有被選為這些孩子的收養家庭。

在照顧寄養孩子和收養孩子之前，愛莉森從未有過生育或懷孕的欲望。她有一些健康問題，擔心這些問題讓她不適合懷孕。「我想要一個我們可以愛的孩子，他不會再離開，但如果這意味著我必須冒險犧牲我的健康，那我願意冒險。」她說。凱特琳對懷孕沒有興趣。她是一個比愛莉森更男性化的女性，她不想被別人看到自己懷孕生孩子的模樣。愛莉森進行了兩次家庭自然授精和兩次輔助生育治療。診所的治療過程並不容易。愛莉森認為自己的多囊性卵巢症候群造成不孕，並不像異性戀夫婦的生育問題一樣受到重視。有一位醫生無法理解為什麼凱特琳不想懷孕，該名醫生曾分別在三次看診時，向她們強調凱特琳才是該懷孕的那個人。然後，在所有輔助生育治療失敗後，她們轉向了試管嬰兒技術。愛莉森在第一次冷凍胚胎移植後懷孕了。儘管出生證明上有她們兩人的名字，她們還是計畫進行第二親收養（second-parent adoption）。*即使知道這很昂貴，也擔心可能會遇到拒絕讓他們成為合法的家長的恐同症法官。

當你無法自然生育或選擇另類建立家庭的方法時，事情很快就會變得複雜。有一個比喻完美解釋了這樣的不同，即使那不是原作者的本意。一九八七年，《芝麻街》（*Sesame Street*）編劇艾米莉．柏爾．金斯利（Emily Perl Kingsley）寫了一篇名為〈歡迎來到荷蘭〉（Welcome to Holland）的文章，闡述她作為一名殘障兒童母親的經歷。在這篇文章中，金斯利將準備育兒比喻為計畫前往義大利的旅行：你學習一些語言，買旅遊指南，夢想著你將要去的地方。但是，當飛機降落時，空服員宣布你到達的是荷蘭，而不是義大利。荷蘭是一個美麗的地方，但這不是你計畫中的旅程。你不會說荷蘭語，沒有旅遊行程，最重要的是，這並非你想去的地方。在金斯利的故事中，主角意識到荷蘭（身心障礙的孩子）和義大利（健全的孩子）的不同，而非兩者之間的優劣。即使這並非你計畫的旅程，還是能在你所到

*編按：透過該過程，與孩子沒有生物學親緣關係的伴侶，可以收養其伴侶的親生子女或養子女，且不會終止第一位合法父母的權利。

達的地方找到美好的事物。

當我想到收養、寄養和捐贈懷孕時，我常常想起這個故事。對父母來說，身心障礙兒童是意外，然而透過收養、寄養或捐贈懷孕等替代方法建立家庭卻不是。雖然這可能不是你最初設想的親職方式，但你可以為這個新旅程做好準備。你可以學習語言，欣賞你即將前往的地方，即使這不是你最初計畫的目的地。如果你不這麼做，你就像是在咖啡館大聲喊著要義大利麵包，其實你應該要的是荷蘭三明治。學習語言不是為了你自己，而是為了你的孩子，讓你們能有效地溝通。

本章和下一章將討論捐贈受精、收養和寄養孩子等話題。在這些章節中，我們強調在這些體制中成長的人的經驗，主要的原因有兩個。首先，他們的觀點通常被忽視，或被認為次於收養者或使用捐贈受精的父母。其次，如果你打算透過這些方式，為自己的家庭增加孩子，還有誰比那些被收養、寄養過，或是透過捐贈受精出生的人，更能為你提供建議呢？但在我們討論孩子之前，必須先談談透過這些方式建立家庭的成年人。

並非所有人都以相同方式採用第三方生殖。不論你是同性戀、單身、患有不孕症還是選擇不生育，收養、寄養或使用捐贈細胞，都是成為父母的另一種管道。不一樣並不表示不好、錯誤，或比使用你的ＤＮＡ懷孕的孩子較不重要，也不會影響你對孩子的愛。它意味著你的孩子有自己的故事，一個與你不同的歷史。身為他們的父母，你的責任是對此表示尊重。

對於第三章提到的蔻拉（Cora）來說，這意味著找到她和丈夫所使用的卵子捐獻者身分，他們就可以擁有第二個孩子。對蔻拉而言，了解她的女兒可能需要什麼，並盡早採取措施，是一個學習過程。蔻拉說：「女兒沒有我的基因不是個問題，但**媽媽**這個詞對我來說非常重要。在決定這件事情之前，我從未想過我會稱呼捐贈卵子的人（她的生母）為**媽媽**或**另一個媽媽**，但現在這已經不是個問題了。我必須成長，以我的女兒為中心，思考她會如何看待這個問題，倘若她想的話，她應該能夠看到這一點。如果有人一開始就告訴我，必須以這種方式來養育她，否則就不要這樣做，我可能就無法做到了。現在看來，這一切多麼神奇和美好，其他的方式都不是我想要的。不過，我必須為了孩子成長，仔細思考自己成長的能力和開放的態度非常重要。」

蔻拉的女兒沒有要求馬上與親生母親見面，因為她已經知道她是誰了，而且將來與她見面的機會還有很多。雖然蔻拉是混血兒，但她並不像卵子捐贈者是個波多黎各人，因此她要確保女兒也能接觸到她的波多黎各根源。蔻拉說：「我覺得很多收養家長認為只要他們做得對，就能減少孩子去尋找那個人或與那個人建立關係的需求。我覺得這樣看待事情非常糟糕。我認為如果你做對了一切，你便已為孩子提供工具，讓他們找出最適合自己的方式，如果那是與生母見面，或認識她，與她建立關係，那麼你就讓這件事成真吧。」

我是一名養母。我丈夫在前一段婚姻中生了一個孩子，他的前妻在孩子兩歲時就離開了。我們開始約會時，我就知道丈夫有一個孩子，也知道他的前妻不是很積極照顧孩子。我當時非常清楚地表示，如果他帶我見他的孩子，我會把這當作是個婚姻提議，因為我不想隨意進入和離開一個孩子的生活，尤其是考慮到他母親在過去時曾離開他，孩子非常脆弱。

孩子五歲時，我加入了他的生活，從此成為他的母親（現在他九歲了）。結婚後，我們決定在我成為繼母約兩年後，再開始進行收養的法律手續，以便法庭順利進行。我們完成了收養手續，現在我已經是孩子的法定母親了。

我是一名自閉症患者，我的丈夫和孩子也是。一方面，能夠和讓我做我自己的人在一起感覺很好。另一方面，有自閉症障礙的人通常有很多共同的病症，有病痛的同時又要育兒，非常耗費體力。

我從小就知道自己不想懷孕生子。我的母親曾經流產過幾次，生我弟弟的過程中差點喪命。由於健康上的問題，我的身體經歷了很多創傷，因此傳遞我基因的想法有點可怕。懷孕總是看起來有些令人不舒服和疼痛。我曾經認為成為母親是不可能的，因為收養和代孕都非常昂貴。成為我丈夫孩子的養母不是我所預期或渴求的事情，但對我來說，這是可行的。

艾琳（Erin）

三十五歲、俄勒岡州、女性、IT產業、白人、順性別、異性戀、已婚、身心障礙

誰值得擁有小孩？

隨著疫情後出生率下降，等待收養的孩子數量也隨之減少。一些人將此現象視為好消息，但對於大多數希望收養孩子的家庭來說卻非如此。與收養人士進行了一些有難度的交談後，我們發現一個顯著的觀點：收養是為了幫孩子找個家，而不是讓孩子自己去找家。

每當涉及到「自然」懷孕的替代方案時，就會出現各種不同的意見。當我採訪收養者和捐贈受孕者，詢問他們準父母（打算收養或使用捐贈受孕的人）應該了解什麼的時候，他們都強調自我反省的重要性，有幾個人更進一步表示，未來父母應該問自己，為什麼覺得自己「有資格」擁有孩子。

這是一個棘手且令人不舒服的問題。這也是一個不公平的問題。當我們談論誰「值得」擁有孩子時，我們同時也暗示父母可被分為可接受和不可接受這兩類。這種想法對所有父母都帶來了傷害。因為已經有可接受的父母的想法，所以我們以這樣的理由從「不可接受」的父母那裡帶走孩子。儘管確實在某些如虐待和忽視的情況下，需要帶走孩童，但過去大多情況都是針對有色人種和低收入家庭的父母，因為他們的教養方式與社會普遍認可的密集教養的標準有落差。如果給予這些人適當的資源和支持，他們也可以輕鬆地自行照顧孩子。

那麼，我們應該如何回答這個問題呢？我們要將生物學作為教養的決定性因素嗎？如果我們回答是，那麼我們就會推進生物本質主義的觀念，即所有孩子都需要一個順性別的親生父母，這樣做會使那些酷兒、不孕或單身的人處於不利的境地。假設我們先忽略這種明顯的歧視，那麼要如何執行這個既定的教養觀念呢？我們應該禁止離婚嗎？如果其中一位父母去世了怎麼辦？應該把離開家庭的父母綁在家裡嗎？顯然，這個論點很快就被攻破了。

是否「有資格」擁有孩子，不應該成為那些需要以替代方案成為父母的人所面臨的問題，而應該成為所有考慮要孩子的人的問題。其潛在的暗示是，擁有孩子是自私的，這種想法背離了生育主義者的觀點，他們認為不要孩子才是自私的。當你檢視那些針對考慮育兒的人的研究時，他們大多數的育兒原因都與孩子無關。人們想要留下自己的遺產，達到人生里程碑，獲得成就感，獲得新的體驗——這些主要都是與自己有關的內在原因。當你在臥房裡繁衍時，卻鮮少會對這些原因提出質疑。如果提出「配得上」和「有資格」這類的問題是一種意圖，那麼良好意圖的定義又是什麼呢？

在任何情況下，收養、寄養和捐贈應該都不會消失。即使這些機制不存在了，人們仍會渴望孩子並找到擁有孩子的方法。看看那些繞過規定尋求精子捐贈的人就能明白了。有些男性在網路群組的分享下，已經成為數十個孩子的父親。生物學不能造就一個好的父母，但關愛卻可以。雖然照顧與自己不同文化背景的孩子可能很不一樣，但我們可以改善這些機制，讓它們保護父母和孩子的尊嚴，而不是廢除它們，或責備需要這些機制才能成為父母的人。我們可以努力讓親生父母盡可能地和他們的孩子在一起，同時也尋求更讓人負擔得起的方式，在不剝奪孩子的基因根源之下，通過輔助生殖技術幫助人們生育。這需要努力，但所有的父母不都是如此嗎？

我一直都想成為父母。我從小就和其他小孩一起長大，除了兄弟姐妹、表親之外，還有我母親照顧的孩子。我一直都從事與兒童相關的教學工作，我很喜歡每個孩子為我帶來的探索之旅。我們的求子之路很漫長，但最終還是成功了。現在我們的寶寶已經出生一個月了。最初我們使用冷凍精子，但最終我們選擇一個認識的捐精者，這讓整個過程變得輕鬆許多，而且是免費的。

我還不知道作為一個父母，要用什麼來稱呼自己。我用她和他們這幾個代名詞，所以大多數成年人會稱呼我為媽媽、母親、媽咪。我想我喜歡這些稱呼，但我對使用性別中立的稱呼也很感興趣。我覺得我的性別認同是流動的，我並不會特別依附某一種性別標籤，也不會因此感到反感。我可能會讓孩子決定如何稱呼我，然後就用那個稱呼吧。

琪娜（Kiona）

三十二歲、加州、泛性別／女性、黑人、多種族、性別酷兒、非二元性別、已婚、開放式關係、神經多樣性

組建酷兒家庭

「選擇家庭」的概念來自酷兒族群。性小眾族群往往對育兒有較廣泛的定義，不太強調懷孕和生物親權，而更注重於育兒和撫養孩子的行為。一項針對不孕的異性戀夫妻和不孕的女同性戀夫妻所進行的比較研究發現，酷兒女性對生物親權的依附程度較低，而且更容易從嘗試懷孕轉向收養。[1] 這種方法帶來了開放的精神和驕傲感，但這對於異性戀者來說並不是這麼一回事。

「家庭形成故事對於性小眾家庭來說非常重要，因為沒有所謂的『自然生物學的方式，』」COLAGE（酷兒家長子女組織）的執行總監喬登・巴德（Jordan Budd）說道。「不論是通過捐贈概念、收養、先前的婚姻，或是其他方式，顯然還是得說一些關於這個孩子如何來到這世上的故事。這些敘事是我們經常討論的一部分。對於性小眾家庭來說，開放度是一個普遍的共同點，因為你需要不斷向外界證明你的家庭存在的合理性。」

「我花了好幾年的時間思考，身為性小眾族群的一員，我該如何擁有一個家庭呢？」艾爾（Al）說。「其中很大一部分是意識到，最終我不會孤單一人。」現年二十六歲的艾爾和現年二十八歲的安吉拉（Angela）在大學時相識，他們已經在一起五年了，並計畫讓安吉拉開始進行生育治療。這對夫婦花了很多時間思考他們家庭可能的樣貌，以及可能會走哪些路。他們將開始進行人工授精，如果那行不通，他們會轉而進行體外受精，也許以後他們也會收養小孩。幸運的是，他們不受異性戀規範的影響，所以可以自由選擇。這就是為什麼當有人因為他們是非二元性別且較具男性特徵，而認為他們是「爸爸」時，艾爾為此感到不悅的原因。但是，艾爾並不在乎他們的孩子叫他什麼。「我真的很喜歡『爸爸（Baba）』，但他們可能會稱我為媽媽、母親，有些時候可能會稱我為爸爸。」

和艾爾一樣，一些非二元性別的父母會選擇「媽媽」和「爸爸」的合成詞，例如「媽爸」（mapa）或「爸爸」（baba）。其他人則會創造出獨特的稱呼方式。跨性別和非二元性別的心理健康臨床醫師范利維（Van Ethan Levy）表示，選擇家人稱呼你的方式能讓你感到特別，覺得自己與孩子之間的連結有別於外面的世界。范醫師的建議是：找到適合你的方式。范醫師沒有孩子，但如果他有孩子，則可能會使用「范德帝」（vandeti）這個名字，他的姪子就是用這個名字來稱呼他。范醫師的家人住在波多黎各，西班牙語中「帝歐」（tio）的意思是「叔叔」，「帝雅」（tia）的意思是「阿姨」，而「帝帝」（titi）則是中性的稱呼。

身為酷兒，在建立家庭時思考如何保護它相當重要。如果你們的交往關係中有一位或兩位家長都和孩子沒有血緣關係，那麼第二親收養（有時稱為繼親收養）是必要的。第二親收養為非基因或非生父母提供法律保障，以防其親權受到質疑。「出生證明並不是法律文件，它沒有任何效力。」吉納·亞費（Gena Jaffe）如此表示，他是一位藉由互惠式體外受精方式生育孩子的律師。「禁止同性父母登記出生證明是違憲的，但這些出生證明正受到挑戰。」吉納說道。另一個選擇是自願承認育兒權（voluntary acknowledgment of parenting），但吉納建議不要這麼做，因為法院可以推翻它。這份文件由雙親在醫院簽署，但可能會受到質疑，最後只能讓法院來決定。相較於親權判決或收養令，這份文件提供的保護遠遠不足，而這些判決一經法院發布，便不可撤銷。（吉納還建議使用捐贈受精的異性戀父母透過第二親收養程序來保護自己的權益，避免在父母死亡或離婚後出現繼承問題或監護權之爭。）

「第二親收養程序可能會耗費大量金錢和時間。這真的很糟糕，因為我們往往需要花費大筆的錢進行生育治療，卻被告知為了保護我們的家庭必須做更多事情，而我們已經感到被邊緣化和歧視了。」吉納說。「話雖如此，我試著回想過去十年，我們已經取得了很大的進步。現在法律已經允許這樣做，而不久之前我們還不能這樣做。我們甚至不能合法結婚，更不用說被承認是孩子的法定父母了。因此，儘管這很煩人，也是另一筆開支，但它是保護我們家庭最重要的一件事。這是我們可以給自己的最好的禮物，確保我們的家庭得到保護且維持完整。」

雖然時代正在變遷，但性小眾家庭仍在爭取世人認可他們的父母身分。儘管美國五十個州都提供合法文件也賦予他們收養孩子的權利，但歧視依然存在。直到二〇一六年，最後一個州才修改法律。二〇二一年，最高法院對天主教社會服務機構做出有利的裁定，該機構在費城提供寄養服務，卻因宗教理由拒絕證明同性伴侶成為寄養父母。[2] 即使父母被登記在出生證上，這些文件也不總是尊重他們的性別或性別認同。

「生下我是一個激進的反抗行為。」艾米莉．哈尼特（Emily Harnett）是一位藉由精子捐贈所生下的孩子，你將會在下一章中遇見她。「我不像一般孩子單純擁有一個爸爸和一個媽媽。我的父母必須考慮到我在學校可能遇到的困難，他們自己也可能遭受到歧視。因為這些行為都是有意識和有計畫的，這讓我覺得自己在媽媽的眼中非常特別。」

我一直想要孩子。理想情況下，我會有一個丈夫，然後自己生孩子，但是我是無性戀和自閉症患者，這使得情況變得更加複雜。我還有腦性麻痺，這意味著我的身體有時不會按照我的意願行動，這可能會阻礙我健康地懷孕。

> 作為異性戀浪漫無性戀者，我一直有透過人工授精懷孕的想法，不論是與丈夫還是捐精者的精子。我是性厭惡的無性戀者，所以我從未考慮透過性行為生下孩子。然而，最近我對於自己能否懷孕和生產的疑慮，讓我更傾向選擇代孕。我因自閉症而有感覺過敏（hyperesthesia）和胃腸問題，懷孕可能會讓我變得更不舒服。腦性麻痺有時會以我意料之外的方式影響身體，這讓我對於懷孕和分娩都感到緊張。這些選擇都非常昂貴，所以我擔心等到我有能力負擔得起時，我的選擇會因為年齡而受到限制。
>
> **向農（Shannon）**
>
> 二十五歲、佛羅里達州、女性、圖像設計師、白人、順性別、異性戀浪漫無性戀、單身、身心障礙

你的家庭可能是什麼樣子呢？

大約在二十五歲時，瑞秋（Rachel）意識到她尋求關係的唯一動機，是為了在將來有一個家庭。瑞秋現年二十九歲，從小到大很少聽到「無性戀」這個詞。她不知道有些人和她一

樣，並不渴望浪漫和性關係。起初，她很難想像當個單親媽媽，但過了一段時間之後，她意識到這可能是最好的選擇，或者至少是在她腦海中唯一有意義的事情。經過四次人工受孕，瑞秋成為一名母親。

「我喜歡當媽媽，所以對我來說這很適合，」瑞秋說。「我希望我能夠聽到更多有相同處境的人的聲音。也許那樣可以讓我減少懷疑自己是否在做對的事情，這樣我就不會在整個過程中都感到如此恐懼了。」

瑞秋為什麼會感到恐懼是可以理解的。單親家庭面臨更多的壓力，且經常難以維持工作和生活的平衡。因為知道這一點，瑞秋在進行人工授精治療前就先存了一些錢。她的父母住得很近，也很樂意在她需要時協助。艾蜜莉（Emily）是另一個例子。艾蜜莉發現單親家庭面臨了殘酷的現實。她在二十六歲時生下兒子。雖然艾蜜莉從未想要孩子，但發現自己懷孕時，她驚訝又興奮。現年四十四歲的艾蜜莉面對的大部分挑戰都與她兒子無關，而是單親媽媽所面臨的歧視。雇主不想雇用單親媽媽，她說：「我有兩個碩士學位，但我兒子大部分時間都生活在貧困中。我的職業生涯在我兒子兩歲時就結束了，因為年齡歧視的緣故，我現在已經老到無法靠學歷和經驗重新在相關行業中立足了。」

研究顯示，單親家庭更容易出現工作和家庭間的衝突、更大的育兒壓力，以及與孩子在一起時感受到更多的悲傷、壓力和疲憊。[3]有鑒於現在的生活和工作界線變得模糊，對於媽媽們來說，獨自生活很困難，但還是有許多人都做到了。現年三十一歲的米雪兒（Michelle）在高三時懷了女兒。得知自己懷孕時，她驚恐不已，但她決定把孩子生下來。女兒的爸爸並不支持她，因此米雪兒沒有爭取兒童撫養費，因為她不想讓他試圖爭取監護權。（註：如果你是一個孩子的父親，即使你不想與他們有任何關係，如果親生母親把你告上法庭，你仍然必須支付兒童撫養費。）

米雪兒起初和父母同住，但她大多數時間都是靠自己。「當時的我沒有丈夫的支援，我沒辦法說：『你來帶嬰兒，我去休息三十分鐘，』」米雪兒說。「如果我到了無法承受的地步，每個人都會幫忙，但是這讓我感到很孤單。我提早從高中畢業，立刻開始上大學，所以我既要工作又要上學，還有一個孩子要照顧，這樣的生活非常辛苦。」如今米雪兒有兩個年齡相差十一歲的孩子。她的第二個孩子是兒子，是和現任丈夫所生的。

對於想要孩子但沒有伴侶且不想獨自扶養孩子的人來說，他們可以選擇共同育兒。當大多數人想到共同育兒時，他們會想到離婚父母一起撫養孩子，但這不是唯一的共同育兒形式。透過像是「Modamily」和「Just a Baby」這類的網站，人們可以與其他想要生小孩的人聯繫。有時候這會促成雙方進入浪漫關係，有時候這只是一份法律協議，旨在分享由輔助生殖技術創造的孩子的監護權。當然，並非每個人都強烈渴望成為父母，也不是每個人都需要與自己的孩子有基因上的連結。

三十八歲的尼克（Nick）很樂意成為繼父。他從來沒有想過要生孩子，但他很高興事情最終發展成現在這樣。尼克和他三十四歲的妻子馬喬麗（Marjorie）決定約會之前，已經當了十年的朋友了。當馬喬麗的兒子兩歲時，她搬到了尼克住處的附近，想要看看他們兩人是否有辦法在一起。雖然尼克在成長過程中很討厭他的繼母，但他知道自己想做出不同的選擇。他讓自己像一塊「黏土球」一樣，隨時準備好變成所需的樣子。

研究顯示，比起養育自己的孩子，繼父母的壓力可能更大，因為繼父母所擔任的角色並沒有明確規範。然而，其他研究發現，與沒有孩子的同輩相比，與未成年孩子一起生活的繼父母壓力並沒有比較大。[4]當繼父母感受到壓力時，通常是因為性別角色和對其權威的挑戰，尤其是繼母。[5]「共同育兒起初是一個相當大的調整，」尼克說。「我自己有成為父母的情緒和疑慮，但我知道我需要學會適應自己的位置，盡一切可能使馬喬麗、她的前夫和他們的兒子更自在。」

尼克和馬喬麗沒有一起生育自己的孩子計畫，但在進行輸精管切除術之前，尼克又扮演了一個類似父親的角色：他將精子捐贈給一對女同性戀朋友。「我很榮幸能成為她們生活中的一部分。」他說。儘管他不是她們女兒的父親，但他很樂意回答她關於成長中可能遇到的任何問題。

18 使用卵子、精子或胚胎捐贈

艾蜜莉．哈內特（Emily Harnett）現年二十三歲，她有二十個同父異母的兄弟姐妹。他們都有一個生物學上的父親，一個艾蜜莉稱為「捐贈爸爸」的陌生男子。在他們之中，艾蜜莉知道十七個同父異母的兄弟姐妹的身分。這是一個謎題，他們總是在找尋新的線索：他們不得不接受也許這個謎永遠無法被解開。

越來越多人經由捐贈精子、卵子或胚胎受孕，艾蜜莉只是其中之一。在美國，不會保留由捐贈精子人工授精的出生記錄，但估計每年有約三萬至六萬人透過這些方法出生。由於卵子或胚胎捐贈的出生率較低，每年出生數僅約一萬一千個。在價格方面，捐贈精子通常是最便宜的，每小瓶約一千美元。[1] 捐贈卵子的費用約從一萬兩千美元到兩萬美元不等，而捐贈胚胎移植相關的醫療費用則從四千美元到超過一萬美元不等。[2]

雖然卵子和胚胎捐贈是相對較新的技術，但人工授精已經存在幾個世紀了。非官方的歷史記載，第一個人工授精案例發生在十五世紀中葉，目的是讓卡斯蒂利和萊昂（Castile and

León）國王亨利四世的妻子懷孕，但是這位來自葡萄牙的瓊（Joan）也可能是因為外遇才有身孕的。此外，第一個有記載的人工授精案例發生在十八世紀的七〇年代。一位患有尿道下裂症的商人被告知，必須在性行為時收集任何流出的精液，並將其放入一個溫暖的注射器中，接著再注入伴侶的陰道中。到了十九世紀，使用性交後的精液進行測試的案例更多。儘管如此，五十五次人工授精中只有一次成功，這可能是因為當時人們認為月經期間才會排卵的緣故。[3]

實用的人工授精方法的發展始於二十世紀初，但並非應用在人類身上。我們現在使用的方法，來自於如何以人工讓家畜受孕的研究。類似技術用於人類的報告在一九四〇年代和五〇年代出現。一九五三年，首次開發了精子冷藏方法，同年又出現第一次冷凍精子成功受孕的案例。[4]一九七八年，第一個透過試管嬰兒技術誕生的孩子出生，這有助於改進精子處理技術，並使人工授精日益受到關注。此外，精子銀行更在一九七〇年代興起。

一九八〇年代開始出現卵子捐贈。一九八三年，第一個使用捐贈卵子懷孕的孩子在澳大利亞出生。[5]一名二十九歲的女性自願捐贈四顆卵子，給一名二十五歲因卵巢早衰而無法懷孕的女性，最終她因使用了捐贈的卵子而懷孕；然而那名二十九歲的女性卻無法使用自己的卵子懷孕。[6]一九八四年一月，美國第一個使用捐贈卵子的孩子在加利福尼亞州出生。[7]如今，平均捐贈卵子的女性年齡為二十八歲，平均接受卵子的父母年齡為四十一歲。[8]第一次卵子捐贈的十五年後，美國出現了第一個經由捐贈胚胎懷孕的孩子。[9]胚胎捐贈（另一個人的試管嬰兒剩餘胚胎捐贈給其他人）比卵子捐贈更不常見，每年約有一千個嬰兒由此管道誕生。[10]

與捐贈受孕概念相關的汙名，讓許多已因不孕而感到羞愧的患者更感恐懼。在二十世紀初，有人擔心捐精會促進優生學。與此同時，天主教會譴責捐精是通姦的一種形式，忽略婚姻性行為的重要性，促進了手淫這一項罪惡（除了猶太教、什葉派伊斯蘭教、印度教和佛教，許多宗教仍禁止使用捐贈受孕）。[11]在整個二十世紀，使用捐精受孕一直受到羞辱和汙名化。受到當時大眾對人工授孕的觀點所影響，一九五三年第一次使用冷凍精子懷孕的消息，直到十年後才被公布。[12]

隱瞞捐贈受孕的壓力，甚至影響了醫生進行人工授孕的方式。儘管沒有醫學證據證明有效，但醫生從前會將捐贈的精子與患者的精子混在一起，讓夫妻們可以「保有幻想，認為不孕的丈夫就是孩子的父親」。[13]醫生會告訴患者把孩子當作自己的親生孩子來撫養，強調孩子來源的故事並不重要。儘管精子混合的趨勢在一九九〇年代已不復見，但有關捐贈受孕的祕密和羞恥感仍然存在。

問題在於，現在匿名的可能性已經不存在了。近來直接向消費者推廣的基因檢測興起，使得匿名的前景消失了。即使你想避開族譜網站，你的整個大家族可能全部都出現在這些網站上。失去保密的選擇並不是問題；需要被保密才是問題的所在，這也是捐贈受孕的下一代（donor-conceived people, DCP）想要改變的事情，這不僅是為了自己，也是為了他們的孩子。

捐贈受孕後代的觀點有些不同，但他們都同意一件事：你必須告訴孩子他們來自哪裡。曾透過胚胎捐贈誕下女兒的治療師瑪雅．葛洛貝歐（Maya Grobel）是一名有執照的臨床社會工作者，她說：「捐贈受孕的後代往往表明孩子可能有著與他們父母不同的觀點、渴望和需求，而且孩子對自己的創造方式沒有任何發言權。我們需要推動輔助生殖的改變，從一個以羞恥為基礎的模式，轉變成更具權力的，讓人們可以自信地成為父母，對他們建立家庭的決定減少羞恥、感到驕傲，使他們更輕鬆揭露實況。家庭中若藏有祕密不會有好結局。」

艾蜜莉認為，選擇捐贈受孕需要所謂的「澈底誠實。」你需要用適當的語言，從出生時開始就告訴孩子他們來自哪裡。當涉及到與他們的遺傳父母或同父異母兄弟姐妹建立關係時，也需要保持開放的態度。然而，對於其他捐贈受孕的後代來說，只告訴孩子是不夠的，你還需要告訴所有家人。你的孩子應該可以自由開放談論他們的身分認同，這意味著他們不該是將這個祕密透露給家人和朋友的人。作為父母，進行這些對話可能很困難，如果使用捐贈的原因是不孕，分享可能會侵犯到別人。人們常常不知道該說什麼話，而言語會傷害人。但是，如果不希望孩子認為自己的存在是可恥的祕密，你就必須藉由慶賀他們的出生向他們展示這一點。

討論懷孕過程和孩子誕生不一定非得充滿戲劇性，也不該是如此。艾蜜莉從小就知道他們是經由捐贈受孕而出生的。艾蜜莉還是小孩子時，她的媽媽們會對他們說，創造他們需要「特別的成分」。艾蜜莉後來知道，這個指的就是捐贈的精子。

艾蜜莉的媽媽們願意讓她與其他擁有相同基因的人聯繫。艾蜜莉八歲時，她的媽媽為她在「Donor Sibling Registry」網站上註冊，這個網站可以幫助人們聯繫他們的基因親生父母（捐贈者）和同父異母的兄弟姐妹。在註冊後不久，艾蜜莉的媽媽找到了潔西卡（Jessica），她是愛蜜莉同父異母的姐妹。在告訴艾蜜莉之前，艾蜜莉的媽媽先聯繫了潔西卡的媽媽，詢問她是否有興趣讓兄弟姐妹們見面。他們表示有興趣，直到今天，艾蜜莉和潔西卡仍然保持著密切的關係，就像任何親姐妹一樣。

但擁有超過十二個兄弟姐妹並不總是容易的。大家都透過臉書群組溝通，但在艾蜜莉上大學二年級時，有段時間會感到有些不知所措。「有時很難反應過來。也許我剛過了糟糕的一天，一覺醒來後在臉書群組裡發現：哦，天啊，我又有兩個新的兄弟姐妹。」艾蜜莉說。儘管艾蜜莉仍與兄弟姐妹們保持聯繫，但他們並不想找到生父或與他見面。

已知的與匿名的

有些捐贈受孕的後代用一個比喻來解釋他們想要見到生理父母的原因，或至少知道生理父母的身分。想像一下，如果你有一個孩子，後來得知這個你撫養長大的孩子與你沒有生物學上的關係，你是否會想見到你的親生孩子呢？你是否會好奇他們是誰，或想知道他們是否長得像你呢？二十七歲的凱蒂（Catie）在二十歲時透過基因檢測發現自己是捐贈受孕的後代，在那之後她把公寓裡所有的鏡子都遮起來，因為她無法面對自己，她不知道自己在鏡子裡反映出來的特徵屬於誰。她後來找到了她的「親生」父親，並與撫養她長大的父母保持良好關係，但她仍然希望一開始就知道真相。

其實不難理解為什麼有這麼多捐贈受孕的後代，想知道他們的生理父母是誰。數百萬人將他們的唾液寄給基因測試公司，希望了解更多關於自己的基因和遺傳方面的資訊。對於捐贈受孕的後代來說，他們有一半的基因是個謎，因此不難理解他們想了解一些關於這方面的資訊。

二十三歲的蘿倫‧薇娜（Lauren Weiner）不記得具體的對話內容，但在她還不會說話的時候，她的父母就對她坦白了。然而，蘿倫仍然對她的生理父親感到好奇，她想知道所謂的「精子爸爸」是誰。她試圖透過精子銀行與他聯繫，但銀行表示他不想有任何聯繫。最後，蘿倫藉由基因測試網站找到他的一些親戚，並透過臉書與他們聯繫。雖然她現在已經知道他的身分了，但因為他不願聯繫，所以她也沒有傳送訊息給他。「我不需要他任何東西。他沒有養育我，他也不是我家人。」蘿倫說。「但我很好奇，我想知道如果我和他坐在一起，我們說話時會不會有相同的手勢。」

二十三歲的安雅‧斯坦伯格（Anya Steinberg）也想知道她的生理父親是誰。安雅與她的社會（非生物學）父親沒有聯繫，基本上她在成長過程中也沒有和她的韓國血統聯繫。她的社會父親有一半的韓國血統，因此他和安雅的母親選擇了一位韓國的精子捐贈者。「和我的另一半血統缺乏聯繫，讓我覺得自己在這個世界上失去了根基，」安雅說道。「白人父母養育有色人種的孩子，通常不會好好地傳承文化知識。那不是我媽媽的文化，她沒辦法告訴我任何關於韓國的事。她一點都不了解，她在沒有亞洲背景的美國長大。」

儘管安雅著迷於尋找生理父親，但她也感到害怕。她的父親是匿名捐贈的，這意味著她可能永遠找不到他。精子銀行代表她寄了一封信給他，但他沒有必要回應。該銀行只提供兩次機會讓捐贈受孕的後代與捐贈者聯繫。如果他都沒有回應或不想聯繫，那麼不論安雅的意願為何，銀行都會停止所有的聯繫。

在「We Are Donor Conceived」（服務捐贈受孕的後代的網路組織）所進行的一項調查中，近五百名捐贈受孕的後代大多為千禧世代的女性，其中多數（百分之七十六）都表示不支持匿名捐贈，然而他們的異性戀父母所使用的精子，大部分卻來自身分保密協議下的匿名捐贈者。調查中約有百分之八十的受訪者試圖與他們的生理父母聯繫，然而只有半數人表示「很高興」收到子女的來信。其中有五個人收到「停止聯繫」的信件。在大多數情況下，捐贈受孕的後代並不希望建立所謂的父母和子女之間的關係；一些人希望能建立友誼，有些人則希望建立更像心靈導師的關係。二〇二〇年，《生育和不孕症》期刊中一項研究，針對七十六名二十五歲出生自捐贈受孕的人進行調查，受訪者皆由同性戀父母撫養長大，他們對於自己是捐贈受孕的身分大多抱持正面的態度。調查顯示，其中約百分之四十是受孕自未知的捐贈者精子，他們並不知道自己生理父親的身分，且大多數對此沒有意見或不曾感到不適。另外的百分之四十知道他們生父的身分，其中三分之二與生父保持聯繫。大約一半的人將生理父親視為熟人，近一半對這種關係感到滿意，而其他人則沒有意見或感到矛盾。[14]

很多捐贈受孕的後代希望能從生父那邊獲得完整的醫療和家族歷史。現年二十一歲的莎拉・布萊・莎伯利（Sarah Blythe Shapiro）曾在十九歲時見過她的生理父親。莎拉的母親選擇單身，她挑選了一個她認為是半法國、半伊朗人的捐精者，因為她認為他會長得像她的猶太家族。他是一個公開身分的捐贈者，這意味著莎拉可以在十八歲時聯繫他，她也這麼做了。莎拉說：「我沒有意識到公開身分的意思是，你可能可以，也可能無法聯繫上他們。你可以在十八歲時聯繫他們，但並不保證他們會接受，這是許多銀行沒有告訴你的事情。他們可能不想建立一段關係，沒有人能強迫他們。」

莎拉的生父同意與她聯繫，但必須透過精子銀行的調解人傳達訊息。她的父親可以保持匿名，但莎拉卻從他的生活點滴中發現了他的身分。大約一年後，他們計畫見面。他在芝加哥工作，她從明尼蘇達州的大學坐了八個小時的公車過去見他。雖然她猜對了他的身分，但他並不是她想像中的那個人。他並非半個法國人，且在醫療史方面撒了謊。莎拉說，了解她的父親是「令人震驚的」。她說：「我從小學法語，因為我以為自己是法國人。我告訴他後，他說：『是啊，我想如果我只說自己是伊朗人，沒人會選擇我。』」

他們見面後，莎拉認為他們或許建立了某種關係。她的父親製作了一個記錄自己生活的播客頻道（podcast），其中一集談到了捐精的事。他捐精的次數很多，莎拉已經知道自己至少有十一個同父異母的兄弟姐妹。在節目中，他談到了莎拉和他們見面的經歷。莎拉說：「他用我的名字發表了這個節目，談論他有多不喜歡我，然後他卻熱切地將它發送給我。我無法相信自己的耳朵。我非常生氣，傳了一則訊息詢問他為什麼這樣對我，但他的回覆很冷淡。這太糟糕了，現在我已經封鎖他了。」

根據捐贈受孕後代的說法，雖然這不一定可行，但最好選擇一位已知的捐精者，這樣你的孩子便終身得以與他們接觸。有些捐贈受孕的後代喜歡找家人當捐精者，比如社會上的、非生物學父母的兄弟姐妹，這樣可以讓孩子保有他們社會父母的基因。珍娜（Jenna）和她的伴侶克莉絲汀（Christine）打算使用克莉絲汀兄弟的精子組建她們的家庭。克莉絲汀和她的兄弟關係非常親密，所以毫無疑問地，他在她們孩子的生活中扮演著重要角色。因此，要求他捐精似乎是一件簡單的事情。

「我們給了他相關資訊，他聽了之後問了一些問題，開了一些玩笑。我們一起乾杯，希望他好好考慮。」珍娜說。「我們給了他一些時間，然後大約八週後，我的妻子傳了一則簡訊給他，詢問是否有任何問題。他說他確實認真思考過了，且願意繼續進行下一步。」

直到我發現自己是捐贈受孕出生，我才開始了解這方面的問題。在我三十三歲時，我媽媽告訴我這件事，當時我的孩子也是捐贈受孕出生，只有三個月大。我的父母之前沒有告訴我這件事，讓我感到很失望。尋找捐贈者可能非常耗時且令人精疲力盡。我擔心他是否會接受我寫給他的信，這封信已經放在我的筆電裡好幾個月了。

當我的孩子還是嬰兒時，我就告訴他，他是捐贈受孕出生的。我們跟平常一樣交談，還會閱讀一本書，有時是他挑選的書，有時則是我挑選的。我不希望他像我一樣不知道自己的身世。匿名捐贈會給捐贈受孕後代帶來很大的壓力。我希望受贈的父母知道，你不能定義孩子與捐贈者之間的關係，這應該交由孩子自己決定。血緣雖然重要，但並不意味孩子對你的愛會減少。對於我們許多人來說，捐贈者和任何同父異母的兄弟姐妹都非常重要。儘早幫助你的孩子建立與同父異母的兄弟姐妹之間的關係。因為在成年後，要和他們發展關係將會變得很不容易。

洛烏（Lou）

三十六歲、英國、女性、順性別、異性戀、交往中當珍妮爾（Janelle）和博德（Bird）決定要孩子時，他們面臨一個選擇：透過精子銀行尋找一位與博德有共同根源的原民捐贈者，或是選擇他們認識的人。他們選擇了第二條路，但因為他們做了試管嬰兒，所以還是必須遵循診所的要求：簽署一份合約，宣布珍妮爾和博德為孩子的父母（不管是否使用自己認識的捐贈者），以及進行為期六個月的隔離，按照美國食藥局的建議檢測精子是否有傳染疾病（如果捐贈者在捐贈前七天進行血液檢測，有些診所可以豁免這一項要求）。

「我們越是想到孩子們，就越會試著為他們設想長遠的利益，或是當他們有自己的想法後可能會更喜歡什麼。」珍妮爾說。珍妮爾的朋友傑克向他們伸出援手，提出捐贈的建議。傑克是一名同性戀，有一個穩定的伴侶，他們沒有生育的計畫，但他對於能幫助朋友以及參與「舅舅角色」感到興奮。

「在契約中，我們必須非常清楚地將傑克與任何親權、義務或責任分開，這很有趣，因為傑克在整個過程中唯一的要求就是，如果博德和我發生什麼事，他會被指定為孩子們的監護人，而不是我們家人。我們討論後，決定如果博德和我去世了，就應該由孩子們自己決定，但現在傑克還是合約裡的一部分。」珍妮爾說。「契約表明孩子不叫他爸爸，但我們就孩子們是否想要或需要叫他爸爸，進行了一次非常坦誠的對話。我們都同意，尊重孩子們的需求和他們對這段關係的看法很重要。我們總是以他們的想法和需求為基礎，我們所有人都應該如此。這就是我們會這樣做的原因，如此便可以讓孩子們感受到自己擁有自己所需要的東西。」

在捐贈受孕的社群中，最難討論的問題之一是父母是誰。大多數捐贈受孕的後代更願意稱他們的生理父母為血緣父母。捐贈者提供了精子、卵子或胚胎給你，而不是給他們。從基因上來說，捐贈者是他們的父母。承認這種聯繫雖然很不容易，但並不意味著你的孩子會對你的愛減少。「正如父母可以在心中容納多個孩子，孩子對於他們的父母也可以是如此。」

三十三歲的亞歷克斯（Alex）說。

亞歷克斯的女兒快滿兩歲了，他已經為她可能會想見到生理上的父親做好了準備。亞歷克斯和他的妻子得知自己患有無精子症後，決定使用捐贈精子。「起初，我對這個想法感到非常不舒服，因為它威脅到我作為她父親的地位。如果她和他有更好的連結怎麼辦？」他說。「我已經明白這種連結對她來說有多重要，不管她決定與他建立何種關係，我都將全力支持。現在我已經成為一個父親，我知道深刻的情感連結不需依賴基因。我對她的愛是非常真實的。當我的女兒需要愛和支持時，她會依賴我。當她受傷或害怕時，她會來找我。這是再真實不過的事情了。」

不僅異性戀父母在孩子的稱謂上感到困惑，長期以來同性戀父母也反對孩子需要一個父親或母親的想法。在某些方面，承認有另一個人參與其中可能會感覺像退步一樣。「這就像是，我的天啊，我們作為性小眾族群又要經歷另一件事情了。」吉娜・亞費（Gena Jaffe）說道。但是，捐精給吉娜和她妻子的人不是他們孩子的父親，而是孩子的生理父親。這不會撼動他們是孩子的父母這項事實，也不代表他們的孩子需要一個父親。這意味著他們的孩子擁有他百分之五十的基因，也意味著孩子可能有一天會想知道他是誰。

「我認為與孩子們保持開放的對話非常重要。」吉娜說。「這是一個機會，可以讓我們更親近，並且一起成長。就像捐贈受孕的後代所說的，『有更多的家庭來愛我們的孩子』，何樂而不為？」

19 收養與寄養

一九九〇年代初期，公開收養的情況相當罕見，當時朵莉（Torie）的家人在她出生時收養了她。他們居住的俄亥俄州沒有任何收養機構推動公開收養，所以他們搬到肯塔基州，在提供公開收養的機構安排下進行收養。朵莉的養父母希望她能夠認識她的生母，而她也如願以償了。她的生母參加了生日派對，一起在萬聖節雕刻南瓜，還幫忙裝飾聖誕節。所有證據顯示，朵莉有一個幸福的童年。

儘管在一九九〇年代私密收養是常態，但在一九四〇年之前，大多數收養都是公開的。在父母無法照顧孩子的情況下，收養始終存在於社區和親屬之間，但這些都是非正式的安排。我們所謂的收養始於一八五〇年代。一八五一年，麻薩諸塞州通過了第一部現代收養法，使收養成為一個基於兒童福利而非成人利益的合法裁定。幾年後，紐約兒童援助協會開始了孤兒列車計畫，創建了現代寄養系統的藍圖。在這七十五年裡，多達二十萬名貧困兒童從紐約和其他大型東北城市的街頭被帶到西部各州，以他們的勞動換取家庭給予的住所。該計畫一開始被認為相當成功，在此基礎上，隨之而來的是更正式的兒童安置計畫和保護。[1]

到了二十世紀中葉，收養已經成為一種可被接受的組建家庭方式。非正式協議和社區安排的日子已經一去不返。從前解決單親母親生育小孩的其中一種方法，是將小孩安置在已婚夫婦的家庭中，由於這類出生的汙名化，收養記錄因此被封存。同時，欺騙性的做法也隨著跨種族和國際收養的增加而變多，有色人種和外國出生的兒童被帶走，再送到中產白人的家庭中。在二十世紀的大部分時間裡，一直盛行著這種祕密做法。缺乏事實揭露不僅影響法庭文件紀錄，許多被收養的人也不清楚自己是被收養的，或者直到晚年才得知此事。

與捐贈受孕一樣，人們越早了解自己從何處來，結果越好。在三歲之前得知自己被收養的人，心理健康和生活滿意度比晚年才得知的人更好。[2] 但被收養者所希望的，不僅僅是關於收養本身的開放溝通，也希望養父母能支持他們與生父母或第一親屬保持聯繫。

「我會說我的開放式收養非常成功，因為我的兩個母親都具有非常好的溝通能力和情感成熟度。」現年二十八歲的朵莉說。「我認為分享一個孩子，讓孩子同時確認生母和養母身分可能非常困難，但她們兩個都做得很好。當然這也並非沒有困難，但最重要的是她們關心我的幸福。」

儘管朵莉的收養過程非常成功，但除了與生母的聯繫之外，還有些東西是她在成長過程中缺乏的。朵莉是一位跨種族收養者，她的生父是黑人，生母和養父母都是白人。在成長過程中，朵莉和收養的姐姐是她們所在社區中唯一的有色人種。儘管她形容自己是一個快樂無憂的孩子，但她心中總是充滿了關於自己種族身分的問題。教堂裡有一幅描繪耶穌抱著一群孩子的壁畫。有一天，朵莉問她的養母，為什麼耶穌抱的孩子都不是棕色的。不久之後，她的母親就把壁畫換掉，新的壁畫裡出現了所有種族和民族的孩子。

直到上大學後，朵莉才找到表達自己在成長過程中的感受的措辭，她將其稱為「種族詐欺症候群」，即在她所處的社區中見不到黑人或混血種族的元素。她覺得無權宣稱自己是黑人，因為她並不在黑人的環境長大。現在，朵莉正攻讀社會文化人類學的博士學位，專注於種族和美國收養系統的研究。她說：「我在白人的社交圈子裡不太自在，因為人們期待我像個白人一樣，但我和白人同儕並沒有相同的信仰。」

正如朵莉了解她的黑人身分所代表的意義，她的父母也逐漸明白這一點。朵莉在成長中得不到應有的資源去認識自我，她必須教育她的父母如何撫養一個黑人混血女兒。她的父母在七十多歲時開始學習這些知識，他們意識到未能及早主動學習的傷害有多大。

我在五個月大時從南韓被收養。我的大姑姑有兩個養子，他們也都是從南韓收養來的，所以當我的父母想要擴展家庭成員時，他們認為收養是一種擁有孩子的方式。他們先從南韓收養了我的非親生姐姐，當時她三歲，然後又收養了我。

我依稀記得自己坐在幼兒園裡，然後有人對我說我是被收養的。我只記得當時我沒有多想，只想趕快回家看電視。我媽媽看起來很像斯堪地納維亞人，所以我們看起來真的不太像。但是我沒有任何奇怪的感覺，可能是因為我對於表兄弟姐妹看起來像亞洲人早就習以為常，他們一點都不像他們的父母。我是跨種族收養的孩子，這在我上小學之前並沒有真的對我帶來什麼影響。我經歷的一切並不是因為被收養這件事，而是因為我是亞洲人，我住在一個白人居住的郊區。因為我發不出「舌」音，所以常被嘲笑。孩子們會拉開他們的眼皮，嘲笑我的眼睛。

我找到一個在國外教英語的機會，並希望能在我的家鄉從事這個工作。在那裡，我很幸運地找到並見到了我的生母。我記得當她走進來時，給我的感覺更像是見到了一位久違的阿姨，而不是立即產生情感連結。她很美麗，絕對是令人驚嘆的美麗。我發現她其實在我十歲時就已經開始尋找我了。她唯一知道的資訊，就是一位美國會計師收養了我。

> 我父親說他以為我們會在孩童時期要求造訪韓國，但當我還很年輕時，我沒有想過自己有這種選擇。每個被收養的人都是不同的，但我認為主動打開門比等待孩子去敲門更好。我不認為我的大腦或情感在那時已經成熟到可以理解自己能有這樣的機會。
>
> **蔻伊・愛德華（Chloe Edwards）**
>
> 二十八歲、明尼蘇達州、女性、鳳梨思維（Pineapple Mindset）創辦人、韓裔美國人、順性別

收養的途徑

儘管我們經常聽到，但收養並不是成為父母的常見途徑。約百分之一的生理女性和百分之二的生理男性選擇收養。[3]放棄孩子以供人收養的情況也很少見。大多數面臨非計畫中或錯時懷孕的人要麼選擇當父母，要麼會選擇墮胎。約百分之三十三的懷孕者在一生中會進行墮胎。只有百分之一・三的人會選擇放棄孩子讓人收養。[4]美國並沒有機構會去追蹤私人的收養，但估計每年被收養的嬰兒多達一萬八千個，從寄養系統中被收養的孩子則多達五萬五

千個。[5]

收養主要有四種選擇：私人機構、公共機構、自主收養和國際收養。當大多數人想到收養時，他們會想到透過私人機構收養嬰兒。私人機構與準父母和生母合作以促成收養。蘇珊（Susan Dusza Guerra Leksander）是心理治療師，也是收養同盟（Adoption Alliance Pact）的臨床總監。她估計每出現一名嬰兒供人收養，就會出現三十至一百名準父母。生父母必須在孩子出生後，才能同意進行收養。各州法律對給予或撤銷同意所需的時間有所不同。私人收養通常非常昂貴，價格從兩萬美元到四萬五千美元不等。[6]

「很多收養專業人員非常不願拒絕潛在收養家庭。談及那些想要建立家庭的人的情感面時，他們希望為他們排除困難，使收養盡可能具有吸引力，並且盡可能多給他們希望。」蘇珊表示。「收養專業人員通常會描繪出非常樂觀的景象，不會進行艱難的談話，因為他們不想拒絕別人，讓人們在付出金錢，試圖透過他們收養孩子後卻無法如願。」

透過州政府進行收養時，金錢就不再是主要的考量因素了。公共機構管理寄養家庭中的兒童收養事務。雖然寄養是收養的管道之一，但寄養照護的目標，通常是讓孩子最終能與生父母重聚。美國寄養照護系統中有超過四十萬名的兒童，其中四分之一正在等待收養。寄養照護系統接收所有年齡層的兒童，其中也包括嬰兒。透過寄養照護進行收養通常是免費的，費用由州政府資助。[7]

有些人完全放棄中介機構，選擇獨立收養。這些人會自行尋找懷孕的生母，或透過收養協調員尋找。一旦建立聯繫，律師就會完成收養手續。收養協調員不需要取得任何許可執照，這意味著他們用來招募生母的策略不受監督，對雙方父母的風險更大。獨立收養的費用可能與私人收養一樣昂貴，特別是透過協調員，因為你必須同時支付協調員和律師的費用。在父母死亡或撤銷親權的情況下，也可透過獨立收養來收養親屬或繼子女。

由於收養方面的國際政策改變，加上美國在二〇〇八年批准了《海牙收養公約》（Hague Adoption Convention），收緊了收養相關法規，相較於數十年前，跨國收養變得較不普遍。跨國收養不僅出現語言障礙，孩子也因此遠離出生家庭及社區，人道收養因此變得更困難。不論你選擇哪種收養方式，都必須透過合適的法律途徑，法律也因所在的州或國家而不同。大多數收養程序還需要進行背景調查和家庭審核，社工會來到你的家中，確保那是一個適合孩子的安全環境。某些繼父母收養則無需進行家庭審核。

雖然收養的目的是為了幫孩子找到家庭，但主流敘事卻常常著眼於成人，而非那些需要家庭的孩子。專注於兒童福利的律師路奇．卡普爾（Ruchi Kapoor）表示：「如果你收養一個孩子，只是為了滿足自己擴大家庭的需求，那通常不是正確的做法。更好的方法是要記得這個孩子是從某個地方來的，很多人都以為孩子是一張白紙。」

如果你決定養育一個被收養的孩子，你需要為他們的故事留下空間，而不是試圖改寫它。路奇見過的順利收養案例，案例中的養父母願意和孩子的原生家庭維持關係。她說：「這是最有道德和最明智的方式。」

然而，放下對收養的期望並不容易。「我總是告訴父母，選擇收養孩子來建立家庭，並不等同於懷孕生育一個孩子所建立的家庭。」加州心理治療師萊絲莉・強生（Lesli Johnson），同時也是一位被收養者，認為「如果養父母已經為自己選擇收養孩子的原因做好功課，不再為失去親生孩子而悲傷，那麼這個家庭將會是健康的。」

如果對你來說收養是建立家庭最可行的途徑，那麼你必須放下原先成為父母的想法，並以一種新的型態來組成家庭，這麼做或許很困難，因為這必須尊重參與其中的每一個人。養育一個收養來的孩子所需的技能，有別於養育自己的親生孩子。養父母必須認知到，被收養這件事對孩子來說是一種創傷，即使是在出生後不久便被收養的孩子也是如此。養父母必須讚揚孩子的種族、民族特點和文化遺產。心理治療師，同時也是被收養者的潔瑪・艾略特（Jemma Elliot）表示：「如果你有一個患有糖尿病或學習障礙的孩子，你會盡一切努力了解情況，尋求一切支持，收養一個孩子也需要相同的心態。」

是的，這可能是一項艱鉅的工作。而且，這比大多數父母的基本預期要高。或許你會感到挫折或不知所措，特別是當你不能擁有自己親生孩子的時候。但是，更重要的是要處理這些情緒，這樣你就可以選擇收養，而不是妥協地接受收養。

「有很多人選擇收養孩子時，並未做好充分的反思（將來會怎麼做），當他們的孩子長大且能對收養的做法提出複雜批評時，這將會是個問題。他們選擇讓孩子保持沉默，以捍衛他們的選擇、維護自尊。」朵莉表示。「如果你在收養之前，重新調整價值觀，主動自我分析和自我認識後，再與孩子見面、與他們互動，這樣會更有效。」

我在大一的暑假時懷孕了。當時我十九歲，孩子的生父和我只約會了幾個月。不幸的是，我看不到和他在一起的未來。我在一個非常保守的基督教家庭中長大，所以這對所有人來說，都是一個非常艱困的情況。對我的家人來說，這是一件驚天動地的事。我曾經在我們當地的教堂帶領敬拜。我從小就很乖巧，成績優秀，從來都沒有惹過麻煩。

當我發現自己懷孕時，腦中浮現的第一個選項就是送人收養。我知道我不想與孩子的生父一起育兒，而且身為大學生，我認為我無法供給她未來應得的生活。我希望她能有兩個彼此承諾的父母。

我查了很多收養家庭的檔案，列出一長串的要求。我知道自己想要什麼，所以不會在這方面妥協。查看過許多檔案後，我終於找到了一個符合我所有要求的家庭。孩子的生父也參與這個過程，他也同意選擇這個家庭。我託付的機構提供我相當好的支持。你必須等到孩子出生後四十八小時，或出院後才能放棄你的權利。我出院的時間比預定還要早，之後我放棄我的權利。撤銷期限在佛羅里達州略有不同。基本上，當我簽署了這些文件時，一切就結束了。

這是一個半開放式的收養。一開始，我以為我想要一個封閉式的收養，因為十年前收養的環境完全不同。若是開放式收養，基本上你就像是孩子的阿姨，但十年前這樣的收養方式還很少見。我收到了收養家庭在不同時間寄來的信件和照片，這些東西都是對收養家庭最基本的要求。但這一切只是君子之間的約定，沒有任何法律上的約束力。我只是祈禱這些人會遵守承諾，幸運的是，他們的確做到了。

根據我的經驗，我會主張開放式收養。被收養者和生母之間的聯繫很重要。和血親家族保持溝通可以在很多方面獲得療癒。在半開放式的收養關係中，很多事情都必須先測試彼此的界線。我從來沒有在她的收養家庭中遇過任何問題，但我確實不想踩到任何地雷。我一直嘗試壓抑自己的痛苦或處境，因為我不想讓他們感到不知所措或承擔任何義務。我為我的女兒做了這個選擇，而不是讓她自己選擇。因此，我認為自己必須堅強面對。

潔西（Jessie）

三十歲、佛羅里達州、女性、白人、順性別

放下你的期待

維克多．辛斯（Victor Sims）最喜歡的養父母類型，是那些害怕自己不適合的人。他鼓勵那些害怕自己不「完美」的人收養小孩，因為他們會盡最大的努力。他知道這一點，因為他自己就是在寄養體系中長大的孩子，他在十二歲的時候被收養了。如今，他的工作領域是兒童服務。他曾經營一所寄宿家庭，擔任過寄養父母，還幫助有意收養孩子的人取得執照。

總的來說，他估計在他二十五年的生命中，除了第一年之外，他大部分的時間都在和寄養體系打交道。簡言之，他是一位專家。

維克多深知兒童福利制度的不完美。他曾經歷過不完美，所以他才想將時間奉獻給兒童福利體系。他想改善這個旨在服務兒童的制度。這就是為什麼當有人因兒童福利制度的不健全而選擇迴避時，他會感到憤慨的原因。

「資源不足造就了這個體系現在的狀態。如果你有優質的寄養父母或優質的社區，你就能建立更好、更強的東西，」維克多說。「寄養其實是一件美好的事情。我們相信，無論體制有多糟糕，讓無法留在自己家中的孩子住在集體寄宿家庭，或精神科治療中心，都不是更好的選擇。」

四十八歲的伊瑪尼·甘迪（Imani Gandy）是被收養的人，也是瑞懷新聞（Rewire News Group）的法律與政策領域的資深編輯。她表示，主張收養不應該存在一點好處都沒有。「有一個說法是，如果每個人都能得到他們所需的一切，就不會出現收養的情況，但是我認為這種說法是非常有問題的。」她說。「我不喜歡那種語氣，因為它讓我覺得被收養的人有點多餘。這種想法是空中樓閣，因為在我們生活的社會中，沒有人可以真的可以做好所有的家庭規畫。」

雖然我們無法一夜之間改變兒童福利制度，但可以改變我們對寄養和收養的看法和方法。參與寄養體系時，我們必須挑戰所謂「好的」和「壞的」父母的標準。當今高標準的文化理想對於低收入家庭是不切實際的。許多家庭努力想擺脫困境，但無論他們如何努力都做不到。帶著孩子租房只會更加困難，被驅逐的風險也會增加。[8]

「很多時候，當我們想到兒童福利制度時，就會表達羞恥感和責備，這樣的陳述方式有很大的傷害。」魯奇（Ruchi）說。「很多發現自己捲入兒童福利體制的父母，都處在生命中最低潮的階段。他們可能無家可歸，因濫用藥物而痛苦掙扎著，或試圖以單親父母的身分維持生計，而這個把人拉進寄養系統的體制，並不能夠解決這些人所面臨的許多問題。」

成為寄養父母意味著你必須挑戰自己的偏見。如果你覺得自己擁有孩子父母所缺乏的經濟資源，認為孩子在你的照顧下會過得更好，這樣的想法是不公平的。如果你有這種想法，請試著重新調整你的思維，站在父母的角度思考。如果你遇到困難時，你會想讓自己的孩子被帶走嗎？如果他們被送到一個更富裕的家庭，你會改變主意嗎？

一些你聽到的、有關寄養兒童類型的刻板印象也必須被審視。儘管許多人將寄養與青少年聯想在一起，然而等待被收養的兒童平均年齡為八歲。[9]「在寄養系統裡的孩子就和一般的孩子一樣，」維克多說。「不同之處在於，寄養兒童的身邊伴隨著更多的文件。孩子把食物偷偷帶到房間裡時不會被視為偷竊，但在寄養的體系裡，如果你在未經許可下把食物偷偷帶進房裡，就會被認為是個有偷竊癖好的人。」

當你花時間分析並回憶作為一個孩子的經驗時，就能了解寄養兒童的行為是有道理的。「行為就是一種創傷的語言，」維克多說道。「當你找出行為背後的原因，就能理解孩子為何有此反應」。維克多還記得曾有一個一直逃跑的寄養兒童案例。維克多並沒有將這個孩子貼上「逃跑者」的標籤，而是花時間了解這個孩子為什麼一直逃跑。原來這個孩子悲痛不已，想去他母親的墳前哀悼。維克多建議養父母帶他去墳前看望親生父母。這聽起來應該不具備什麼顛覆性，卻沒有人想到這樣做。

讓兒童福利體系成為兒童的安全空間，這意味著我們要接受他們現在的樣子，而不是試圖找到或形塑成你理想中的樣子。身為寄養系統中的孩子，維克多記得自己曾經試著讓自己變得更容易被收養。如果有家庭想要一個會打籃球的兒子，那麼維克多就讓自己變成喜歡籃球的孩子。這可能看起來無傷大雅；畢竟，就算是親生孩子在某種程度上也會為了討好父母改變自己，但大多數孩子是否安全或歸屬一個家庭，並不取決於自己是否討人喜歡。「我在成年前並沒有自己的身分認同，」維克多說。「當你想擁有一個家庭時，你會盡一切努力去得到它。」

有時候，情況並不會像假裝喜歡上籃球那麼單純。在一個維克多曾待過的家庭中，他們的親生孩子喜歡在維克多睡覺時咬他的腳趾甲。由於維克多非常渴望擁有一個家，所以他只能對此一笑置之，但這麼做並不妥當。後來，維克多被另一個家庭收養了，他們試圖讓維克多放棄咬指甲的習慣。但他的行為背後其實隱含了一段創傷經驗。他以為只要把指甲咬掉，那麼其他人就沒有東西可咬了。所以，他的新媽媽便不再要求他不能咬指甲了。

並非每個寄養體系裡的孩子都想要被收養，有些孩子希望能和原生家庭再度相聚。作為潛在的寄養父母，你必須為孩子與原生家庭的重聚做好準備。疫情開始時，三十五歲的凱文．葛德斯（Kevin Gerdes）在約會軟體上閒晃，他並不想要談戀愛，而是想結婚。他起初認為這是擁有孩子的步驟之一。身為一名同性戀，他想透過代孕或收養的方式成為父母。他並沒有特別想要親生孩子，所以他開始研究寄養制度。四個月後，他完成了寄養的培訓、背景調查和家庭訪問。兩個月後，他迎來了第一個寄養兒童，那是一名男嬰。從那時起，他接受寄養了幾個嬰兒，然而他們的計畫並不包括收養。他說：「我必須接受自己無法擺脫孩子與原生家人重聚的事實。這並不容易，你是人，你會產生感情，但你可以克服它。我已經準備好了，如果有機會維持永久，我會進行收養。」

我接受寄養照顧已經十八年了，即便多年過後，創傷仍對人造成長遠的影響，這真是令人驚訝。成長過程中，媽媽吸毒對我並沒有造成什麼影響，因為祖母的愛彌補了世上任何不足的事情。我八歲時，祖母去世了，那是我第一次經歷心碎和死亡。我在十歲時被送到寄養家庭，當時花豹少女隊（The Cheetah Girls）剛出道，我曾看過她們的表演。那是個夏天，我們非常興奮，因為我們將上最好的中學，然後一場風暴打亂了我們的生活。

我們四姐妹當天都被送進了寄養家庭。第二天，我們就被倆倆分開了，我和我的孿生姐姐在一起，其他兩個姐妹在一起。一年後，我媽媽失去了監護權。後來，我的孿生姐姐和我的妹妹一起被收養，而我被送到了一個團體寄宿家庭。我當時十三歲，我就這樣被遺棄了。這真的是一場災難。他們沒有考慮到長遠的影響。我覺得我和孿生姐姐之間的聯繫被剝奪了。寄養家庭說問題是我造成的，但他們應該說：「你們應該一起走。」因為我們從小就被分開了，所以我們生活在不同的州。直到現在，我對於這件事仍感到憤怒。

密西根的某個收養網站上有我的資訊，有人會在網站上查看你的資訊，看看他們是否想收養你。有一位女士打電話來表示對我感興趣，所以後來我就去拜訪她，那次拜訪非常愉快。我進了寄養家庭，回到了姐妹們所在的城市，但是養母不願讓我去看我的姐妹們。我只好收拾行囊，帶著有我寫的詩的日記。養母曾說：「如果你離開，我就會報警。」所以我直接先去找警察，問他們是否認識布莉絲比（Brisby）警官，我五年級時她曾到我們學校參加毒品預防計畫。他們用對講機聯繫了她，後來她指示我先去她的母親家。我記得當時我懇求布莉絲比警官收養我，她一直說：「布莉特尼，我有我的規矩喔。」我說：「好的，我都會遵守。」第二天，我搬到布莉絲比家。他們是我寄養時間最長的家庭。我和他們住了三年，直到我高中畢業。我的養父教我開車。你聽過很多關於寄養孩子從未擁有駕照的故事，但是因為他，我有了駕照。我養父母的付出，勝過他們的責任範圍；他們做得比他們應該做的還要多許多。

如今我快三十歲了，我一直很想要自己的孩子。我想先自己生一個孩子，體驗一下當父母的感覺，然後再考慮收養孩子。但我的丈夫建議我們先收養孩子。我選擇去愛一個沒有希望的孩子，讓他們知道他們擁有一個永遠的家庭，因為我知道想被收養而沒有被收養的感受。

布莉特尼（Brittney）

二十九歲、喬治亞州、女性、《一只皮箱與一個夢》（*A Suitcase and a Dream*）作者、黑人、順性別、已婚

20 代理孕母

如果你很可能因分娩而喪命，那該如何擁有一個孩子呢？當醫生告訴十三歲的維多利亞（Victoria）患有馬凡氏症候群時，她心中浮現了這個問題。如果她懷孕了，她會在分娩時喪命。

隨著年紀增長，維多利亞發現實情更加複雜。馬凡氏症候群是一種影響身體結締組織的遺傳疾病，會導致心臟、血管、眼睛、骨骼和關節異常。大多數患有馬凡氏症候群的人因父母患有該疾病而被遺傳，但包括維多利亞在內，有百分之二十五的人是因為基因發生新的突變而患上此病。

懷孕對於患有馬凡氏症候群的女性來說有兩個風險。第一個是將疾病遺傳給孩子的風險。對於維多利亞來說，這個風險有一半，她不想冒這個風險。其次，這對於維多利亞本身也是個風險。在懷孕期間，主動脈（從心臟輸出血液的主要動脈）會擴張。患有馬凡氏症候群的人主動脈較弱，懷孕可能會使主動脈破裂，若沒進行緊急手術就會致命。

維多利亞知道自己不想將疾病遺傳給下一代，於是她和當時的男友傑拉德（Jerrad）決定進行試管嬰兒手術。他們因此獲得了二十七個卵子和一枚求婚戒指。在這些卵子中，有十九個發育到了第五天，這一天是胚胎冷凍或移植的日子，但只有七個卵子沒有馬凡氏症候群的基因。

在進行卵子提取手術的幾個月後，維多利亞發現自己的主動脈病情急劇惡化，很可能是試管嬰兒手術期間使用的賀爾蒙所致，因為那是當時唯一改變的事情。當時二十七歲的她被安排進行心臟手術，比醫生的預期提前了十至十二年，而且就在她的婚禮舉行前兩個月。

維多利亞成功度過手術，並在婚禮上跳了舞。婚禮後約一個月，這對新婚夫妻去看婦產科醫生，該名醫生專門治療馬凡氏症候群患者，他們想看看是否可以安全地進行胚胎移植，並希望她的主動脈已因經歷過手術而變得更加強壯。不幸的是，醫生無法保證她的動脈是否能承受懷孕帶來的壓力，因此他們決定不冒險懷孕，以免失去維多利亞或危及她的健康。

在疫情爆發之初，維多利亞開始研究代孕機構。夫婦倆與幾家機構和他們的生殖診所進行了交流，然後選擇了他們感到最舒適的一家機構。金錢並不是決定性因素，因為價格都差不多。由於疫情的關係，他們被告知需等待兩年，才能找到合適的代理孕母。他們支付了一萬五千美元的費用才進入等待名單。全部費用預估為十五萬美元，維多利亞為此感到焦慮。

我們女兒出生時，我三十五歲，我的丈夫三十歲。我是一名教師，他是一名演員，所以他是留在家裡照顧孩子的父親。女兒在二月份出生，所以我在春假期間回到工作崗位，他獨自在家照顧四個月大的孩子。他經歷了嚴重的產後憂鬱。有一天我回家時，他筋疲力盡地說：「我再也不行了。我不行了。」接下來的幾個星期，我一直非常難過，因為我必須在丈夫的心理健康和生育更多孩子之間做出選擇。我也不是很想要一個大家庭。我們曾經考慮過再要一個孩子，但最終我認為他的心理健康對我來說更重要。

在那段期間，我在半夜裡一邊瀏覽臉書，一邊餵孩子，無意間看到代孕的廣告。我從未考慮過這樣的事情。我有些微的懷孕問題，但一旦我們開始積極嘗試，很快就懷孕了。我有幾位朋友和家人想要更多孩子，但無法懷孕或曾經流產，我認為代孕是我可以回饋社會的一種方式。我從小就對懷孕和分娩感到害怕，然而在我有了女兒之後，我意識到我的身體真的很適合這個角色。

作為代理孕母，你會先認識一位案件經理，他們也會去認識你。他們也為父母們建立檔案，查閱到適合的人選後會說：「嘿，我認為這是個很好的人選。」然後，他們會將我的檔案傳給父母，並將他們的檔案傳給我。我們都會審閱並批准這個合作夥伴的關係。我對他們派給我的人選抱持著相當開放的態度。

從法律上來說，有很多事情要做。雙方必須簽訂合約，我有律師，他們也有律師，合約詳載相關的違約條款和後果。例如，關於我和我丈夫何時以及如何發生性行為的規定，因為我們不希望寶寶是他的而不是他們的，所以這會是違約的行為。此外，懷孕期間飲酒也是違約的。任何違約行為都意味著我必須賠償父母所有花費。所以這不僅是我的薪水，而是一筆相當可觀的數字。他們為我購買人壽保險和健康保險，支付所有試管嬰兒、所有醫生和專家的費用，最終，這可能將近五十萬美元。作為一名教師，我可沒有那麼多錢，所以違反合約是一件相當嚴重的事情，我對這些事情相當小心謹慎。

我經常被問到的第一個問題是，「如果你對這個嬰兒產生了感情，無法放手該怎麼辦？」好吧，那我就會破產了。我還經常被問到類似的問題，像是如何放棄一個嬰兒、如何不產生情感連結。我認為這只是一個人的性格問題。我可以區分邏輯和情感。我教數學，這是講求邏輯的學科，所以這就是我的性格。我用了一些小技巧。我沒有像對待自己的孩子那樣，對著在子宮裡的嬰兒講話。孩子出生後，我沒有以母乳餵養。你知道，很多情感連結都是建立在這些事情上，而我在這些事情上劃了界線。

> 分娩時，我丈夫在那裡陪我，孩子未來的父母就站在他的身後。孩子出生時，我可以看到她的臉，看到她的淚水，我們之間就建立了情感的連結。但無論如何，這一切對我來說只是一場生意。
>
> **海蒂（Heidi）**
>
> 四十一歲、加州、教師、白人、順性別、異性戀、已婚

代孕的方式有兩種：傳統代孕和懷孕代孕。傳統代孕是指代理孕母同時是卵子捐贈者和生物學上的母親，但這種方式現今已經非常罕見了。大多數的代理孕母也稱為懷孕代孕人，意思是她們身懷與她們沒有基因關係的胚胎。美國第一份法律代孕協議是在一九七六年出現的，雖然代孕已經存在了數個世紀，但之前卻沒有出現過這樣的正式協議。一九七六年那位代理孕母使用的是自己的卵子，但她並沒有因懷孕而得到報酬。四年後，第一份合法且有報酬的代孕協議正式簽訂。那位代理孕母再次使用自己的卵子，且因此得到了一萬一千五百美元的報酬。

第一次代理懷孕發生在五年後的一九八五年。[1]代理懷孕被視為傳統代孕的有利替代方案，因為它切斷了代理孕母和孩子之間的生物聯繫。次年的一宗法庭案件進一步鞏固了傳統代孕轉向代理懷孕的轉變。一位使用自己卵子的代理孕母在生下孩子後，向法院要求得到她懷孕生下的孩子的監護權，而當時她已獲得一萬美元的報酬。新澤西州最高法院判定代孕並不合法，因此撤銷雙方合約，恢復代理孕母的親權。血緣父親被授予監護權，代理孕母則獲得了探視權。[2]

幾年過後，於一九九〇年被稱為「M寶寶」的審判案件中，法院的裁定進一步鞏固了代孕的趨勢轉向。一位與孩子沒有血緣關係的代理孕母為了監護權，向法院提起訴訟。然而法院的判決支持孩子的血親父母，因此確立了代孕協議具有法律約束力。[3]

「M寶寶」一案的審判影響一直都存在，致使好幾個州禁止代孕，其中有些禁令至今仍然有效。然而，如果代孕是一種「醫療必須」的話，也有一些例外情況。不幸的是，這些例外情況只適用於已婚異性戀父母，未婚、單身和性小眾族群的人則缺乏保障。

即使在代孕被視為合法的州，各地的法律也不盡相同，因此在與代理孕母合作之前，即使她們是家人或朋友，聘請律師也很重要。如果你所在的州不允許代孕或不適用於你的情況，你也可以選擇到其他的州進行。至於哪一個州的法律適用，取決於代理孕母的居住地，而不是你的居住地。

與代孕機構簽約兩個月後，傑拉德的表親潔思敏（Jazmine）聯繫他們，主動提出成為這對夫婦的代理孕母。一年前，潔思敏在家庭燒烤派對上，無意間聽到這對夫妻談論他們尋求代孕的事。作為兩個孩子的母親，潔思敏無法想像自己必須像維多利亞和傑拉德那樣，做出這樣的決定。潔思敏花了一年的時間研究，與家人和醫生交流，然後提議成為他們的代理孕母。這對夫婦接受了她的提議，但仍持續留意代孕名單，因為他們已經支付費用了。

代孕是出了名的昂貴，因此如果親友願意幫忙，會是個有吸引力的選項。如果你計畫請求家人或朋友成為代理孕母，你必須給他們足夠的時間考慮，做好他們可能會拒絕的心理準備。如果你無法承受他們拒絕所帶來的失望，在冒著破壞彼此關係的風險之前，你必須考慮清楚。即使你請求的人同意擔任你的代理孕母，你也必須準備好進行艱難的討論。因為你們將一起生育孩子，所以你需要確保每個人的想法一致。

與潔思敏討論代孕時，雙方都列出了一些問題，例如「大家對雙胞胎和三胞胎有什麼看法？在什麼情況下墮胎，另一方會感到舒適或不舒服？在什麼情況下可能永遠不會墮胎？」如果潔思敏生病了，且墮胎對她而言是最安全的作法，那麼接下來該怎麼辦？這些問題必須在懷孕之前討論，以確保雙方能達成共識。

在美國，聯邦法規並沒有針對代孕提出規範，也沒有政府機構監管代孕程序。大多數代孕機構、生育診所和律師在評估代理孕母時，都會遵循美國生殖醫學協會制定的指南。即使你的選擇已超出代孕機構的範疇，你仍需挑選符合這些標準的人，因為這是生育診所遵循的標準。理想上潛在的代理孕母應符合以下條件：

- 過去分娩不超過五次或剖腹產不超過三次。
- 曾經有一次足月的健康懷孕和分娩。這對你和代理孕母來說都有更好的結果，因為這表示他們能夠懷孕並且不太可能出現併發症。
- 年齡在二十一歲至四十五歲之間，但年齡較大但身體狀況良好的人可以是例外。
- 需要接受心理評估和諮詢，確保她們了解代孕的內容。

代理孕母還需要接受身體檢查，確保身體狀況良好，沒有任何性傳播感染或嚴重疾病。

對於維多利亞和傑拉德來說，以家庭成員作為代理孕母比透過代孕機構更加便宜，但是「更便宜」並不等於免費。甚至差得遠呢。維多利亞估計他們總共花費了四萬美元。保存他們冷凍胚胎的生育診所在簽署法律合約之前，不會安排他們進行任何代孕相關的診視。由於不能與代理孕母聘用同一位律師，維多利亞不得不聘請兩名不同的律師。她還必須支付合約和親權令的費用，這是一份宣布血親父母是孩子法定父母的法律文件。在安排胚胎移植之前，維多利亞、傑拉德和潔思敏必須接受心理健康評估和諮詢。單就律師費和雙方的諮詢費用，維多利亞就花了八千美元。

大部分費用主要來自於生育診所。潔思敏懷孕前需進行三輪藥物治療。技術上來說，維多利亞此時還不算是患者，所以與測試、看診或程序相關的任何診所費用，都無法提交給保險公司。幸運的是，潔思敏的保險公司支付她產科醫生看診的費用。維多利亞和傑拉德還支付潔思敏一些雜費，如汽油費、膳食費、共同支付和其他懷孕期間產生的費用。

計畫代孕時還需考慮到工作提供的育嬰假是否包括代孕。維多利亞工作的非營利機構提供帶薪產假，但並不包括代孕。如果她想在女兒出生後休假，她將不得不向公司請無薪假。當她加總托兒費用和通勤費用後，她認為留在家中更划算。因此，她便將工作辭掉了。

代孕被認為是富人和名人擺脫分娩的一種方式，但對於像布萊恩（Bryan）和克里斯（Chris）這類想要自己的親生孩子，但無法實現的人來說，代孕是建立家庭的強大工具。

布萊恩和克里斯一直都希望有孩子，他們在結婚後考慮了收養和寄養，但最終選擇了代孕。透過代孕機構進行代孕的費用非常昂貴，平均價格為十五萬美元。[4] 雖然他們知道代孕的花費很昂貴，但還是認為可行。他們最近賣掉房子，計畫用這筆錢支付代孕費用。透過朋友的朋友，他們認識了一家新的代孕機構，該機構讓他們明白可以預期些什麼。「老實說，這令人不知所措，因為我們從來沒有做過，看到數千名美麗的代理孕母和卵子捐贈者的資料庫，我們不知道該如何篩選，顯然我們沒有時間查看每一個檔案。」

布萊恩和克里斯決定不選擇先前那家代孕機構，而是選擇了一家能夠做更多實質工作的機構。這家代孕機構的服務費用為四萬美元，但不包括捐贈卵子、試管嬰兒移植或代理孕母的服務費用。他們選擇了一位卵子捐贈者，獲得了二十二顆卵子，這比他們預期的還要多。他們用克里斯的精子使一半卵子受精，並用布萊恩的精子使另一半卵子受精。在他們創造的二十二個胚胎裡，其中九個是克里斯的，三個是布萊恩的，都是基因正常的第五天胚胎。他們計畫每次只移植一個胚胎，但他們必須找到一位代理孕母，因此事情開始變得複雜了。

布萊恩和克里斯感到驚訝的是，許多代理孕母不願意與同性戀伴侶合作。「如果你是同性戀，並不是每個代理孕母或卵子捐贈者都願意與你合作，這是我從未想到的問題。」布萊恩說道。「雖然我們與我們配對的人之間沒有這樣的情況，但是我們在審閱的個人資料上看到了這一點。我們看了某人的前三頁資料後，發現她不願意與同性戀夫婦合作。好吧，這很糟糕，因為我們已經看前兩頁了，所以這有點震驚。」

他們所選的第一位代理孕母，因為發現自己的心臟有小缺陷不得不退出。第二位代理孕母是第一次代孕的母親。她和她的丈夫已經不想再要孩子了，所以希望透過代孕獲得的報酬買房子。她和他們一樣住在加州，並且通過了所有的醫學檢查。合約簽訂後她懷孕了，但卻不是布萊恩或克里斯的孩子。此時，布萊恩已經絕望了。他們已經花費了十萬美元，卻沒有找到代理孕母。他們已經支付代孕機構四萬美元，進行捐贈卵子的醫療程序，為簽署合約支付相關的法律費用，他們的代孕基金已經快花完了。「我說，『我不知道我能不能繼續這樣做。也許是宇宙在告訴我們，我們不應該要孩子。』」布萊恩回憶道。但克里斯告訴他，並不是宇宙在告訴他們不該要孩子，而是這些人不是他們在這趟過程中應該合作的對象。

在暫停所有與代孕相關事宜六週後，布萊恩和克里斯才重新開始進行。考量之前的種種問題，代理機構迅速為他們找到了一位新的代理孕母。她是一位「經過驗證的代理孕母」，也就是說她曾幫另一對夫妻成功懷孕過。這也意味著她的費用更高，但布萊恩和克里斯並不在意。他們找到了合適的對象。從那時起，一切都進展非常迅速，包括心理評估和醫學檢查。在一般情況下，事情並不會如此發展，但考量到他們面臨的種種障礙，代理機構幫助他們快速推展進度。幾個星期後，布萊恩和克里斯的代理孕母接受了兩個胚胎的移植，一個來自布萊恩，一個來自克里斯。兩個胚胎都成功著床了，不久之後，克里斯和布萊恩就成為一個兒子和一個女兒的父親。最終的費用：近二十五萬美元，這遠遠超出他們的預算。

「我們的代理孕母、她的丈夫和他們的兩個孩子將成為我們未來的朋友，我們一定會保持聯繫，不時見面，並讓她知道寶寶的近況。」布萊恩說道。「克里斯喜歡這麼說：『這對我們來說是一趟旅程，對你來說也是，此外我們三個也都在這趟旅程中。』我真的很喜歡這句話。大家都在這段旅程裡。」

我的兩個祖母分別有九個和十二個孩子，所以當我還是個孩子時，我也想著要生很多孩子。然而，我媽媽總是說「兩隻手，兩個孩子」，所以我們家只有兩個孩子。

我懷女兒時非常輕鬆，因此我知道我想和我祖父母一樣生更多孩子。但我後來意識到，生孩子既花錢又費力，因此最後決定兩個孩子就好。就像許多懷孕過程輕鬆或享受懷孕過程的人一樣，懷孕令我興奮不已。我在電視上反覆看到代孕的新聞，有一天我突然想：哦，我應該當代理孕母。於是我透過 Google 找到了我的代孕機構。

我非常喜歡當代理孕母。我第一次代理懷孕的那對夫妻因為一些健康問題而無法懷孕，那位媽媽無法懷孕到足月。第二對夫妻則是一對男同志，所以他們無法自己懷孕。我認為，如果媽媽能夠在理想的情況下自己懷孕，那麼情況就會有所不同。我盡可能回答一些問題，說明我在懷孕時的感受和各種情況。我不會與兩位爸爸討論我的陰道，但是我第一次代孕的媽媽對粘液塞或收縮的程度感到好奇。她想知道那樣的事情。至於兩位爸爸只會問我：「你感覺怎麼樣？」

這對爸爸經歷三次胚胎移植才懷孕成功。我們當時確實哭了。我們沒有在鏡頭前流淚或做任何奇怪的事情，但他們告訴我，他們喜極而泣。我為他們感到痛心與不捨。即使這不是你的孩子，但這是你的身體，你的經驗。你想讓它成功；你已經設法幫助另一個家庭。我知道這不是我的錯。這是試驗和失誤。但同時，兩次移植失敗讓我體驗到不孕媽媽或是無法懷孕的兩位爸爸的感受。它讓我稍微懂得謙卑。這是現實的檢驗：當涉及到胚胎移植和相關統計時，你仍然無法忽視科學的力量。

我有點在避免懷上雙胞胎，因為我擔心黑人婦女的孕產婦死亡率問題。在任何情況下，我都把我的安全放在第一位。有個生育診所曾發生誤用藥物的情況，然後我的代理公司有一位白人女士（我認為他們那裡沒有任何有色人種）跟我通電話。她試圖理解，我為什麼堅持有人必須對誤用藥物這件事負起責任。她問我是否有某種創傷。我說：「女士，對於生產中的黑人婦女而言，那就是一種創傷。」這並不是特別指我，這些統計數據是存在的，但這似乎並沒有被理解。我覺得從事黑人代孕相關工作的人應該明白一些事情，我也不希望自己還要向他們說明。我希望你已經對此有所了解了。

我的建議是，在與代理孕母合作時，不要讓她們有壓力。我們除了代孕之外還有自己的生活，大部分的代理孕母都有孩子，也有工作。我會盡力把寶寶的需要放在第一位，確保這是一個互惠互利的關係。此外，很多代理孕母都希望能收到你們的最新消息，我個人也是如此。我們只是想知道你們過得好，因為在某種意義上，你們幾乎成為了我們的延伸家庭。你們彼此分享了生命中非常重要的事情，因此這是個很好的選擇。

普林西絲（Princess High）

三十歲、伊利諾州、女性、房仲、黑人、順性別、異性戀、單身

你不想要孩子

21 拒絕擁有孩子

在成長過程中，克勞迪特（Claudette）從未思考過成為母親之外的人生道路。在她二十多歲時，她甚至有「想生孩子的狂熱」。她想要孩子的衝動非常強烈，計畫要生下一男一女。然而，在一段四年的感情災難後，她意識到自己也許根本不想要小孩。

「我一直以為自己在二十七歲會結婚，然後三十歲生下第一個孩子。」三十三歲的克勞迪特說。「但是當我走出那段感情之後，我開始意識到生活並不會按照那個計畫走。我看不到愛情、婚姻或孩子，所以我開始想，也許不會出現這種生活。如果它不會出現怎麼辦？當我思考地越多，我就越享受著生活和自由。我開始想，如果我沒有孩子，也許還不錯。幾年過去了，我依然沒有孩子，但我已經非常滿足地過著沒有孩子的生活。」

她對於沒有子女的生活越來越自在，因此想了一個萬無一失的計畫。她打算從一開始就坦率表達自己不想要孩子的想法，如此一來，在談戀愛的一開始，她就可以避免跟那些想要孩子的人建立深厚感情。這個計畫本來進展得很順利。「他起初還算認同我的想法，但隨著我們的關係逐漸發展，他決定想要孩子。」克勞迪特說。「他甚至不想談論這件事，只是說：『這是你想要的，而我想要的是生孩子。』然後我們就分道揚鑣了。」

有很多原因讓人們選擇不要孩子。對大多數人來說，這歸結於個人的自由。人們希望有權選擇對自己最好的事情，但這很難做到，因為孩子的最佳利益必須優先於你的利益。儘管不想要生孩子的理由常被歸咎為「自私」，但無子女的人則有相反的主張。他們說，如果在氣候變遷破壞這個世界時生孩子，或者根本沒有真的想要育兒卻生下孩子，那才是自私的。有些人因為育兒的責任，或他們想專注於目前所擁有的關係，所以選擇不要小孩。

對大多數人來說，不生孩子的決定是一個過程，不是突然冒出來的、執意固守的想法。這個過程通常始於童年，然後一直延續到青春期和成年期。潔拉（Jerra）現年三十五歲，她在十幾歲時需要照顧其他兄弟姐妹，因此這成為她不想要孩子的部分原因。「我被迫扮演成年人的角色，但我還沒有準備好，」潔拉說。「我知道我不想要那種成年人的生活，必須照顧一個嬰兒，常在睡夢中被驚醒。我知道對某些人來說，這聽起來可能很自私，但我認為這是自我意識的體現。」

對於其他人來說，觀察到兄弟姐妹和朋友們在養育孩子的現實中奮鬥著，足以讓他們意識到這不是自己想要的生活方式。柔伊（Zoë）現年三十五歲，從未渴望要生孩子，看到已是人母的姐妹的生活後，她更加堅定自己的想法。「我侄子現在三歲了，所以我看到身為人母的現實生活有多麼艱辛。」她說。「有些人本能上覺得除非有孩子，否則他們的人生是不完整的，而我始終認為我不需要那種額外的東西來填補生活。」

研究顯示，不生育的觀念因不同性別而存在一些差異。社會工作領域的教授卡洛琳．莫瑞兒（Carolyn Morell）將自願不生育細分為兩種經驗。她研究的第一組女性體驗到「猶疑的否定」，也就是她們不生育的自在感被干擾。而第二組女性則具備「極度開放的態度，並允許各種可能性。」[1] 女性更可能考慮到人口過剩和社會問題等因素，而男性更可能較擔心他們需要放棄的事物，以及父母身分對他們生活的影響。女性也更傾向與伴侶進行對話，考慮他人的意見，而男性則更注重自己內在的想法。[2]

不想要孩子與我的成長背景無關，我也沒有否定自己的女性特質。這是我多年來思考的結果，除非我百分之百確定想要孩子，否則我不會這麼做。我喜歡保有自己的時間和空間。我喜歡睡懶覺、擁有一個整潔的家，專注在自己身上、我的事業、學校、伴侶並且隨時能展開旅行。我喜歡小孩，但最好是可以把他們還給他們的父母。

我不想為了一個孩子犧牲我的心理、情感和身體健康，也不想把我自己的遺傳疾病傳給孩子。

我在剛開始約會時就明確表明自己不想要孩子，沒有必要將時間浪費在那些想要不同事物的人身上。這也影響了過去的幾段關係，但我和我目前交往的對象想法非常一致。我們都滿足於當個有趣的阿姨。

人們告訴我我會改變主意，說孩子是最好的事情，可以改變我的生活。彷彿我的時間和精力不那麼重要似的。我老闆也經常安排我在假日工作，好像我沒有摯愛的對象可以和我共度休閒時間。

凱莉（Kaily）

二十三歲、亞利桑那州、女性、抽血師、白人、同性戀、交往中、身障

儘管普遍的說法是「你會改變想法」，但研究顯示許多不想要孩子的成年人，在年輕的時候就知道這一點。三十一歲的莎曼珊一直知道自己不適合當父母。「我從來都沒有真正想

要孩子。我記得年輕時，每個人都說『你會改變主意的』，但我相當確定，我甚至在月經還沒有開始之前，就知道自己不想要孩子了。」五十二歲的吉姆（Jim）描述了自己的感受。「我從來沒有想過要孩子，從來沒有。我從十六歲起就有了這樣的想法。」他說：「每個人都說我會改變主意。人們問我『為什麼不想要孩子？』我會反問他們為什麼想要孩子，然後告訴他們那些理由對我來說都不重要。我聽他們胡說八道一通：『聖經上說……』、『誰來繼承家族的名字？』『誰會在你年老時照顧你？』等等。」

儘管有些人在考慮是否要孩子時，抱持著開放的態度，但這並不意味著他們會改變主意。這只是在決定是否要孩子的過程中自然會有的彈性，想法和感受可能隨著年齡或情況而變化，尤其是在交往的關係中。即使答案最終仍是不要孩子，這些檢查可以幫助人們對自己的決定感到自信。

例如，四十歲的亞丹（Adan）並不是反對有孩子，只是養育孩子的現實使整個過程變得不具吸引力。作為一個單身同性戀者，獨自育兒「聽起來就像地獄。」亞丹說：「因為我爸爸不在身邊，我媽媽獨自養育三個孩子，我看到了那對她造成的影響，獨自養育三個孩子對一個人的心理和身體帶來了龐大的負擔，我永遠都辦不到。」如果他遇到想要孩子的人，他會對這種可能性抱持開放的態度，但他也很樂意繼續過著沒有小孩的生活。「無論你多想要某件事情，它必須實際可行。」他說。「如果這只會讓我負債，老實說，我寧願能夠照顧好自己，讓自己度過一個美好的假期。」

如今，克勞迪特仍然認為自己是不要孩子的，但她對待約會的態度比以前更寬容了。「和前任交往的過程中讓我開始改變想法。我開始思考：好吧，我為什麼要這麼努力控制一切？我做出正確的決定了嗎？」克勞迪特說道。「如果我有孩子，我一直想像會是自己獨力把孩子帶大，因為這是我一直以來所看到的。但當我遇到那個人時，我想，也許我不介意和這個人一起生孩子。所以現在，無論哪種方式我都感到滿足。如果沒有孩子，我肯定會過得很好。但如果我遇到了合適的人，我會抱持更開放的態度，考慮要孩子的可能性。」

儘管克勞迪特認為這種方法對她來說很合適，但並非每個人都這麼覺得。例如，三十二歲的克莉斯汀（Kristen）更喜歡和那些確定自己不想要孩子的人約會，因為她知道自己也不想要孩子。「我不想和一個因為我不想要孩子而對我心存怨恨的人在一起。」克莉斯汀說。「我不想遇到這樣的情況：和一個人交往了三年，然後他因為覺得被欺騙而離開我或對我生氣。我現在有一段伴侶關係，他不想要孩子，但如果他改變主意想要孩子，我會感到非常害怕。我想要養的是狗，而不是孩子。」

說實話，我不喜歡小孩。每當別人聽到這句話，總是會自動說出：「但是你也曾經是個小孩！」我會回答：「是啊，可是那個時候我就已經不喜歡小孩了。」小孩讓我有壓力，嬰兒的尖叫聲讓我焦慮。我知道我的骨子裡沒有一點母性，如果有了小孩，對他或她來說都非常不公平。儘管如此，人們總是堅決認為我會是一個好媽媽，這只會讓我感到沮喪，進而加劇我不想要小孩的決心。人們總是將生孩子和實現人生成就相提並論，無法理解其他形式的幸福。我喜歡做自己，除了未來可能養的貓之外，我毋須對其他生命體盡任何義務。即使我擁有世界上所有的錢和時間，我仍然不想要孩子。我尊重和讚揚任何決定當父母的人，因為那是我拒絕做的辛勞工作。

我只有過一段感情，就是現在這一段，我的伴侶對於要不要孩子還有些猶豫。如果我們想要孩子，就必須收養。我們兩個都不太可能接受生育治療，因為那會讓我們的身體產生變化。她說，未來有孩子可能是好事，但同時她也非常享受沒有孩子的自由，更不用說省下的錢了。如果有一天我們必須面對這個問題，這會讓我有點焦慮，因為我認為在照顧孩子的同時，我不可能體驗到幸福。

瑪戈（Margo）

二十九歲、北卡羅莉娜州、女性、藝術家、白人、順性別、無性戀、交往中

決定不要孩子可能是在情感上具有挑戰性的過程。大多數有意選擇不要孩子的人，都是有意識的做出不要孩子的決定。僅管刻板印象認為人們輕率的選擇不要孩子，但那些決定不要孩子的人和決定要孩子的人一樣經過深思熟慮，甚至更加深思熟慮。早期有關選擇不生育的人的敘述，把那些沒有孩子的人講成不正常和自私的人。但在一九七〇年代，語言發生了轉變，開始區分有意選擇不生育的人和想要孩子但無法生育的人。那些選擇不要孩子的人依舊被貼上自私的標籤，而不孕的人則會受到同情。值得注意的是，一些人也使用「因環境因素而選擇不要孩子」或「因不孕而選擇不要孩子」來傳達他們選擇不要孩子，而非追求試管嬰兒或收養小孩。

「我有一次被說自私。」三十三歲的珂琳（Corrine）談及到她不要孩子的決定。珂琳和她的伴侶花了兩年的時間，決定他們是否想要孩子。經過多番深思熟慮，他們決定不要孩子，從此沒有回頭。「人們問我，『你未來要做什麼？』儘管這些評論很狹隘又煩人，但我

覺得很有趣。我想我會自私地去徒步旅行、登山、旅遊、工作、和朋友一起度過時間、做志工、參加讀書會，以及生活中所有的事情，但可能會睡得更多一些。我真是自私。」

因為不生育的人面臨到不贊同和反對，所以選擇不要孩子通常必須承擔一個帶有汙名的身分。人們認為不生育的成年人不夠成熟、自私、冷漠和物質主義。然而，這些描述並不能準確反映不生育的成年人，只是描繪了與社會理想化的父母形象相反的特點。事實上，不生育的成年人更可能與家人和社區有著緊密的聯結，他們也更可能為家庭成員提供財務、情感和實際支持，並投入於非典型核心家庭的關係中，成為志工。[3]不生育的人往往有更多元的支持網絡，他們與家人、朋友和社區之間的聯繫更加緊密。[4]

即使知道那些傷害不想要孩子的人的評論沒有任何正當依據，但無論是因為選擇不要孩子，還是因為其他原因無法擁有孩子，這些刻薄的話都會刺痛人心。心理治療師瑞貝卡（Rebecca Harrington）在與一位擁有三個孩子的母親患者進行治療時，分享自己即將前往義大利度假的消息。然而，在聽到這個消息後，該患者竟回了一句：「去你的」。之後，瑞貝卡如此表達她的感受：

> 我們承認我們忌妒彼此：她忌妒我沒有孩子的生活方式，我則忌妒她有孩子的

> 生活。儘管我們兩人都不想交換對方的生活，也不想剝奪對方所擁有的，但仍能夠達到相互理解的境地，並認識到我們彼此代表了「未選之路」的固有得失。她有孩子，我有時也會渴望有孩子；我擁有沒有孩子的生活方式，她則懷念並渴望這種生活方式。沒有人能夠同時擁有兩者。我們承認了各自的遺憾和「擁有一切」的不可能性。[5]

正如瑞貝卡所寫的，已是父母的人抨擊或輕視不想要孩子的人的生活，常是社會上可接受的一種行為，但反之卻不然。「如果我們用同樣的方式，對他人擁有的東西表達忌妒會怎樣呢：『操，你輕輕鬆鬆地就懷孕了。操，你可以抱著熟睡的孩子，擁有那些愉快的時刻。操，你能夠體驗到一種我們永遠無法親身體驗的愛和喜悅。』我認為，如果我們以同樣輕率和敵對的方式表達，是不合適且具有攻擊性。」瑞貝卡寫道。「比起沒有孩子的人，有孩子的人似乎在社會等級制度中的地位更高，但是有孩子的人就算抱怨父母難為和育兒的經歷（有時候是自以為是的態度，有時候則像是個殉道者），也被社會認為是可接受且正常不過的事。」

這種互動的情況在每個地方都會出現。創立「我們沒有孩子」（We Are Childfree）社群的柔伊表示，儘管實際上沒有競爭，但不想要孩子的女性常常被拿來和母親相提並論。她說：「我從來不評斷任何一個遇上麻煩的家長，因為在我這個局外人看來，照顧孩子真的很難。但是當人們宣布自己不想要孩子或談論這個問題時，總是將我們視為問題的來源，我能感覺到這種情況變嚴重了，特別是在一些出生率下降的國家。顯然，我們成了代罪羔羊，女性選擇少生孩子的現實原因並沒有被認真思考。」

作為一名幼兒教育工作者，三十一歲的瑪麗娜（Marina）深知父母們所面臨的許多挑戰。但即使她深知照顧孩子有多難，別人卻一次又一次的讓她覺得自己的需求不那麼重要，因為她沒有孩子。她說：「我那些有孩子的朋友經常利用他們作為父母的身分，忽略我的觀點或需求，因為我不是父母。例如，當我說『我需要休假』時，他們會回說『是喔，**你**需要休假啊』，這有時會影響我與他們分享的方式。」不僅是她的朋友，她的工作場所也是如此。瑪麗娜每年都會去度假。但是今年，她的例行假期恰好落在了四位懷孕員工的產假前夕。「我的主管拒絕簽署我提前四個月提交的請假申請，因為『每個人都在為孩子做準備。』」她說。「聽到這個理由真是讓我感到不真實，所以我的反應自然而然便得戲劇性，但我想這只是因為這個社會沒有公平地思考我的需求，只因為我不是母親。」

出於這些原因，告訴別人你不想要孩子會感到非常緊張。「我在三十歲時決定不要孩子，然後等了大約兩年才告訴別人，因為我不知道人們的反應會是什麼。」克勞迪特說。「我傾吐的對象和我不是很親近，但他們的反應總是非常負面的。我覺得一旦說出你不想要孩子，人們就會認為你討厭孩子，像怪物一樣。我確實有焦慮感，因為我覺得我會受到別人的批判。當我意識到我真的享受著沒有孩子生活，珍惜這份自由時，我決定開始讓別人知道。我也希望讓這件事變得更加普遍，因為我相信還有其他女性害怕說出自己的想法，所以我就這麼做了，希望別的女性說出來時，對方不會太震驚。」

我已經結婚十八年了。我和丈夫都在宗教家庭中長大，並在年輕時就結婚了（我十九歲，他二十二歲），所以我們假設最終會生個孩子。然而，我們兩人都追求嚴謹的職業生涯——我進入了醫學的領域，他研習高級生物學——因此，我們同意在個人和財務上準備好之後再生孩子。

結婚大約十年後，我們意識到我們的想法已經改變。沒有孩子的生活讓我們非常快樂，且預見自己將繼續享受這樣的生活，並對此感到滿足。我們意識到人口增長帶來的氣候變化問題，而且我們擁有一份有意義的職業，能夠為創造更美好的世界做出貢獻。此外，我成為一名兒科醫生，因此見證了育兒可能面臨的挑戰和不可預測性。

我們聊了很多次，值得慶幸的是，在不要孩子這件事情上，我們的想法是一致的。我喜歡孩子，透過當兒科醫生的工作幫助他們及其家庭，讓我感到非常滿足。我同樣喜歡回到一個安靜的家，不必承擔親自育兒的責任。我永遠不想懷孕或生孩子。儘管這個過程很不可思議，但我一點也不想要。我很高興我和我的伴侶最終意見一致。

瑪麗娜（Marina）

三十八歲、猶他、女性、兒科醫師、拉美裔、順性別、異性戀、已婚

22 沒有子女的生活

一九七四年，瑪西亞・德魯特戴維斯（Marcia Drut-Davis）和她的前夫在《六十分鐘》（*60 Minutes*）節目中分享了他們想要過無子女生活的想法。這是一個向外界展示孩子不是家庭裡不可或缺的因素的機會，也是合理化相對較新穎生育選擇概念的機會。

令人感到不意外的是，瑪西亞的姻親們並不樂見這個消息。她的前婆婆後來寫了首詩抱怨：「這就是我們的故事結局？我們的孩子雖然結婚了，但他們只是朋友。」但最糟糕的還在後頭。如果當時瑪西亞知道這個長達二十分鐘的節目會如何播出，她可能永遠不會同意參加。在這集節目的結尾，瑪西亞從沒見過的麥克・華萊士（Mike Wallace）沉重地留給觀眾一則訊息，因此改變了瑪西亞的一生：「請原諒我們在母親節播出這樣的節目。大家晚安。」[1]就這樣，瑪西亞被「取消」了，這還是在「取消文化」這個詞彙出現的四十多年之前。

在瑪西亞的電視首秀後不久，她失去了學校的教職工作。家長們不希望她接近他們的孩子。「如果你討厭孩子，你怎麼能教他們呢？」當然，瑪西亞並不討厭孩子；她只是不想自己有孩子。瑪西亞說：「當時有人抗議，其中一個標語牌上寫著：『混蛋無神論者，遠離我們的孩子。』我問警察：『這是在說誰？』他說：『我不知道，似乎是一位說不要生孩子的瘋女人。』我說：『哦，那就是我了！』」

伴隨著侮辱而來的，還有針對她和她的狗的死亡威脅。她走到哪裡人們都會吐口水、大聲喊出各種可怕的話。這股憤怒並沒有隨著時間消失，多年來它都糾纏著瑪西亞，導致她患了創傷後壓力症候群。她的生命就此改變，只因為勇敢說出自己選擇不要孩子的生活。

選擇是一件有趣的事情。哥倫比亞大學法學教授和性別與性向法律研究中心主任凱薩琳．法蘭琪（Katherine Franke）認為，「生育已被視為理所當然，只有不是父母的女性才被視為做出了選擇，一個被建構為非傳統、非常規、對某些人來說是非自然的選擇。」[2]

我們很難估算自願不生育的人有多少，因為調查時大多沒有區分哪些人選擇不要孩子和哪些人無法生育。在二〇〇〇年代，四十至四十四歲的女性中，沒有孩子的人數幾乎是一九七〇年代的兩倍。今天，四十至四十四歲女性中約有百分之十五沒有孩子，估計自願不生育的人達將近一半。[3]

我們在社會上很少看到關於成年人老化的正面例子，因此很難想像沒有孩子的生活樣貌。隨著年齡增長，人在社會上的能見度也越來越低。對於有孩子的老年人來說，成為祖父母有助於緩解老化帶來的社會影響。即使年齡增長不再面臨是否要生孩子的問題，社會上的汙名仍然存在。無論是異性戀還是同性戀，無子女的男性都表示擔心自己被視為「怪老頭」或「性罪犯」。與此同時，無子女的女同志擔心自己的身分被抹去，因為她們不符合異性戀的「祖母」刻板印象。[4] 儘管社會汙名仍然存在，但自願不生育的成年人的幸福感、生活滿意度、健康和婚姻調適程度與有子女的父母相當，甚至更高，而且憂鬱症狀也較少。[5] 年長且無子女的成年人，也往往比決定當父母的人擁有更多的財政資源。與已婚父母相比，無子女的已婚夫妻通常擁有更高的收入，約高出百分之五。與未婚母親相比，無子女的未婚女性收入高出百分之三十一，財富高出約百分之三十三。未婚無子女的男性收入雖然沒有顯著差異，但他們的財富比有子女的未婚男性高出多達三分之一。[6]

即使一開始帶給她很多困擾，現年七十九歲的瑪西亞仍然不後悔自己選擇不要孩子。「那些對我說：『等你老了，你會後悔』的人，現在我的樂趣就是終於可以對他們說：『我沒有後悔。』」瑪西亞說道。「但是想想，你生孩子是為了讓他們照顧你嗎？那還真自私。然而沒有孩子的人卻被稱為『自私』，只因為他們不生孩子。我有些朋友有孩子和孫子。我聽過許多朋友因孫子而感到痛苦的心聲，孫子到了某個年紀就會對你失去興趣，或者有了自己的生活。這就是時間的流轉。」

與普遍的觀念相反，老年人口的相關研究表示，孤獨或憂鬱不一定與無子女有關。[7]有些沒有子女的人狀況比其他人好。例如，相較於因不孕而無子女的人，選擇無子女的人表示他們的心理健康狀況更好，而無子女的女性通常比無子女的男性表現得更好。一項對美國老年人的研究發現，未婚無子女的男性更容易患有憂鬱症或感孤獨，而老年未婚無子女的女性在晚年的狀況則相當不錯。[8]另一項針對紐西蘭六十三至九十三歲的無子女人口的研究發現，無子女的人通常不會後悔自己的選擇，並形容他們的生活豐富且有意義。[9]

我從來沒有想過要生孩子。在我成長的過程中，我常在玩扮家家酒和玩具娃娃時扮演媽媽，但我知道那只是假裝的。我十一歲時參加了一個課後的育嬰班，有一天他們帶了一個嬰兒來和我們互動，我卻嚇呆了。我當時認為隨著年齡增長，我的感覺會改變，我會生孩子，因為那就是你必須做的事情。當我上大學時，我很清楚知道自己不想要孩子，但同樣的，我認為隨著我越來越老，想法可能會改變。我在二十幾歲時遇到了一個人，他最終成了我的丈夫，我們繼續生活，並推遲生孩子的計畫。

我們討論過這件事，我做出了一個決定，如果到了三十五歲，我仍然有同樣的想法，那麼生孩子的事就不會實現。現在我快四十歲了，我和丈夫都知道我們不想要孩子。我們喜歡和朋友的孩子互動，但不想承擔日常的育兒生活，這對我們來說太困難了。此外，我們也擔心環境和政治狀況，我們更想將精力投入自己喜歡的事情，為那些已出生的孩子們創造一個更美好的世界。在我的家族中，產後憂鬱症的情況非常嚴重，我覺得我無法承受那種痛苦，也擔心我的心理狀態對孩子會產生長期的影響。

生育子女是人生必經的循環，你如果主動跳脫這個循環，就會被視為怪胎。也曾經有人告訴過我，當你抱著孩子、看著孩子望著你的時候，才能真正體會什麼是愛。我認為社會不尊重選擇不要孩子的人所擁有的時間。看到自己的好朋友經歷這種改變人生的旅程是美妙的，但對我來說也是苦澀的，因為我感覺自己無法跟隨她們一起走上那條路。我總是擔心，友誼是否能在身分改變成母親後持續下去，但幸運的是，有時候是我想太多了。

莎莉（Sally）

三十七歲、佛蒙特州、女性、檔案管理員、白人、順性別、異性戀、已婚

當無子女的生活選擇了你

不幸的是，我們並不總是能夠選擇是否要擁有孩子。對一些人來說，就像是埃里克（Erik）和梅麗莎（Melissa），生活有其他計畫。埃里克和梅麗莎的親職觀念不相同。埃里克之前有一個女兒，但她因嚴重的健康問題去世了，埃里克對於養育子女的理想因此破滅。埃里克說：「我不認為懷孕就是解決所有問題的辦法，我對再次擁有孩子感到猶豫。有時事情不會按照你想的那樣發展。」

但對梅麗莎來說，成為母親非常重要，而埃里克也不想剝奪她這個機會，這就是為什麼他要等到準備好再次嘗試後，才向她求婚。梅麗莎三十四歲，埃里克三十五歲時，他們結婚了，且開始嘗試懷孕。他們試了很多年，包括三次試管嬰兒，並且在排除埃里克阻塞的精囊手術過程中嚴重受傷。經過四年半的嘗試，他們決定停止育兒計畫。梅麗莎說：「這感覺就像是生命在告訴你這不適合你，而你卻在強迫自己接受它。等到我四十多歲時，還想繼續經歷這種占據了我三十多歲時的痛苦嗎？我不想再這樣做了。」

「我並沒有覺得重擔被卸下了。」埃里克說道。「我的意思是，從技術上來說，的確卸下了一個重擔，因為我們不再需要做那些事情，但對我來說，感覺就像是『天哪，接下來我們要怎麼辦？』你會擔心你們的關係是否會因此結束。這並不是『哦，太好了，我們完成了。』」埃里克和梅麗莎需要時間，且透過治療才能夠療癒。他們需要悼念失去的生活，才能接受沒有孩子的可能性。他們越談論這件事，就越能夠獲得幫助，因此他們開始透過播客節目《與埃里克和梅麗莎一起過著無子女的生活》（*Live Childfree with Erik and Melissa*）分享他們的故事，與他人建立聯繫。

「這是一個緩慢的過程。我會感到沮喪，因為我仍在處理悲傷，或者事情進展得不夠快，或者我沒有實現心中這個全新的、更好且無子女的梅麗莎的想法。」梅麗莎說道。「我總是把它描述成身分危機。你感覺自己的一部分死了。讓我覺得自己會成為母親的那部分想法正在消逝。我必須悼念我認為未來會有的無數事物，不幸的是，那需要時間。」

不論你是因為某種情況，或是因不孕而選擇不生育子女的生活，如果你之前曾渴望擁有孩子，現在要接受不生育的生活方式時，就需要超越你所學到的育兒傳統教育觀念，放遠目光。一項關於生育推遲而導致永久無子女的順性向女性的小型研究發現，不論是否嘗試受孕，她們都會經歷類似於不孕症患者的悲傷情緒，這意味著當人們無法擁有孩子時，面臨困難的不僅只有不孕症患者。[10]

「很多人只是期望這件事或那件事會發生，當我們到達某個年齡後，事情卻沒有發生。」未養育子女的心理治療師凱蒂・梅娜德（Katie Maynard）說道。她認為重點在於，為自己構建一個超越生殖功能的人生，創造一個符合自己的個人故事。有些人可能會覺得這是一種妥協，但事實並非如此。「妥協是出於恐懼而做出的決定，所以我認為，如果你能把像『如果我找不到任何人』這樣的事情，看作是一種基於恐懼的決定，分析你真正害怕的是什麼，那麼你就能克服它。」她說道。

即使你覺得自己沒有選擇，你仍然可以決定自己的生活，即使這意味著不能得到你想要的事物。「我們聽過很多人說，他們只是想要有人告訴他們，『停下來是沒問題的』」埃里克說。「有時候心理治療師會這樣告訴他們，或者他們最終遇到了像我們這樣的人，但你會覺得來自生活和文化中的每個人都在傳遞訊息給你，告訴你必須堅持到有了孩子為止。生活沒有孩子也可以很美好。只要知道你可以繼續生活下去，無論發生什麼事，你都會好好的。我想很多人認為沒有孩子是世界上最糟糕的事情，但有趣的是，我已經知道我們會繼續生活下去了。」

我和配偶結婚已經九年了。我不想要孩子的部分原因是，我喜歡配偶所有的一切以及我們共度的時光，我不想失去這一切。我們雙薪且無子，所以可以一起度假、去看戲劇表演，或者隨時外出探險。我不想在現有美好的生活中增添一個孩子，打亂全部的計畫。這並不自私。我們並不討厭孩子。

我們已經結婚九年了，儘管我們的父母已經有孫子孫女了，我們依舊常常受到家人的質疑或者被告知「有孫子孫女會很好」。我認為一些家人無法理解我們是出於自願不要孩子，他們誤以為我們有生育問題。目前我們有一個四歲的姪女以寄養兒童的身分和我們一起生活。這是一個緊急安置，已經持續了兩年，而且不是我們主動尋求的。如果最後她需要被收養，我們也已經同意提供長期的照顧。

雖然我堅定維持不生育的承諾，但我的丈夫喜歡說他對此還沒有完全決定，希望保持觀望的態度。我傾向不生育，因此我們已經討論過選擇收養的方式，而且我們不需要在這個世界上增加更多人口了。

梅根（Megan）

三十二歲、內布拉斯加州、女性、公關、白人、順性別、異性戀、已婚

選擇長效避孕方法

三十一歲的漢娜・布魯克斯・奧爾森（Hanna Brooks Olsen）花了七年的時間才找到一位願意幫她進行結紮手術的醫生。而出現在第十七章中的尼克（Nick）只花了一個月的時間，而且這還是因為行程上有衝突，無法提早見到醫生。

「我沒有一刻會意識到『哦，我不想要孩子』。我意識到的是，我想要一個不包含孩子的生活。這不是一個選擇，只是我不想去考慮這個問題。孩子就是不會成為我生活的一部分，」漢娜說。「作為一個年輕人，尤其是作為一個沒有保險的大學生，為了不讓孩子成為我生活的一部分，我經歷了很多的努力和困難。我在使用荷爾蒙避孕控制方法上遇到了很大困難，最後我終於找到一種適合我的方法，但是它的價格昂貴。每一年，我都必須很努力確保生活完全符合我想要的樣子。」

漢娜第一次尋求更永久避孕方法是在二十一歲。顯然，找到願意進行手術的醫生是一個困難的挑戰。「每次我去進行年度檢查並提到『我想談談結紮』時，都會面臨到一種無法確定的情況。醫生們會說『不行，你太年輕了』、『不可以』、『要等到你二十五歲才可以』，然後變成『要等到你結婚才可以』，或者『要等到你三十歲才可以』。」這讓漢娜感到非常憤怒，但她繼續提出要求。然後，在她二十八歲時，換了一位年輕醫生為她看診。他是她第六個詢問的醫生，也是第一個答應她要求的醫生。不久之後，她便進行了手術。

對於選擇不要孩子的異性戀成年人來說，意外懷孕往往是一個主要的壓力源，因此許多人尋求長效或永久的避孕方法。儘管我們很少聽到有關結紮手術的消息，但實際上它是最常使用的避孕方法。近一半的已婚夫妻採用結紮手術，比輸精管切除術更常見的是輸卵管結紮。[11] 然而，超過一半的輸卵管手術會在早產後期進行，該現象表示這些手術與結束生育息息相關，而不是完全用於避孕。即便如此，在生育後要求輸卵管結紮的人中，多達百分之五十的人因年齡、對「後悔」的擔憂，以及宗教相關醫院等原因而遭到拒絕。[12]

輸卵管結紮需要一種稱為「腹腔鏡手術」的門診手術程序，過程中，醫生會在肚臍和腹部上切開幾個小口。全身麻醉後，外科醫生會燒掉輸卵管，藉由形成疤痕來防止卵子通過，或者使用金屬夾子封堵輸卵管，又或者移除部分或全部的輸卵管。漢娜選擇完全切除她的兩個輸卵管，額外的好處是可以降低卵巢癌的風險。[13]

相較之下，輸精管結紮手術切斷輸送精子的輸精管，甚至更不具侵入性，通常只需要去醫生辦公室一趟即可。在手術過程中，你會維持清醒，醫生會將麻醉藥注射到陰囊，麻醉任何可能感到的疼痛。一旦麻醉後，手術進程快速，不會超過三十分鐘，你可能只會感到一些壓力。結紮手術的效果高達百分之九九・七。需要再次進行結紮手術的人不到百分之〇・三。併發症發生的機率不到百分之二。為了確保結紮成功，醫生可能會要求你在手術後兩到三個月進行精液分析。精液分析的結果若為陰性，懷孕的風險為兩千分之一。[14]

一般認為輸卵管結紮和精索結紮手術是永久性的避孕方法。如果你改變主意，決定以後還要生育孩子，雖然或許還有可能，但肯定不容易。與結紮手術相較之下，逆轉結紮手術的成功率較低。結紮手術逆轉最常見的原因是離婚和再婚。在無法逆轉結紮手術的情況下，醫生可以藉由微創手術來提取精子。之後需進行人工授精或體外受精來懷孕，所需的生育治療方式取決於提取的精子數量和品質。輸卵管手術則更難逆轉。如果你在輸卵管結紮後決定要生孩子，你將需要進行體外受精，從卵巢中提取卵子，然後再將精子植入子宮，但這並不能保證成功懷孕。

除了永久結紮手術之外，長效的避孕方法還包括放置在手臂內的避孕植入物，以及放置在子宮內的宮內節育器（IUD）。對於賀爾蒙避孕藥耐受不良的人來說，銅質的宮內節育器可能是一個更好的選擇。考量到賀爾蒙避孕藥帶來的痛苦，漢娜選擇銅質宮內節育器，並打算放置到能移除輸卵管為止。宮內節育器的插入過程可能會有疼痛感，因此找一個能讓你感到舒服，且願意談論疼痛控制的醫生很重要。有些醫生在手術時會提供輕度鎮靜、處方疼痛

結紮手術時的情況

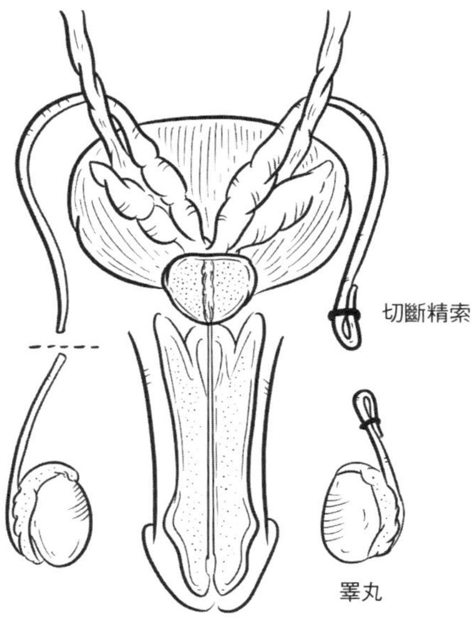

結紮手術時的情況

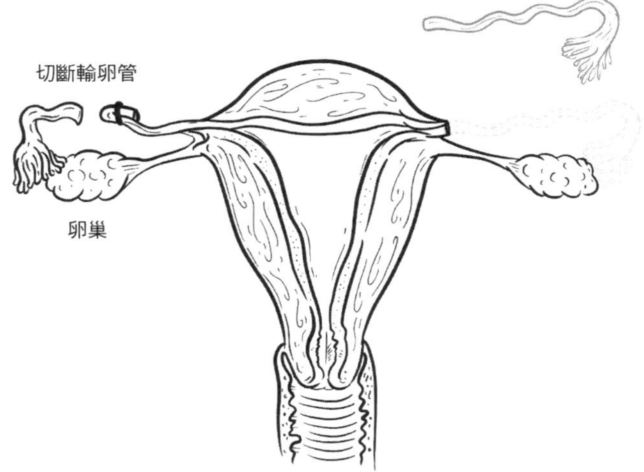

藥或肌肉鬆弛劑。不同品牌的宮內節育器使用年限不同，因此重要的是知道你的設備可以持續多久，並及時更換，以達防止懷孕的最佳效果。在無保護性行為的第一年內，輸卵管結紮後的失敗率（即懷孕率）為每百人〇・五，而基於賀爾蒙的宮內節育器為每百人〇・二，銅質宮內節育器為每百人〇・八，植入式避孕棒為每百人〇・〇五，輸精管結紮手術為每百人〇・一五。[15]

對於漢娜和許多其他選擇不要孩子的人來說，結紮手術是最好的選擇。她們並不後悔，而是擺脫了育兒的重擔。「我覺得人們非常努力地說服自己，生孩子就是他們想要的生活方式。」漢娜說。「對於還沒有下定決心的人來說，感覺這些人好像都非常快

宮內節育器的樣貌

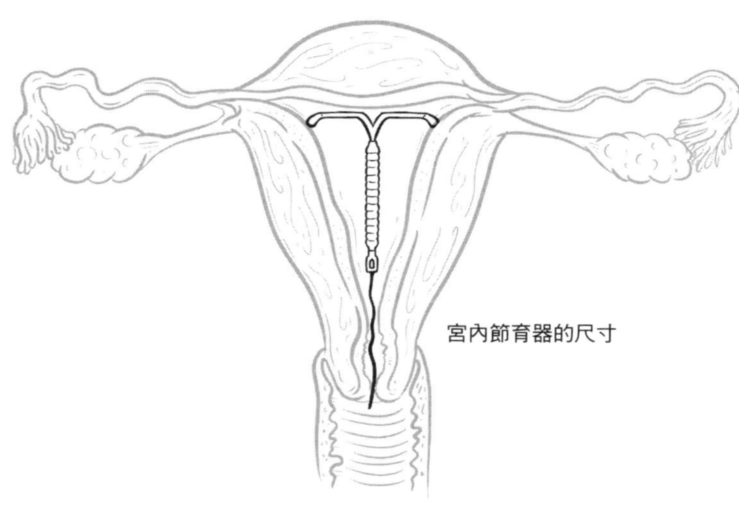

樂。他們一直在談論這個，告訴我生孩子有多麼棒。他們一定知道我不知道的事情。當你感到有些猶豫不決時，你會想知道是否有一部分你不了解的自己遺失了。各種大規模的廣告宣傳活動存在著，父母們正在遊說你，不一定要生自己的孩子，而是要讓你相信擁有孩子是正確的決定。」

我在三十多歲時得出不想要孩子的結論。我在年輕時曾猶豫不決。二十多歲時，我以為或許自己也像其他人一樣，想要一兩個孩子，因為那是一種傳統。隨著年紀增長，我的朋友們紛紛生下孩子，我意識到自己不想過那樣的生活。基本上，這是一個生活方式的問題。我不想做我看到的好父母在做的事情。我不想去看七歲小孩的足球比賽，清晨七點站在寒冷的球場上和其他父親聊天，看著糟糕的足球比賽。我就是不想做這些事。

當你和三十多歲的女性約會時，她們通常在尋找一位可能成為她們孩子父親的人。日復一日，我們會討論這個問題。我會說我不想要孩子，她們可能會因此生氣，或者會試圖說服我，有孩子是一件很棒的事情。我不想欺騙她們。我希望對我來說這個問題已經解決了，這樣她們就知道我們不會有孩子，至少不是用我的精子。

我在四十二歲時進行了結紮手術。手術過程有些不舒服。我躺在手術床上，做了局部麻醉。你可以感覺到下面有些事情在進行，但並不痛苦。整個手術大約花了十五分鐘。康復過程是最痛苦的。我坐在類似冰袋的東西上，持續了一天半，還是兩天。

強尼（Johnnie）

五十八歲、加州、男性、喜劇演員、黑人、順性別、訂婚

結語：那你打算什麼時候要孩子？

三十五歲的妮可（Nicole）已懷孕八個月，雖然這在她的計畫之中，但她仍然不確定生孩子是否是個正確的決定。妮可在二十多歲時，就知道自己還沒準備好要孩子，這也讓她得以追求創業家的職業生涯，攻讀博士學位課程——如果早些生孩子，她認為這些都是她無法做的事情。儘管妮可很滿意自己選擇在這個年紀生孩子，而且也有穩定的經濟，但她的內心仍然對這個選擇存疑。

「看著我的伴侶和孩子相處讓我意識到，嗯，我真的希望和這個人一起做這件事，因為他將成為一個很棒的父親。但就我們所處的情況來說，包括氣候變化等等，我不知道我們的選擇是否正確。」妮可說道。「對我來說，我可能永遠不必有孩子。我認為我的矛盾情感讓我很難反對這一點，因為我沒有很明確的意見。」

延遲組建家庭讓你有時間做出有意識的決定，思考是否準備好開始新的階段，但同時也有顯著的缺點：對可能失去的東西懷有超高的敏感度。數十年前，人們在完成學業後立即生孩子，他們沒有時間培養那些以後會想念的自由感。然而現今，相較於生孩子的收穫，我們更容易看到因為生孩子所付出的犧牲。那麼人們是如何下定決心，決定要生孩子呢？

一種解釋是「生育傳染」。研究發現兄弟姐妹、朋友甚至同事之間存在著生育的傳染模式。你可能也注意到類似的現象；一個朋友懷孕了，然後又有另一個朋友懷孕，突然之間，似乎每天都會在社群媒體上看到懷孕公告。社會學家尼科萊塔．巴爾博（Nicoletta Balbo）博士和尼古拉．巴爾班（Nicola Barban）博士認為，人們可能會將等待生育作為一種「節省成本」的策略，以此降低可能跟不上別人的感覺。觀察那些已生下孩子的朋友或兄弟姐妹，也可以讓你在決定之前先嘗試一下，看看和你類似的人在面對各種育兒需求時付出了多少。當你的朋友開始生孩子時，你有孩子的機率將在大約兩年後達到高峰，然後就會逐漸減少。[1]有小孩的兄弟姐妹對你的影響更明顯，在他們生孩子後的兩年內，你想要生孩子的機會將會提升。然而三年後，這種影響就不明顯了。[2]至於同事，辦公室的生育率通常在員工生孩子後的一年內增加，在第二年之後逐漸減少。[3]不論哪一個群體，最明顯受到影響的，是本來就傾向要孩子的人。

我是一個有三週大寶寶的媽媽，所以這些想法在我心中仍然非常新鮮！我丈夫和我決定要孩子，因為我們想要體驗當父母的喜悅。我們兩個都有很棒的父母，在充滿愛和支持的家庭中長大。我們期待看著兒子成長，向他展示這個世界，與他一起學習。對我們來說，擁有孩子就像是一個「人生的巔峰體驗」，我們不想錯過。

我們還處於非常初期的階段，毫無疑問地會面臨許多困難。睡眠不足和哺乳是最不容易的部分。但我確實感覺到，懷孕九個月、分娩和照顧他三週的經歷，以從未有過的方式打開了我的心房。我感到與整個人類更緊密相連，對自己在這個世界上寶貴且有限的時間更加敏感。如果可以改變些什麼，或許我會考慮更早要孩子。但基於我的財務狀況、與伴侶的關係，還有我自己的情感成熟度和心理健康來看，這實際上是不可能的。我看著我的父母作為七旬祖父母的樣子，意識到兒子從高中畢業之前，我將年過半百；我希望自己有更多年輕有活力的時光可以和他共度。

艾莉（Ali）

三十三歲、馬里蘭州、女性、白人、順性別、已婚最終，人們真正想知道的，是孩子是否會使他們快樂。如果我要推動一個理念，我可以輕易找到一個研究，表明擁有孩子會使人們快樂。同樣的，我也可以輕易引用研究結果來表示相反的觀點。那麼是什麼原因造成這樣的結果呢？生育孩子是否會使你快樂？答案當然是複雜的。但在我們深入研究之前，值得探討的是，為什麼要確定育兒是否帶來幸福如此困難。我們可以把幸福想像為智力。還記得學校裡那些不用讀書就能得到優等的孩子嗎？有些人天生就有理解、保持和回憶資訊的能力，而其他人必須努力學習才能得到優等。幸福也是如此。有些人天生就很「自然的」快樂；這是遺傳、環境和社會規範等因素交織而成的結果。這造就了一種難題，很難說是孩子讓父母快樂，還是快樂的人才生育孩子。

針對一百八十萬名美國人進行的調查發現，不論有沒有孩子，主觀幸福感幾乎沒有太大的差異。父母表示喜悅和壓力都有增加，這些經歷往往相互抵消。更高幸福感的父母也更可能已婚、更富裕、教育程度更高、信仰更虔誠及更健康，這些因素都會增加幸福感，無論是否有孩子。他們發現育兒與生活評估之間，只有輕微的負面關聯，愉悅感則受到更多正面和負面的影響。研究結論，若人們希望讓自己的生活「盡可能好」，且能以客觀的方式想像自己有孩子和沒有孩子的生活，那麼相信即使面臨種種挑戰，生活也會因孩子而豐富的人，很可能對自己的選擇感到滿意。同樣的，那些覺得沒有孩子的生活已經完整的人，不會後悔放我渴望擁有孩子，但對於可能面臨的困難，我感到猶豫不決。然而，很多父母似乎都能應對這些挑戰，這讓我思考是否有必要這麼猶豫。至今，我尚未聽到有人生了孩子後感到後悔的故事，我只聽到父母不斷抱怨育兒的艱難，每個階段都伴隨各種挑戰。表達真實的情感很正常，我想我只是沒在他們談論這個過程中較為正面的部分的時候在場。

我覺得我會成為一個好父母，我會全心全意努力並修正失誤。我和妻子坦誠地討論各自對成為父母的感受，但尚未有個明確的方向。我擔心我會期望孩子和育兒能夠為我的生活帶來滿足，但同時我也覺得生活中的任何事情都會有這樣的陷阱，只要你意識到了，就可以做出修正。感覺幾年之內，生理上的現實將為我們做出決定。

喬爾（Joel）

三十六歲、阿拉巴馬州、男性、白人、順性別、已婚與其將孩子視為帶來幸福的傳遞者，將孩子視為變革的推動者可能更有用。父母們表示，擁有孩子是他們生命中「最正面的事件」，百分之九十四的父母表示擁有孩子是值得的。[5] 然而，尤其是年幼的孩子並不能提升父母的幸福感。相對於選擇不生育的人，擁有十八歲以下子女的父母，往往表示他們擁有更多的困擾，包括婚姻滿意度下降、憂鬱、經濟壓力以及工作與生活平衡方面的問題。[6]

擁有孩子會帶來滿足感的提升，但這種提升並不會在整個人生中持續下去。根據來自英國、德國和澳大利亞的研究數據顯示，無論是男性還是女性，在懷孕和孩子出生的第一年期間，都會感受到滿足感的增加，但在孩子出生後的頭兩年內，這種滿足感就會回到懷孕前的水平。第二個孩子出生也會呈現類似的情況，但第二個孩子帶來的生活滿足感不如第一個孩子持久。[7] 當考慮要生多少個孩子時，那些在第一個孩子出生後表示幸福感下降的人，不太可能再要更多孩子。[8] 此外，隨著孩子的增加，與生育有關的「生活意義」並不會增加。[9]

你如何進入育兒階段也很重要。意外懷孕生下孩子往往被認為更具壓力，並導致憂鬱症狀增加和幸福感下降。[10] 與年輕的父母相較之下，那些年紀較大才育兒的人，更可能提升生活的滿足感。[11]

我們的大腦在面對育兒時也扮演著一定的角色，所以儘管你可能想提前做好準備，但有些事情是無法預先計畫的。當我們成為父母時，我們的大腦會發生變化。父母會產生更多催產素，這是一種與親密和信任有關的賀爾蒙，並且在大腦與情緒、注意力、警覺和獎勵相關的區域中更加活化。儘管過去認為這種「育兒網絡」僅激發生理女性去培養和保護自己的孩子，但研究表示，無論性別如何，只要是父母都會啟動這種網絡。一項研究觀察了順性別的異性戀伴侶和男同性伴侶，發現啟動大腦的育兒網絡並非由性別決定，而是由你花多少時間照顧孩子而決定的。[12]這種電路存在於我們每個人的體內，並且隨著你對孩子的關心程度而發展。

說實話，我兩個孩子都是意外懷孕的，所以從技術上來說，我並沒有選擇的餘地。我一直在等待準備好的完美時機，但現在我相信沒有人能完全準備好開始要孩子。我在二十五歲時有了第一個孩子，而第二個孩子預計在今年年底出生，屆時我已經二十七歲了。

我一直知道自己想要孩子。唯一改變的是，我曾經覺得我想要更多孩子，希望自己在較年輕的時候生育小孩。現在我知道，兩個孩子就夠了，而且在這個年紀，我準備得更充分。我真的喜歡當母親。我每天都和兒子待在家裡，我們可以一起玩、看電視，或者去看望他非常喜愛的奶奶。有時候，我們只是躺在一起擁抱，對我來說這一切就值得了。看著一個嬰兒從頭也抬不起來的小娃娃，成長為會行走、會說話的幼兒，令人感到驚奇。觀察他的思維如何發展，他正在學習什麼新技能，這一切都十分吸引人。顯然，並不是所有關於育兒的事情都總是有趣的，但我不覺得我會改變任何事情。

我很幸運遇見了我的丈夫，他一直是我們婚姻中積極參與的一員。我知道自己不想陷入一段需要承擔所有或大部分工作的關係裡，而他從不會讓我有這種感覺。他去上班時，由我來承擔所有的育兒責任，但他一回到家後就立刻和我一起育兒。

塔拉（Tara）

二十七歲、賓州、女性、全職主婦、白人、順性別、異性戀、已婚最終，快樂的一大部分取決於期望。如果我告訴你，我會給你一百美元，但最終只給你五十美元，你可能會感到失望。但如果我告訴你，我會給你二十五美元，然後給你五十美元，你則會感到開心。在這兩種情況下，你都得到了五十美元，這顯示了快樂與價值無關，而與期望有關。

當父母感到後悔時，通常是因為他們對於育兒的期望與現實不符。根據蓋洛普（Gallup）的一項調查，如果能再選擇一次，有百分之七的美國父母不會選擇生孩子。[13] 然而，研究父母的後悔感並不容易，因為承認後悔擁有孩子，在社會上是個禁忌。人們會根據他們認為社區中其他人的感受，調節自己的情感，這會導致認為自己偏離正常感受，而感到羞愧、內疚和尷尬。因此，儘管父母在個人層面上可能後悔生育，但他們往往避免表達出來，因為這抵觸了文化上他們應具備的情感規範。

有些人澈底後悔生育孩子，有些人則為育兒相關的情況感到後悔。那些後悔生育的人，往往視孩子為重重的困難，認為自己是不好的父母，或者哀痛自己失去了擁有孩子之前的生活。而那些因育兒情況而感到後悔的人，則常常希望他們能夠改變生孩子的時間、擁有的孩子數量、與育兒相關的犧牲、他們的伴侶或社會環境。[14]

歸根結底，你可能永遠無法對自己的決定，感到百分之百的自信。畢竟，就算是最堅定的意志，也會因時間和情況而改變。你所能做的就是在這一刻做出自己感覺正確的決定，同時承認情感可能產生變化，或許可以設立一些防範措施，以防萬一。

如果你對於要不要孩子這件事仍然感到困惑，可以花些時間寫下自己的想法，解決這本書中探討的一些重要問題：

- 我被教導了哪些有關育兒的觀念，它們如何形塑我的看法？
- 哪些外部因素會影響我的決策？在考慮這些因素的情況下，我可以做些什麼 來增強自己的能力？
- 如果我現在無法做出承諾，是否想保留自己的生育能力，以增加將來懷上親生孩子的機會？
- 我是否需要與孩子建立生物或法律關係才能感到滿足？是否有其他方式參與育兒的生活，如繼親、指導或寄養，同樣可以帶來價值和滿足感？
- 我對與育兒相關壓力的期望是否切實？
- 我是否願意接受未來生活可能改變，還是對目前的狀態感到滿意？

決定是否要生孩子是你一生中的第一個，也可能是最終的育兒決定。我們無法預測自己或孩子的未來。我們所能做的就是盡力而為。

致謝

感謝所有花時間與我分享故事和專業知識的人，這本書若沒有你們就不可能存在。感謝你們的信任。能夠講述你們的故事，真的是我一生中最大的榮幸。

感謝我的經紀人史黛西・特斯塔（Stacy Testa），感謝你對這個項目的支持和推動，感謝你在我失去信心的時候仍然相信我。你和寫作者之家（Writer's House）團隊不斷的支持和代言，使這個項目得以實現。

感謝真音多媒體（Sounds True）團隊，在這個項目中提供的所有指導和工作。黛安娜・文蒂米莉亞（Diana Ventimiglia），是你的熱情讓我接觸到真音多媒體公司的團隊。感謝你的引導。葛雷特爾・哈坎森（Gretel Hakanson），你讓編輯過程成為一個絕對的夢想，對此我永遠感激不盡。杰德拉・賽爾斯（Jade Lascelles）、麗莎・可倫斯（Lisa Kerans）、修瑪・阿克塔爾（Huma Ahktar）、梅雷迪斯・杰勒特（Meredith Jarrett）、梅林・艾凡思（Merlin Evans）、葛雷森・托勒（Grayson Towler）和吉爾・羅傑斯（Jill Rogers），感謝你們將我的思想和文字轉化為一本實際的書。當然還要感謝真音多媒體的市場營銷和公關團隊，莎曼沙・薩克斯（Samantha Sacks）、麥克・奧諾拉托（Mike Onorato）和克洛伊・普史威茲（Chloe Prusiewicz），感謝你們幫助將這本書推向世界。

在撰寫這本書的這一年中，我遇到了各種挑戰。我最深的感激要獻給那些在這一年中讓我保持理智的人。羅莉（Lori），在我陷入悲傷的深淵時拉我一把，為這本書提供了空間。卡洛琳・瑞里（Caroline Reilly），你的友誼是最珍貴的禮物。安潔莉卡・卡塔拉諾（Angelica Catalano），你是我的啦啦隊長和信任的朋友。瑞尼・法比安（Renèe Fabian），即使你已不在我的團隊中，你仍然是我的得力助手。還有我的妹妹泰勒・戴維森（Taylor Davidson），從扮演護士到實際拯救生命，我非常感激在我生命中有你們。

當然，如果沒有我的父母凱倫・福格特（Karen Vogt）和麥克・戴維森（Michael Davidson），我就不會存在這裡，感謝他們決定要生孩子（至少他們這樣告訴我）。我很幸運，因為我的父母和我的祖母米里雅姆（Miriam）不僅激發了我對書的終身迷戀，還鼓勵我追求這份熱愛。

還有我的伴侶札克・偉德加（Zack Whittaker），這本書是獻給你的，是你的愛和支持讓我度過了這個過程。感謝你給我的空間和鼓勵，讓我追尋夢想。

注釋

引言

1. Thomas J. Mathews and Brady E. Hamilton, "Mean Age of Mothers Is on the Rise: United States, 2000–2014," *NCHS Data Brief* 232 (2016): 1–8.
2. Quoctrung Bui and Claire Cain Miller, "The Age That Women Have Babies: How a Gap Divides America," *New York Times*, August 4, 2018.

01 伺機而動

1. Joyce A. Martin et al., *Births: Final Data for 2019*, National Vital Statistics Reports 70, no. 2 (Hyattsville, MD: National Center for Health Statistics, 2021), 1–51.
2. Melanie Hanson, "Average Student Loan Debt," Education Data, July 10, 2021, educationdata.org/student-loan-debt-statistics; "Housing Data," Zillow, 2021, zillow.com/research/data/; Simon Workman and Mathew Brady, "The Cost of Child Care During the Coronavirus Pandemic," Center for American Progress, September 3, 2020, americanprogress.org /article/cost-child-care-coronavirus-pandemic/.
3. Lauren Jade Martin, "Delaying, Debating and Declining Motherhood," *Culture, Health & Sexuality* (2020): 1–16.
4. Andrew J. Cherlin, David C. Ribar, and Suzumi Yasutake, "Nonmarital First Births, Marriage, and Income

Inequality," *American Sociological Review* 81, no. 4 (2016): 749–70.

5. Chris Knoester, "Transitions in Young Adulthood and the Relationship Between Parent and Offspring Well-Being," *Social Forces* 81, no. 4 (2003): 1431–58.

6. Martin, "Delaying, Debating," 1–16.

7. Mikko Myrskyla and Rachel Margolis, "Happiness: Before and After the Kids," *Demography* 51, no. 5 (2014): 1843–66.

8. John Mirowsky and Catherine E. Ross, "Depression, Parenthood, and Age at First Birth," *Social Science & Medicine* 54, no. 8 (2002): 1281–98.

9. Christine Overall, *Why Have Children? The Ethical Debate* (Cambridge, MA: MIT Press, 2012).

10. D'Vera Cohn and Gretchen Livingston, "The New Demography of American Motherhood," Pew Research Center, May 6, 2010, pewresearch.org/social-trends/2010/05/06/the-new-demography-of -american-motherhood/.

11. Lawrence B. Finer and Mia R. Zolna, "Declines in Unintended Pregnancy in the United States, 2008–2011," *New England Journal of Medicine* 374, no. 9 (2016): 843–52.

12. Debra Friedman, Michael Hechter, and Satoshi Kanazawa, "A Theory of the Value of Children," *Demography* 31, no. 3 (August 1994): 375–401.

13. Amy L. Byers, Becca R. Levy, Heather G. Allore, Martha L. Bruce, and Stanislav V. Kasl, "When Parents Matter to Their Adult Children: Filial Reliance Associated with Parents' Depressive Symptoms," *The Journals of Gerontology Series B: Psychological Sciences and Social Sciences* 63, no. 1 (2008): 33–40.

14. Mark Lino et al., *Expenditures on Children by Families, 2015*, miscellaneous report no. 1528–2015 (Alexandria, VA: United States Department of Agriculture, Center for Nutrition Policy and Promotion, 2017).
15. Emily A. Greenfield and Nadine F. Marks, "Linked Lives: Adult Children's Problems and Their Parents' Psychological and Relational Well-Being," *Journal of Marriage and Family* 68, no. 2 (May 2006): 442–54.
16. Karen L. Fingerman, Yen-Pi Cheng, Kira Birditt, and Steven Zarit, "Only as Happy as the Least Happy Child: Multiple Grown Children's Problems and Successes and Middle-Aged Parents' Well-Being," *Journals of Gerontology Series B: Psychological Sciences and Social Sciences* 67, no. 2 (2012): 184–93.
17. Joan R. Kahn, Frances Goldscheider, and Javier Garcia-Manglano, "Growing Parental Economic Power in Parent–Adult Child Households: Coresidence and Financial Dependency in the United States, 1960– 2010," *Demography* 50, no. 4 (2013): 1449–75.
18. Robert F. Schoeni and Karen E. Ross, *Material Assistance from Families During the Transition to Adulthood* (Chicago: University of Chicago Press, 2008).
19. Julia Moore, "Facets of Agency in Stories of Transforming from Childless by Choice to Mother," *Journal of Marriage and Family* 79, no. 4 (2017): 1144–59.
20. Rachel G. Riskind and Samantha L. Tornello, "Sexual Orientation and Future Parenthood in a 2011–2013 Nationally Representative United States Sample," *Journal of Family Psychology* 31, no. 6 (2017): 792; Geva Shenkman, Henny Bos, and Shir Kogan, "Attachment Avoidance and Parenthood Desires in Gay Men and Lesbians and Their Heterosexual Counterparts," *Journal of Reproductive and Infant Psychology* 37, no. 4 (2019): 344–57.

21. Jorge Gato, Sara Santos, and Anne Marie Fontaine, "To Have or Not to Have Children? That Is the Question: Factors Influencing Parental Decisions among Lesbians and Gay Men," .*Sexuality Research and Social Policy*.14, no. 3 (2017): 310–23.

22. Rebecca L. Stotzer, Jody L. Herman, and Amira Hasenbush, "Transgender Parenting: A Review of Existing Research," Williams Institute, October, 2014, williamsinstitute.law.ucla.edu/publications /transgender-parenting/.

23. Samantha L. Tornello and Henny Bos, "Parenting Intentions among Transgender Individuals," *LGBT Health* 4, no. 2 (2017): 115–20.

24. Damien W. Riggs and Clare Bartholomaeus, "Fertility Preservation Decision-Making Amongst Australian Transgender and Non-Binary Adults," *Reproductive Health* 15, no. 1 (2018): 1–10.

25. Lois W. Hoffman and Martin L. Hoffman, *The Value of Children to Parents: Psychological Perspectives on Population* (New York: Basic Books, 1973).

26. Gisela Trommsdorff and Bernhard Nauck, *The Value of Children in Cross-Cultural Perspective: Case Studies from Eight Societies* (Lengerich: Pabst Science, 2005).

27. Sharon K. Houseknecht, "Timing of the Decision to Remain Voluntarily Childless: Evidence for Continuous Socialization," *Psychology of Women Quarterly* 4, no. 1 (1979): 81–96; Monika Mynarska, Anna Matysiak, Anna Rybi.ska, Valentina Tocchioni, and Daniele Vignoli, "Diverse Paths into Childlessness over the Life Course," *Advances in Life Course Research* 25 (2015): 35–48; Kristin Park, "Choosing Childlessness: Weber's Typology of Action and Motives of the Voluntarily Childless," *Sociological Inquiry* 75, no. 3 (2005): 372–402.

28. Icek Ajzen and Jane Klobas, "Fertility Intentions: An Approach Based on the Theory of Planned Behavior,"

Demographic Research 29 (2013): 203–32.

29. S. Philip Morgan and Christine A. Bachrach, "Is the Theory of Planned Behaviour an Appropriate Model for Human Fertility?" *Vienna Yearbook of Population Research* 9 (2011): 11–18.

02 育兒的欲望從哪裡來？

1. Richard Dawkins, *The Selfish Gene,* (Oxford, UK: Oxford University Press, 1989).
2. Steven Pinker, "Against Nature," *Discover* (1997), discovermagazine.com /health/against-nature.
3. Robert Sapolsky, "A Gene for Nothing," *Discover* 18, no. 10 (1997): 40–46.
4. S. Philip Morgan and Rosalind Berkowitz King, "Why Have Children in the 21st Century? Biological Predisposition, Social Coercion, Rational Choice," *European Journal of Population* 17, no. 1 (2001): 3–20.
5. Morgan, "Why Have Children?" 3–20.
6. Miri Scharf and Ofra Mayseless, "Buds of Parenting in Emerging Adult Males: What We Learned from Our Parents," *Journal of Adolescent Research* 26, no. 4 (March 14, 2011): 479–505.
7. Kim Bartholomew and Leonard M. Horowitz, "Attachment Styles among Young Adults: A Test of a Four-Category Model," *Journal of Personality and Social Psychology* 61, no. 2 (August 1991): 226.
8. Jonathan Mohr and Skyler Jackson, *Handbook of Attachment: Theory, Research, and Clinical Applications,* 3rd ed. (New York: Guilford Publications, 2016), 484–506.
9. Robyn A. Zakalik and Meifen Wei, "Adult Attachment, Perceived Discrimination Based on Sexual Orientation, and Depression in Gay Males: Examining the Mediation and Moderation Effects," *Journal of Counseling*

Psychology 53, no. 3 (2006): 302.

10. Kristin D. Mickelson, Ronald C. Kessler, and Phillip R. Shaver, “Adult Attachment in a Nationally Representative Sample,” *Journal of Personality and Social Psychology* 73, no. 5 (1997): 1092.

11. Eva-Maria Merz, “Fertility Intentions Depend on Intergenerational Relations: A Life Course Perspective,” *Family Science* 3, no. 3–4 (2012): 237–45.

12. William S. Rholes, Jeffry A. Simpson, and Barbara S. Blakely, “Adult Attachment Styles and Mothers' Relationships with Their Young Children,” *Personal Relationships* 2, no. 1 (1995): 35–54.

13. W. S. Rholes et al., “Adult Attachment Styles, the Desire to Have Children, and Working Models of Parenthood,” *Journal of Personality* 65 (1997): 357–85.

14. Geva Shenkman, Henny Bos, and Shir Kogan, “Attachment Avoidance and Parenthood Desires in Gay Men and Lesbians and Their Heterosexual Counterparts,” *Journal of Reproductive and Infant Psychology* 37, no. 4 (2019): 344–57.

15. Tina Lavender et al., “Nature Makes You Blind to the Risks: An Exploration of Women's Views Surrounding Decisions on the Timing of Childbearing in Contemporary Society,” *Sexual & Reproductive Healthcare* 6, no. 3 (2015): 157–63.

16. Rosanna Hertz, *Single by Chance, Mothers by Choice: How Women Are Choosing Parenthood Without Marriage and Creating the New American Family* (New York: Oxford University Press, 2006).

17. Clare Bartholomaeus and Damien W. Riggs, “Daughters and Their Mothers: The Reproduction of Pronatalist Discourses Across Generations,” *Women's Studies International Forum* 62 (2017): 1–7.

18. Angela R. Baerwald, Gregg P. Adams, and Roger A. Pierson, "Ovarian Antral Folliculogenesis During the Human Menstrual Cycle: A Review," *Human Reproduction Update* 18, no. 1 (2012): 73–91.
19. Richard A. Settersten Jr. and Barbara Ray, "What's Going On with Young People Today? The Long and Twisting Path to Adulthood," *The Future of Children* (2010): 19–41.
20. Julia Moore and Patricia Geist-Martin, "Mediated Representations of Voluntary Childlessness, 1900–2012," *The Essential Handbook of Women's Sexuality* (Santa Barbara: Praeger, 2016), 233–51.
21. Marie Van Vorst, *The Woman Who Toils: Being the Experiences of Two Ladies as Factory Girls* (New York: Doubleday, Page & Company, 1905).
22. Settersten and Ray, "What's Going On?," 19–41.
23. Arland Thornton and Linda Young-DeMarco, "Four Decades of Trends in Attitudes Toward Family Issues in the United States: The 1960s Through the 1990s," *Journal of Marriage and Family* 63, no. 4 (2001): 1009–37.
24. Robert H. Frank, *Falling Behind: How Rising Inequality Harms the Middle Class* (Berkeley: University of California Press, 2013).
25. Judith Blake, *Coercive Pronatalism and American Population Policy* (Berkeley: International Population and Urban Research, University of California, 1973).
26. Jessica Semega et al., "Income and Poverty in the United States: 2019," United States Census Bureau, September 15, 2020, census.gov/library /publications/2020/demo/p60-270.html.
27. A. W. Geiger, Gretchen Livingston, and Kristen Bialik, "6 Facts about U.S. Moms," Pew Research Center, May 8, 2019, pewresearch.org/fact-tank /2019/05/08/facts-about-u-s-mothers/.

28. Decennial Censuses, 1890 to 1940 and Current Population Survey, Annual Social and Economic Supplements, 1947 to 2020, United States Census Bureau, census.gov/history/www/genealogy/decennial_census_records/.

29. Andrew J. Cherlin, "American Marriage in the Early Twenty-First Century," *The Future of Children* (2005): 33–55.

30. Decennial Censuses, 1890 to 1940.

31. Elizabeth Wildsmith, Jennifer Manlove, and Elizabeth Cook, "Dramatic Increase in the Proportion of Births Outside of Marriage in the United States from 1990 to 2016," Child Trends, 2018, childtrends.org /publications/dramatic-increase-in-percentage-of-births-outside-marriage -among-whites-hispanics-and-women-with-higher-education-levels.

03 應付外界期望

1. Lisa Kiang, Terese Glatz, and Christy M. Buchanan, "Acculturation Conflict, Cultural Parenting Self-Efficacy, and Perceived Parenting Competence in Asian American and Latino/a Families," *Family Process* 56, no. 4 (2017): 943–61.

2. Jennifer Hickes Lundquist, Michelle J. Budig, and Anna Curtis, "Race and Childlessness in America, 1988–2002," *Journal of Marriage and Family* 71, no. 3 (2009): 741–55.

3. David B. Seifer, Linda M. Frazier, and David A. Grainger, "Disparity in Assisted Reproductive Technologies Outcomes in Black Women Compared with White Women," *Fertility and Sterility* 90, no. 5 (2008): 1701–10.

4. Rosario Ceballo, Erin T. Graham, and Jamie Hart, "Silent and Infertile: An Intersectional Analysis of the

Experiences of Socioeconomically Diverse African American Women with Infertility," *Psychology of Women Quarterly* 39, no. 4 (2015): 497–511.

5. Fady I. Sharara and Howard D. McClamrock, "Differences in In Vitro Fertilization (IVF) Outcome Between White and Black Women in an Inner-City, University-Based IVF Program," *Fertility and Sterility* 73, no. 6 (2000): 1170–73.

6. Dawn Marie Dow, *Mothering While Black: Boundaries and Burdens of Middle-Class Parenthood* (Oakland: University of California Press, 2019).

7. Sinikka Elliott and Megan Reid, "Low-Income Black Mothers Parenting Adolescents in the Mass Incarceration Era: The Long Reach of Criminalization," *American Sociological Review* 84, no. 2 (2019): 197–219.

8. "Racial Disproportionality and Disparity in Child Welfare," Child Welfare Information Gateway, 2016, childwelfare.gov/pubs/issue-briefs/racial -disproportionality.

9. Conrad Hackett et al., "The Future Size of Religiously Affiliated and Unaffiliated Populations," *Demographic Research* 32 (2015): 829–42.

10. Sarah R. Hayford and S. Philip Morgan, "Religiosity and Fertility in the United States: The Role of Fertility Intentions," *Social Forces* 86, no. 3 (2008): 1163–88.

11. Maryam Dilmaghani, "Religiosity, Secularity and Fertility in Canada," *European Journal of Population* 35, no. 2 (2019): 403–28.

04 將渴望變成計畫

1. Michael Wagner, Johannes Huinink, and Aart C. Liefbroer, "Running Out of Time? Understanding the Consequences of the Biological Clock for the Dynamics of Fertility Intentions and Union Formation," *Demographic Research* 40 (2019): 1–26.
2. Wagner, "Running Out of Time?" 1–26.

05 育兒的要求和回報

1. Sharon Hays, *The Cultural Contradictions of Motherhood* (New Haven, CT: Yale University Press, 1996).
2. Kei Nomaguchi and Melissa A. Milkie, "Parenthood and Well-Being: A Decade in Review," *Journal of Marriage and Family* 82, no. 1 (2020): 198–223.
3. Julia Moore and Jenna Abetz, " 'Uh Oh. Cue the [New] Mommy Wars': The Ideology of Combative Mothering in Popular U.S. Newspaper Articles about Attachment Parenting," *Southern Communication Journal* 81, no. 1 (2016): 54.
4. Nomaguchi and Milkie, "Parenthood and Well-Being," 198–223.
5. Angie Henderson, Sandra Harmon, and Harmony Newman, "The Price Mothers Pay, Even When They Are Not Buying It: Mental Health Consequences of Idealized Motherhood," Sex Roles 74, no. 11–12 (2016): 512–526.
6. Gretchen Livingston and Kim Parker, "8 Facts about American Dads," Pew Research Center, June 12, 2019, pewresearch.org/fact-tank/2019/06/12 /fathers-day-facts/.

7. "Parenting in America," Pew Research Center, December 17, 2015, pewresearch.org/social-trends/2015/12/17/parenting-in-america/.
8. Meghan A. Lee, Sarah J. Schoppe-Sullivan, and Claire M. Kamp Dush, "Parenting Perfectionism and Parental Adjustment," *Personality and Individual Differences* 52, no. 3 (2012): 454–57.
9. Nomaguchi and Milkie, "Parenthood and Well-Being," 201.
10. James T. Fawcett, "The Value of Children and the Transition to Parenthood," *Marriage & Family Review* 12, no. 3–4 (1988): 11–34.
11. Daniel Kahneman et al., "A Survey Method for Characterizing Daily Life Experience: The Day Reconstruction Method," *Science* 306, no. 5702 (2004): 1776–80.
12. Kei Nomaguchi and Wendi Johnson, "Parenting Stress among Low-Income and Working-Class Fathers: The Role of Employment," *Journal of Family Issues* 37, no. 11 (2016): 1535–57.
13. Kei Nomaguchi, "Parenthood and Psychological Well-Being: Clarifying the Role of Child Age and Parent-Child Relationship Quality," *Social Science Research* 41, no. 2 (2012): 489–98.
14. Suniya S. Luthar and Lucia Ciciolla, "What It Feels Like to Be a Mother: Variations by Children's Developmental Stages," *Developmental Psychology* 52, no. 1 (2016): 143.
15. Ann Meier et al., "Mothers' and Fathers' Well-Being in Parenting Across the Arch of Child Development," *Journal of Marriage and Family* 80, no. 4 (2018): 992–1004.
16. Debra Umberson, Tetyana Pudrovska, and Corinne Reczek, "Parenthood, Childlessness, and Well-Being: A Life Course Perspective," *Journal of Marriage and Family* 72, no. 3 (2010): 612–29.

17. Ranae J. Evenson and Robin W. Simon, "Clarifying the Relationship Between Parenthood and Depression," *Journal of Health and Social Behavior* 46, no. 4 (2005): 341–58.

18. Nomaguchi and Milkie, "Parenthood and Well-Being," 198–223.

06 家庭計畫與人際關係

1. E. Kurdi, "Many Couples Need Just One Conversation to Decide Not to Have Children" (paper, Annual Meeting of the British Sociological Association in Leeds, April 25, 2014).

2. Maria Iacovou and Lara Patricio Tavares, "Yearning, Learning, and Conceding: Reasons Men and Women Change Their Childbearing Intentions," *Population and Development Review* 37, no. 1 (2011): 89–123.

3. Wesley Durham and Dawn O. Braithwaite, "Communication Privacy Management Within the Family Planning Trajectories of Voluntarily Child-Free Couples," *Journal of Family Communication* 9, no. 1 (2009): 43–65.

4. Abbie E. Goldberg, Jordan B. Downing, and April M. Moyer, "Why Parenthood, and Why Now? Gay Men's Motivations for Pursuing Parenthood," *Family Relations* 61, no. 1 (2012): 157–74.

5. Debra Umberson, Tetyana Pudrovska, and Corinne Reczek, "Parenthood, Childlessness, and Well-Being: A Life Course Perspective," *Journal of Marriage and Family* 72, no. 3 (2010): 612–29.

6. Judith Stacey, "Gay Parenthood and the Decline of Paternity as We Knew It," *Sexualities* 9, no. 1 (2006): 27–55.

7. Nancy J. Mezey, *New Choices, New Families: How Lesbians Decide about Motherhood* (Baltimore, MD: John Hopkins University Press, 2008).

8. Kathleen Gerson, *No Man's Land: Men's Changing Commitments to Family and Work* (New York: Basic Books,

2003).

9. Elizabeth Ty Wilde, Lily Batchelder, and David T. Ellwood, "The Mommy Track Divides: The Impact of Childbearing on Wages of Women of Differing Skill Levels" (working paper 16582, National Bureau of Economic Research, December 2010), nber.org/papers/w16582.
10. Jeffry A. Simpson et al., "Adult Attachment, the Transition to Parenthood, and Depressive Symptoms," *Journal of Personality and Social Psychology* 84, no. 6 (2003): 1172.
11. Leann E. Smith and Kimberly S. Howard, "Continuity of Paternal Social Support and Depressive Symptoms among New Mothers," *Journal of Family Psychology* 22, no. 5 (2008): 763.
12. Kim Parker and Wendy Wang, "Modern Parenthood," Pew Research Center, 2013, pewresearch.org/social-trends/2013/03/14/modern -parenthood-roles-of-moms-and-dads-converge-as-they-balance-work -and-family/.
13. Kim Parker and Juliana Menasce Horowitz, "Parenting in America: Outlook, Worries, Aspirations Are Strongly Linked to Financial Situation," Pew Research Center, 2015, pewresearch.org/social-trends/2015/12/17 / parenting-in-america/.
14. Melissa A. Milkie, Kei Nomaguchi, and Scott Schieman, "Time Deficits with Children: The Link to Parents' Mental and Physical Health," *Society and Mental Health* 9, no. 3 (2019): 277–95.
15. Kei Nomaguchi and Melissa A. Milkie, "Parenthood and Well-Being: A Decade in Review," *Journal of Marriage and Family* 82, no. 1 (2020): 198–223.
16. Carolyn Pape Cowan and Philip A. Cowan, "Who Does What When Partners Become Parents: Implications for Men, Women, and Marriage," *Marriage & Family Review* 12, no. 3–4 (1988): 105–31.

17. Samantha L. Tornello, "Division of Labor among Transgender and Gender Non-Binary Parents: Association with Individual, Couple, and Children's Behavioral Outcomes," *Frontiers in Psychology* 11 (2020): 15.

07 氣候變遷之下，還要生孩子嗎？

1. Walt Hickey and Eliza Relman, "More Than a Third of Millennials Share Rep. Alexandria Ocasio-Cortez's Worry about Having Kids While the Threat of Climate Change Looms," Business Insider, 2019, businessinsider.com/millennials-americans-worry-about-kids-children -climate-change-poll-2019-3; Claire Cain Miller, "Americans Are Having Fewer Babies. They Told Us Why," *New York Times,* July 5, 2018, nytimes.com/2018/07/05/upshot/americans-are-having-fewer-babies -they-told-us-why.html.
2. Frank W. Notestein, "Zero Population Growth," *Population Index* (1970): 444–52.
3. Rebecca Lindsey, "Climate Change: Atmospheric Carbon Dioxide," Climate.gov, August 14, 2020, climate.gov/news-features/understanding -climate/climate-change-atmospheric-carbon-dioxide.
4. K. Krygsman et al., *Let's Talk Communities & Climate: Communication Guidance for City and Community Leaders,* 2016, ecoamerica.org/wp -content/uploads/2017/03/ea-lets-talk-communities-and-climate-web.pdf.
5. N. Fann et al., "Air Quality Impacts," chap. 3 in *The Impacts of Climate Change on Human Health in the United States: A Scientific Assessment* (Washington, DC: U.S. Global Change Research Program, 2016), 69–98.
6. S. Doney et al., "Oceans and Marine Resources," chap. 24 in *Climate Change Impacts in the United States: The Third National Climate Assessment,* eds. J. M. Melillo, T. C. Richmond, and G. W. Yohe (Washington, DC: U.S. Global Change Research Program, 2014), 557–78, nca2014.globalchange.gov/report/regions/oceans.

7. Adam S. Parris et al., *Global Sea Level Rise Scenarios for the United States National Climate Assessment,* NOAA.gov, 2012, scenarios.globalchange .gov/sites/default/files/NOAA_SLR_r3_0.pdf.

8. J. Trtanj et al., "Climate Impacts on Water-Related Illness," chap. 6 in *The Impacts of Climate Change on Human Health in the United States: A Scientific Assessment* (Washington, DC: U.S. Global Change Research Program, 2016), health2016.globalchange.gov/low/ClimateHealth2016 _FullReport_small.pdf; Katarzyna Alderman, Lyle R. Turner, and Shilu Tong, "Floods and Human Health: A Systematic Review," *Environment International* 47 (2012): 37–47.

9. C. B. Beard et al., "Vector-Borne Diseases," in *The Impacts of Climate Change on Human Health in the United States: A Scientific Assessment* (Washington, DC: U.S. Global Change Research Program, 2016), 129–56.

10. L. Ziska, et al., "Food Safety, Nutrition, and Distribution," chap. 7 in *The Impacts of Climate Change on Human Health in the United States: A Scientific Assessment* (Washington, DC: U.S. Global Change Research Program, 2016), 189–216.

11. Daniel Martinez Garcia and Mary C. Sheehan, "Extreme Weather-Driven Disasters and Children's Health," *International Journal of Health Services* 46, no. 1 (2016): 79–105.

12. Frederica P. Perera, "Multiple Threats to Child Health from Fossil Fuel Combustion: Impacts of Air Pollution and Climate Change," *Environmental Health Perspectives* 125, no. 2 (2017): 141–48.

13. W. James Gauderman et al., "Association of Improved Air Quality with Lung Development in Children," *New England Journal of Medicine* 372 (2015): 905–13.

14. Ronald C. Kessler et al., "Trends in Mental Illness and Suicidality after Hurricane Katrina," *Molecular*

Psychiatry 13, no. 4 (2008): 374–84.

15. Susan Clayton Whitmore-Williams et al., *Mental Health and Our Changing Climate: Impacts, Implications, and Guidance,* American Psychological Association, March 2017, apa.org/news/press/releases/2017/03/mental-health-climate.pdf.
16. Trevor Houser et al., *Economic Risks of Climate Change: An American Prospectus* (New York: Columbia University Press, 2015).
17. K. Gordon, "The Economic Risks of Climate Change in the United States" (Risky Business Project and Rhodium Group, 2014), Risky Business, riskybusiness.org/report/national/.
18. Whitmore-Williams, *Mental Health.*
19. Matthew Ranson, "Crime, Weather, and Climate Change," *Journal of Environmental Economics and Management* 67, no. 3 (2014): 274–302.
20. Whitmore-Williams, *Mental Health.*
21. Seth Wynes and Kimberly A. Nicholas, "The Climate Mitigation Gap: Education and Government Recommendations Miss the Most Effective Individual Actions," *Environmental Research Letters* 12, no. 7 (2017): 074024, iopscience.iop.org/article/10.1088/1748-9326/aa7541.
22. Brian C. O'Neill et al., "Global Demographic Trends and Future Carbon Emissions," *Proceedings of the National Academy of Sciences* 107, no. 41 (2010): 17521–26.
23. Tim Gore, "Confronting Carbon Inequality: Putting Climate Justice at the Heart of the COVID-19 Recovery," Oxfam, September 21, 2020, oxfamilibrary.openrepository.com/handle/10546/621052.

24. Bastien Girod et al., “Climate Policy Through Changing Consumption Choices: Options and Obstacles for Reducing Greenhouse Gas Emissions,” *Global Environmental Change* 25 (2014): 5–15.
25. Wynes and Nicholas, “Climate Mitigation Gap.”
26. “Total Fertility Rate—the World Factbook,” Central Intelligence Agency, 2021, cia.gov/the-world-factbook/field/total-fertility-rate/.
27. “CO2 Emissions (Metric Tons per Capita),” World Bank, 2018, data.worldbank.org/indicator/EN.ATM.CO2E.PC.
28. Whitmore-Williams, *Mental Health.*
29. Maria Ojala and Hans Bengtsson, “Young People's Coping Strategies Concerning Climate Change: Relations to Perceived Communication with Parents and Friends and Proenvironmental Behavior,” *Environment and Behavior* 51, no. 8 (2019): 907–35.
30. Ann V. Sanson, Susie E. L. Burke, and Judith Van Hoorn, “Climate Change: Implications for Parents and Parenting,” *Parenting* 18, no. 3 (2018): 200–17.
31. Elizabeth Cripps, “Do Parents Have a Special Duty to Mitigate Climate Change?” *Politics, Philosophy & Economics* 16, no. 3 (2017): 3.

08 良好的財務狀況

1. Mark Lino et al., *Expenditures on Children by Families, 2015,* miscellaneous report no. 1528–2015 (Alexandria, VA: United States Department of Agriculture, Center for Nutrition Policy and Promotion, 2017).

2. Robert F. Schoeni and Karen E. Ross, *Material Assistance from Families During the Transition to Adulthood* (Chicago: University of Chicago Press, 2008).

3. Patrick Hanzel, Hannah Horvath, and Jeanine Skowronski, "Parents and Money," Policygenius, 2019, policygenius.com/personal-finance/news /parents-and-money-survey/.

4. Centers for Disease Control and Prevention, "About Natality, 2016–2020 Expanded," CDC Wonder, 2020, wonder.cdc.gov/natality-expanded-current.html.

5. Office of the Surgeon General, "Breastfeeding: Surgeon General's Call to Action Fact Sheet," U.S. Department of Health & Human Services, 2019, hhs.gov/surgeongeneral/reports-and-publications/breastfeeding /factsheet/index.html.

6. S. Bacchus et al., "The Cost of Baby-Led vs. Parent-Led Approaches to Introducing Complementary Foods in New Zealand," *European Journal of Clinical Nutrition* 74, no. 10 (2020): 1474–77.

7. "Is Paid Leave Available to Mothers and Fathers of Infants?" World Policy Analysis Center, 2019, worldpolicycenter.org/policies/is-paid-leave-available-for-both-parents-of-infants.

8. Hiroshi Ono and Kristen Schultz Lee, "Welfare States and the Redistribution of Happiness," *Social Forces* 92, no. 2 (2013): 789–814.

9. Administration for Children and Families, "Child Care and Development Fund (CCDF) Program," *Federal Register* 81, no. 190 (September 30, 2016), federalregister.gov/documents/2016/09/30/2016 -22986/child-care-and-development-fund-ccdf-program.

10. Simon Workman and Mathew Brady, "The Cost of Child Care During the Coronavirus Pandemic," Center for

American Progress, 2020, americanprogress.org/article/cost-child-care-coronavirus-pandemic/.

11. Michael Madowitz, Alex Rowell, and Katie Hamm, "Calculating the Hidden Cost of Interrupting a Career for Child Care," Center for American Progress, 2016, americanprogress.org/article/calculating-the-hidden-cost-of-interrupting-a-career-for-child-care/.
12. Kei Nomaguchi and Marshal Neal Fettro, "Childrearing Stages and Work-Family Conflict: The Role of Job Demands and Resources," *Journal of Marriage and Family* 81, no. 2 (2019): 289–307.
13. Abbie E. Goldberg and JuliAnna Z. Smith, "Work Conditions and Mental Health in Lesbian and Gay Dual-Earner Parents," *Family Relations* 62, no. 5 (2013): 727–40.
14. Richard J. Petts and Chris Knoester, "Paternity Leave and Parental Relationships: Variations by Gender and Mothers' Work Statuses," *Journal of Marriage and Family* 81, no. 2 (2019): 468–86.

09 傳承基因真的是最好的選擇嗎？

1. William A. Horton, Judith G. Hall, and Jacqueline T. Hecht, "Achondroplasia," *The Lancet* 370, no. 9582 (2007): 162–72.
2. David Benatar, *Better Never to Have Been: The Harm of Coming into Existence* (Oxford, UK: Clarendon Press, 2006), 6.
3. Michael D. Kessler et al., "De Novo Mutations Across 1,465 Diverse Genomes Reveal Mutational Insights and Reductions in the Amish Founder Population," *Proceedings of the National Academy of Sciences* 117, no. 5 (2020): 2560–69.

4. Myrna M. Weissman et al., "A 30-Year Study of 3 Generations at High Risk and Low Risk for Depression," *JAMA Psychiatry* 73, no. 9 (2016): 970–77.

5. Holly Peay and Jehannine Claire Austin, *How to Talk to Families about Genetics and Psychiatric Illness* (New York: W. W. Norton, 2019).

10 擔心自己無法成為好父母

1. Danielle M. Seay et al., "Intergenerational Transmission of Maladaptive Parenting Strategies in Families of Adolescent Mothers: Effects from Grandmothers to Young Children," *Journal of Abnormal Child Psychology* 44, no. 6 (2016): 1097–109.

2. Samuel P. Putnam, Ann V. Sanson, and Mary K. Rothbart, "Child Temperament and Parenting," in *Handbook of Parenting: Children and Parenting,* ed. M. H. Bornstein (Mahwah, NJ: Lawrence Erlbaum Associates Publishers, 2002).

3. Eleanor E. Maccoby, Margaret E. Snow, and Carol N. Jacklin, "Children's Dispositions and Mother-Child Interaction at 12 and 18 Months: A Short-Term Longitudinal Study," *Developmental Psychology* 20, no. 3 (1984): 459.

4. Seay et al., "Intergenerational Transmission," 1097–109.

5. Jessica Pereira et al., "Parenting Stress Mediates Between Maternal Maltreatment History and Maternal Sensitivity in a Community Sample," *Child Abuse & Neglect* 36, no. 5 (2012): 433–37.

6. Jason D. Jones, Jude Cassidy, and Phillip R. Shaver, "Parents' Self-Reported Attachment Styles: A Review of

Links with Parenting Behaviors, Emotions, and Cognitions," *Personality and Social Psychology Review* 19, no. 1 (2015): 44–76.

7. Jones et al., "Parents' Self-Reported Attachment Styles," 44–76.

8. Ron Roberts, "The Effects of Child Sexual Abuse in Later Family Life: Mental Health, Parenting, and Adjustment of Offspring," *Child Abuse & Neglect* 28, no. 5 (2004): 525–45.

9. Vincent J. Felitti et al., "Relationship of Childhood Abuse and Household Dysfunction to Many of the Leading Causes of Death in Adults: The Adverse Childhood Experiences (ACE) Study," *American Journal of Preventive Medicine* 14, no. 4 (1998): 245–58.

10. Sharon Borja et al., "Adverse Childhood Experiences to Adult Adversity Trends among Parents: Socioeconomic, Health, and Developmental Implications," *Children and Youth Services Review* 100 (2019): 258–66.

11. Joan Kaufman and Edward Zigler, "Do Abused Children Become Abusive Parents?" *American Journal of Orthopsychiatry* 57, no. 2 (1987): 186– 92; Cathy Spatz Widom, Sally J. Czaja, and Kimberly A. DuMont, "Intergenerational Transmission of Child Abuse and Neglect: Real or Detection Bias?" *Science* 347, no. 6229 (2015): 1480–85.

12. Brittany C. L. Lange, Laura S. Callinan, and Megan V. Smith, "Adverse Childhood Experiences and Their Relation to Parenting Stress and Parenting Practices," *Community Mental Health Journal* 55, no. 4 (2019): 651–62.

13. Adam Schickedanz et al., "Parents' Adverse Childhood Experiences and Their Children's Behavioral Health Problems," *Pediatrics* 142, no. 2 (2018).

14. *Preventing Adverse Childhood Experiences (ACEs): Leveraging the Best Available Evidence,* CDC, 2021, cdc.gov/violenceprevention/pdf /preventingACES.pdf.
15. Diana Baumrind, "Effects of Authoritative Parental Control on Child Behavior," *Child Development* (1966): 887–907.
16. E. E. Maccoby, "Socialization in the Context of the Family: Parent-Child Interaction," *Handbook of Child Psychology* 4 (1983): 1–101.
17. Leigh A. Leslie and Emily T. Cook, "Maternal Trauma and Adolescent Depression: Is Parenting Style a Moderator?" *Psychology* 6 (2015): 681–688, dx.doi.org/10.4236/psych.2015.66066.
18. Laurence Steinberg, "We Know Some Things: Parent–Adolescent Relationships in Retrospect and Prospect," *Journal of Research on Adolescence* 11, no. 1 (2001): 1–19.
19. Ariel Knafo and Robert Plomin, "Prosocial Behavior from Early to Middle Childhood: Genetic and Environmental Influences on Stability and Change," *Developmental Psychology* 42, no. 5 (2006): 771.
20. John M. Gottman, Lynn Fainsilber Katz, and Carole Hooven, "Parental Meta-Emotion Philosophy and the Emotional Life of Families: Theoretical Models and Preliminary Data," *Journal of Family Psychology* 10, no. 3 (1996): 243.

11 害怕懷孕或分娩

1. Alex F. Peahl et al., "Rates of New Persistent Opioid Use After Vaginal or Cesarean Birth among US Women," *JAMA Network Open* 2, no. 7 (2019): 1–14.

2. S. Philip Morgan and Christine A. Bachrach, "Is the Theory of Planned Behaviour an Appropriate Model for Human Fertility?" *Vienna Yearbook of Population Research* 9 (2011): 11–18.

3. Institute of Medicine (US) and National Research Council (US) Committee to Reexamine IOM Pregnancy Weight Guidelines, "Weight Gain During Pregnancy: Reexamining the Guidelines," eds. Kathleen M. Rasmussen and Ann L. Yaktine (Washington, DC: National Academies Press, 2009).

4. Charlotte Sollid, Loa Clausen, and Rikke Damkjar Maimburg, "The First 20 Weeks of Pregnancy Is a High-Risk Period for Eating Disorder Relapse," *International Journal of Eating Disorders* 54, no. 12 (2021): 2132–42.

5. American College of Obstetricians and Gynecologists, "Obesity in Pregnancy: ACOG Practice Bulletin, Number 230," *Obstetrics and Gynecology* 137, no. 6 (2021): e128–44.

6. "Hair Loss in New Moms," American Academy of Dermatology Association, 2010, aad.org/public/diseases/hair-loss/insider/new-moms.

7. "Pregnancy and Oral Health," U.S. Centers for Disease Control and Prevention, 2019, cdc.gov/oralhealth/publications/features/pregnancy -and-oral-health.html; Margreet Meems et al., "Prevalence, Course and Determinants of Carpal Tunnel Syndrome Symptoms During Pregnancy: A Prospective Study," BJOG 122, no. 8 (2015): 1112–18.

8. Michal Dubovicky et al., "Risks of Using SSRI/SNRI Antidepressants During Pregnancy and Lactation," *Interdisciplinary Toxicology* 10, no. 1 (2017): 30.

9. Elizabeth Werner et al., "Preventing Postpartum Depression: Review and Recommendations," *Archives of Women's Mental Health* 18, no. 1 (2015): 41–60.

10. Manjeet Singh Bhatia and Anurag Jhanjee, "Tokophobia: A Dread of Pregnancy," *Industrial Psychiatry Journal* 21, no. 2 (2012): 158.
11. Eelco Olde et al., "Posttraumatic Stress Following Childbirth: A Review," *Clinical Psychology Review* 26, no. 1 (2006): 1–16.
12. Meghan A. Bohren et al., "Continuous Support for Women During Childbirth," *Cochrane Database of Systematic Reviews* 7 (2017).
13. American College of Obstetricians and Gynecologists, "Health Care for Transgender and Gender Diverse Individuals: ACOG Committee Opinion, Number 823," *Obstetrics & Gynecology* 137, no. 3 (2021): e75.
14. Alexis D. Light et al., "Transgender Men Who Experienced Pregnancy After Female-to-Male Gender Transitioning," *Obstetrics & Gynecology* 124, no. 6 (2014): 1120–27.
15. Trevor MacDonald et al., "Transmasculine Individuals' Experiences with Lactation, Chestfeeding, and Gender Identity: A Qualitative Study," *BMC Pregnancy and Childbirth* 16, no. 1 (2016): 1–17.
16. Donna L. Hoyert, "Maternal Mortality Rates in the United States, 2020," NCHS Health E-Stats, 2022, stacks.cdc.gov/view/cdc/113967.
17. Elizabeth A. Howell, "Reducing Disparities in Severe Maternal Morbidity and Mortality," *Clinical Obstetrics and Gynecology* 61, no. 2 (2018): 387.
18. Marian F. MacDorman and T. J. Mathews, "Understanding Racial and Ethnic Disparities in US Infant Mortality Rates," CDC, 2011, stacks.cdc .gov/view/cdc/12375.
19. Jamila Taylor et al., "Eliminating Racial Disparities in Maternal and Infant Mortality: A Comprehensive Policy

Blueprint," *Center for American Progress* 1, no. 1 (2019): 1–93.

12 生育能力基礎知識

1. Kirstin MacDougall, Yewoubdar Beyene, and Robert D. Nachtigall, "Age Shock: Misperceptions of the Impact of Age on Fertility Before and After IVF in Women Who Conceived After Age 40," *Human Reproduction* 28, no. 2 (2013): 350–56.
2. Joyce A. Martin et al., "Births: Final Data for 2019," *National Vital Statistics Reports* 70, no. 2 (2021): 1–51.
3. Marinus J. C. Eijkemans et al., "Too Old to Have Children? Lessons from Natural Fertility Populations," *Human Reproduction* 29, no. 6 (2014): 1304–12.
4. J. Habbema et al., "Realizing a Desired Family Size: When Should Couples Start?" *Human Reproduction* 30, no. 9 (2015): 2215–21.
5. Y. Sajjad, "Development of the Genital Ducts and External Genitalia in the Early Human Embryo," *Journal of Obstetrics and Gynaecology Research* 36, no. 5 (2010): 929–37.
6. Danielle Wilson and Bruno Bordoni, "Embryology, Mullerian Ducts (Paramesonephric Ducts)," StatPearls, 2021, statpearls.com /ArticleLibrary/viewarticle/25337.
7. Divya Renu, B. Ganesh Rao, and Namitha K. Ranganath, "Persistent Mullerian Duct Syndrome," *The Indian Journal of Radiology & Imaging* 20, no. 1 (2010): 72.
8. Melanie Blackless et al., "How Sexually Dimorphic Are We? Review and Synthesis," *American Journal of Human Biology* 12, no. 2 (2000): 151–66.

9. M. J. Faddy et al., “Accelerated Disappearance of Ovarian Follicles in Mid-Life: Implications for Forecasting Menopause,” *Human Reproduction* 7, no. 10 (1992): 1342–46.
10. Pawel Wilkosz, et. al, “Female Reproductive Decline Is Determined by Remaining Ovarian Reserve and Age,” *PLOS One* 9, no. 10 (2014): e108343.
11. Malcolm J. Faddy and Roger G. Gosden, “Physiology: A Mathematical Model of Follicle Dynamics in the Human Ovary,” *Human Reproduction* 10, no. 4 (1995): 770–75.
12. Gregory F. Erickson, “Follicle Growth and Development,” GLOWM, 2009, glowm.com/section-view/item/288.
13. Misao Fukuda et al., “Right-Sided Ovulation Favours Pregnancy More Than Left-Sided Ovulation,” *Human Reproduction* 15, no. 9 (2000): 1921–26.
14. Ana Direito et al., “Relationships Between the Luteinizing Hormone Surge and Other Characteristics of the Menstrual Cycle in Normally Ovulating Women,” *Fertility and Sterility* 99, no. 1 (2013): 279–85.
15. Nathan R. Brott and Jacqueline K. Le, “Mittelschmerz,” StatPearls, 2021, ncbi.nlm.nih.gov/books/NBK549822/.
16. Shelbie D. Kirkendoll and Dhouha Bacha, “Histology, Corpus Albicans,” StatPearls, 2021, statpearls.com/ArticleLibrary/viewarticle/36376.
17. Larry Johnson, Charles S. Petty, and William B. Neaves, “Further Quantification of Human Spermatogenesis: Germ Cell Loss During Postprophase of Meiosis and Its Relationship to Daily Sperm Production,” *Biology of Reproduction* 29, no. 1 (1983): 207–15.
18. Adolf-Friedrich Holstein, Wolfgang Schulze, and Michail Davidoff, “Understanding Spermatogenesis Is a Prerequisite for Treatment,” *Reproductive Biology and Endocrinology* 1, no. 1 (2003): 1–16.

19. R. P. Amann, "The Cycle of the Seminiferous Epithelium in Humans: A Need to Revisit?" *Journal of Andrology* 29, no. 5 (2008): 469–87.
20. Amann, "Cycle of the Seminiferous Epithelium," 469–87.
21. Lauralee Sherwood, *Human Physiology: From Cells to Systems,* 9th ed. (Pacific Grove, CA: Brooks Cole, 2015).
22. Susan S. Suarez and A. A. Pacey, "Sperm Transport in the Female Reproductive Tract," *Human Reproduction Update* 12, no. 1 (2006): 23–37.
23. Diane S. Settlage, Masanobu Motoshima, and Donald R. Tredway, "Sperm Transport from the External Cervical Os to the Fallopian Tubes in Women: A Time and Quantitation Study," *Fertility and Sterility* 24, no. 9 (1973): 655–61.
24. Molina Puga et al., "Molecular Basis of Human Sperm Capacitation," *Frontiers in Cell and Developmental Biology* 6 (2018): 72.
25. Harvey M. Florman and Rafael A. Fissore, "Fertilization in Mammals," in *Knobil and Neill's Physiology of Reproduction,* vol. 1 (Cambridge, MA: Academic Press, 2015), 149–96.
26. Rebecca Oliver and Hajira Basit, "Embryology, Fertilization," StatPearls, 2021, pubmed.ncbi.nlm.nih.gov/31194343/.
27. Samantha Pfeifer et al., "Optimizing Natural Fertility: A Committee Opinion," *Fertility and Sterility* 107, no. 1 (2017): 52–58.
28. David B. Dunson et al., "Day-Specific Probabilities of Clinical Pregnancy Based on Two Studies with Imperfect Measures of Ovulation," *Human Reproduction* 14, no. 7 (1999): 1835–39.

29. Pfeifer et al., "Optimizing Natural Fertility."
30. Horacio B. Croxatto, "Physiology of Gamete and Embryo Transport Through the Fallopian Tube," *Reproductive Biomedicine Online* 4, no. 2 (2002): 160–69.
31. R. Robin Baker and Mark A. Bellis, "Human Sperm Competition: Ejaculate Manipulation by Females and a Function for the Female Orgasm," *Animal Behaviour* 46, no. 5 (1993): 887–909.
32. Allen J. Wilcox, Donna Day Baird, and Clarice R. Weinberg, "Time of Implantation of the Conceptus and Loss of Pregnancy," *New England Journal of Medicine* 340, no. 23 (1999): 1796–99.
33. David B. Dunson, Donna D. Baird, and Bernardo Colombo, "Increased Infertility with Age in Men and Women," *Obstetrics & Gynecology* 103, no. 1 (2004): 51–56.
34. Kenneth J. Rothman et al., "Volitional Determinants and Age-Related Decline in Fecundability: A General Population Prospective Cohort Study in Denmark," *Fertility and Sterility* 99, no. 7 (2013): 1958–64.
35. Rothman et al., "Volitional Determinants."

13 檢查生育能力

1. Korula George and Mohan S. Kamath, "Fertility and Age," *Journal of Human Reproductive Sciences* 3, no. 3 (2010): 121.
2. "Infertility Workup for the Women's Health Specialist," *Obstetrics & Gynecology* 133, no. 6 (2019): e377–84.
3. Aleksandra Kruszy.ska and Jadwiga S.owi.ska-Srzednicka, "Anti-Mullerian Hormone (AMH) as a Good Predictor of Time of Menopause," *Menopause Review* 16, no. 2 (2017): 47.

4. Omar Shebl et al., "Age-Related Distribution of Basal Serum AMH Level in Women of Reproductive Age and a Presumably Healthy Cohort," *Fertility and Sterility* 95, no. 2 (2011): 832–34.

5. Anne Z. Steiner et al., "Association Between Biomarkers of Ovarian Reserve and Infertility among Older Women of Reproductive Age," *JAMA* 318, no. 14 (2017): 1375.

6. M. Y. Thum, E. Kalu, and H. Abdalla, "Elevated Basal FSH and Embryo Quality: Lessons from Extended Culture Embryos," *Journal of Assisted Reproduction and Genetics* 26, no. 6 (2009): 313–18.

7. A. Cobo et al., "Elective and Onco-Fertility Preservation: Factors Related to IVF Outcomes," *Human Reproduction* 33, no. 12 (2018): 2222–31.

8. Peter N. Schlegel et al., "Diagnosis and Treatment of Infertility in Men: AUA/ASRM Guideline Part 1," *The Journal of Urology* 205, no. 1 (2021): 36–43.

9. "Testosterone Use and Male Infertility," ReproductiveFacts.org, 2015, reproductivefacts.org/news-and-publications/patient-fact-sheets-and -booklets/documents/fact-sheets-and-info-booklets/testosterone-use-and -male-infertility/.

10. Jeanne H. O'Brien et al., "Erectile Dysfunction and Andropause Symptoms in Infertile Men," *The Journal of Urology* 174, no. 5 (2005): 1932–34.

11. Trevor G. Cooper et al., "World Health Organization Reference Values for Human Semen Characteristics," *Human Reproduction Update* 16, no. 3 (2010): 231–45.

12. L. Farrell, L. Brennan, and M. Lanham, "Knowledge, Attitudes, and Perceptions of Infertility: A National Survey," *Fertility and Sterility* 110, no. 4 (2018): e6.

13. Alexandra Farrow et al., "Prolonged Use of Oral Contraception Before a Planned Pregnancy Is Associated with a Decreased Risk of Delayed Conception," *Human Reproduction* 17, no. 10 (2002): 2754–61; Hani K. Atrash and Carol J. Rowland Hogue, "The Effect of Pregnancy Termination on Future Reproduction," *Bailliere's Clinical Obstetrics and Gynaecology* 4, no. 2 (1990): 391–405; Andrea Sansone et al., "Smoke, Alcohol and Drug Addiction and Male Fertility," *Reproductive Biology and Endocrinology* 16, no. 1 (2018): 1–11.

14. Anjani Chandra, Casey E. Copen, and Elizabeth H. Stephen, *Infertility and Impaired Fecundity in the United States, 1982–2010: Data from the National Survey of Family Growth,* National Health Statistics Reports no. 67 (Hyattsville, MD: National Center for Health Statistics, 2013).

15. Ashok Agarwal et al., "A Unique View on Male Infertility Around the Globe," *Reproductive Biology and Endocrinology* 13, no. 1 (2015): 1–9.

16. Alison Taylor, "ABC of Subfertility: Extent of the Problem," *BMJ* 327, no. 7412 (2003): 434.

17. Jose Bellver et al., "Blastocyst Formation Is Similar in Obese and Normal Weight Women: A Morphokinetic Study," *Human Reproduction* 36, no. 12 (2021): 3062–73.

18. Alaina Jose-Miller et al., "Infertility," *American Family Physician* 75, no. 6 (2007): 849–56.

19. Marcello Cocuzza, Conrado Alvarenga, and Rodrigo Pagani, "The Epidemiology and Etiology of Azoospermia," *Clinics* 68 (2013): 15–26.

20. Practice Committee of the American Society for Reproductive Medicine, "Report on Varicocele and Infertility: A Committee Opinion," *Fertility and Sterility* 102, no. 6 (2014): 1556–60.

21. "Pregnancy Problems? Boost the Chance of Having a Baby," NIH News in Health, July 2015, newsinhealth.nih.

gov/2015/07/pregnancy -problems.

22. Katrin van der Ven et al., "Cystic Fibrosis Mutation Screening in Healthy Men with Reduced Sperm Quality," *Human Reproduction* 11, no. 3 (1996): 513–17.

23. Darius A. Paduch et al., "New Concepts in Klinefelter Syndrome," *Current Opinion in Urology* 18, no. 6 (2008): 621–27.

24. Eric Chung and Gerald B. Brock, "Cryptorchidism and Its Impact on Male Fertility: A State of Art Review of Current Literature," *Canadian Urological Association Journal* 5, no. 3 (2011): 210.

25. "Quick Facts about Infertility," ReproductiveFacts.org, American Society for Reproductive Medicine, 2017, reproductivefacts.org/faqs/quick-facts -about-infertility/.

26. Helena Teede et al., "Polycystic Ovary Syndrome: Perceptions and Attitudes of Women and Primary Health Care Physicians on Features of PCOS and Renaming the Syndrome," *The Journal of Clinical Endocrinology & Metabolism* 99, no. 1 (2014): E107–11.

27. Helena J. Teede et al., "Assessment and Management of Polycystic Ovary Syndrome: Summary of an Evidence-Based Guideline," *The Medical Journal of Australia* 195, no. 6 (2011): S65.

28. Roshan Nikbakht et al., "Evaluation of Oocyte Quality in Polycystic Ovary Syndrome Patients Undergoing ART Cycles," *Fertility Research and Practice* 7, no. 1 (2021): 1–6.

29. Practice Committee of the American Society for Reproductive Medicine, "Endometriosis and Infertility: A Committee Opinion," *Fertility and Sterility* 98, no. 3 (2012): 591–98.

30. Cordula Schippert et al., "Reproductive Capacity and Recurrence of Disease After Surgery for Moderate and

Severe Endometriosis: A Retrospective Single Center Analysis," *BMC Women's Health* 20, no. 1 (2020): 1–11.

31. Fatemeh Mostaejeran, Zeinab Hamoush, and Safoura Rouholamin, "Evaluation of Antimullerian Hormone Levels Before and After Laparoscopic Management of Endometriosis," *Advanced Biomedical Research* 4 (2015).

32. "Fibroids and Fertility," ReproductiveFacts.org, American Society for Reproductive Medicine, 2015, reproductivefacts.org/news-and -publications/patient-fact-sheets-and-booklets/documents/fact-sheets-and -info-booklets/fibroids-and-fertility/.

33. R. Abir et al., "Turner's Syndrome and Fertility: Current Status and Possible Putative Prospects," *Human Reproduction Update* 7, no. 6 (2001): 603–10.

14 保存生育能力

1. A. Cobo et al., "Elective and Onco-Fertility Preservation: Factors Related to IVF Outcomes," *Human Reproduction* 33, no. 12 (2018): 2222–31.

2. Anne Z. Steiner and Anne Marie Z. Jukic, "Impact of Female Age and Nulligravidity on Fecundity in an Older Reproductive Age Cohort," *Fertility and Sterility* 105, no. 6 (2016): 1584–88.

3. Zeynep Gurtin, "More and More Women Are Freezing Their Eggs—but Only 21% of Those Who Use Them Have Become Mothers," The Conversation, 2019, theconversation.com/more-and-more-women-are -freezing-their-eggs-but-only-21-of-those-who-use-them-have-become -mothers-117028.

4. Brie Alport et al., "Does the Ovarian Stimulation Phase Length Predict In Vitro Fertilization Outcomes?" *International Journal of Fertility & Sterility* 5, no. 3 (2011): 134.

5. "Ovarian Hyperstimulation Syndrome (OHSS)," ReproductiveFacts.org, American Society for Reproductive Medicine, 2014, reproductivefacts .org/news-and-publications/patient-fact-sheets-and-booklets/documents / fact-sheets-and-info-booklets/ovarian-hyperstimulation-syndrome-ohss/; Klaus Fiedler and Diego Ezcurra, "Predicting and Preventing Ovarian Hyperstimulation Syndrome (OHSS): The Need for Individualized Not Standardized Treatment," *Reproductive Biology and Endocrinology* 10, no. 1 (2012): 1–10.

6. Ali Abbara et al., "Follicle Size on Day of Trigger Most Likely to Yield a Mature Oocyte," *Frontiers in Endocrinology* 9 (2018): 193.

7. Mitchell P. Rosen et al., "A Quantitative Assessment of Follicle Size on Oocyte Developmental Competence," *Fertility and Sterility* 90, no. 3 (2008): 684–90.

8. Suneeta Mittal et al., "Serum Estradiol as a Predictor of Success of In Vitro Fertilization," *The Journal of Obstetrics and Gynecology of India* 64, no. 2 (2014): 124–29.

9. S. Ouhilal, H. Lachgar, and N. Mahutte, "What Is the Optimal Number of Eggs at Oocyte Retrieval?" *Fertility and Sterility* 100, no. 3 (2013): S262.

10. Sesh Kamal Sunkara et al., "Association Between the Number of Eggs and Live Birth in IVF Treatment: An Analysis of 400 135 Treatment Cycles," *Human Reproduction* 26, no. 7 (2011): 1768–74.

11. Ana Cobo et al., "Six Years' Experience in Ovum Donation Using Vitrified Oocytes: Report of Cumulative Outcomes, Impact of Storage Time, and Development of a Predictive Model for Oocyte Survival Rate," *Fertility and Sterility* 104, no. 6 (2015): 1426–34.

12. Lisa Campo-Engelstein, "For the Sake of Consistency and Fairness: Why Insurance Companies Should Cover

Fertility Preservation Treatment for Iatrogenic Infertility," *Oncofertility* (2010): 381–88.

13. "IVF Refund and Package Programs," FertilityIQ, fertilityiq.com/topics/cost /ivf-refund-and-package-programs.
14. "Medicare Prescription Drug, Improvement, and Modernization Act of 2003," 108th Congress Public Law 173, Congress.gov, 2003, congress .gov/bill/108th-congress/house-bill/1.
15. S. Silber et al., "Use of a Novel Minimal Stimulation In Vitro Fertilization ('Mini-IVF') Protocol for Low Ovarian Reserve and for Older Women," *Fertility and Sterility* 100, no. 3 (2013): S18.
16. Yash S. Khandwala et al., "Association of Paternal Age with Perinatal Outcomes Between 2007 and 2016 in the United States: Population Based Cohort Study," *BMJ* 363 (2018).
17. Peter N. Schlegel et al., "Diagnosis and Treatment of Infertility in Men: AUA/ASRM Guideline Part 1," *The Journal of Urology* 205, no. 1 (2021): 36–43.
18. Paul De Sutter, "Gender Reassignment and Assisted Reproduction: Present and Future Reproductive Options for Transsexual People," *Human Reproduction* 16, no. 4 (2001): 612–14.
19. P. De Sutter et al., "The Desire to Have Children and the Preservation of Fertility in Transsexual Women: A Survey," *International Journal of Transgenderism* 6, no. 3 (2002); Katrien Wierckx et al., "Reproductive Wish in Transsexual Men," *Human Reproduction* 27, no. 2 (2012): 483–87.
20. Diane Chen et al., "Fertility Preservation for Transgender Adolescents," *Journal of Adolescent Health* 61, no. 1 (2017): 120–23.
21. Leena Nahata et al., "Low Fertility Preservation Utilization among Trans-gender Youth," *Journal of Adolescent Health* 61, no. 1 (2017): 40–44.

22. I. Yaish et al., "Functional Ovarian Reserve in Transgender Men Receiving Testosterone Therapy: Evidence for Preserved Anti-Mullerian Hormone and Antral Follicle Count Under Prolonged Treatment," *Human Reproduction* 36, no. 10 (2021): 2753–60.
23. Iris G. Insogna, Elizabeth Ginsburg, and Serene Srouji, "Fertility Preservation for Adolescent Transgender Male Patients: A Case Series," *Journal of Adolescent Health* 66, no. 6 (2020): 750–53.
24. Emily P. Barnard et al., "Fertility Preservation Outcomes in Adolescent and Young Adult Feminizing Transgender Patients," *Pediatrics* 144, no. 3 (2019).
25. American College of Obstetricians and Gynecologists, "Health Care for Transgender and Gender Diverse Individuals: ACOG Committee Opinion, Number 823," *Obstetrics & Gynecology* 137 (2021): e75.

15 生育治療

1. "FAQs about Infertility," ReproductiveFacts.org, American Society for Reproductive Medicine, 2017, reproductivefacts.org/faqs/frequently -asked-questions-about-infertility/.
2. Richard S. Legro et al., "Letrozole Versus Clomiphene for Infertility in the Polycystic Ovary Syndrome," *New England Journal of Medicine* 371 (2014): 119–29.
3. "IUI Success Rates," CNY Fertility, September 15, 2021, cnyfertility.com /iui-success-rates/.
4. I. Ferrara, R. Balet, and J. G. Grudzinskas, "Intrauterine Donor Insemination in Single Women and Lesbian Couples: A Comparative Study of Pregnancy Rates," *Human Reproduction* 15, no. 3 (2000): 621–25.
5. "IUI Success Rates."

6. "IUI or 'Artificial Insemination,'" FertilityIQ, fertilityiq.com/iui-or-artificial -insemination.
7. Ethics Committee of the American Society for Reproductive Medicine, "Oocyte or Embryo Donation to Women of Advanced Age: A Committee Opinion," *Fertility and Sterility* 100, no. 2 (2013): 337–40.
8. Maryam Eftekhar et al., "Comparison of Conventional IVF Versus ICSI in Non-Male Factor, Normoresponder Patients," *Iranian Journal of Reproductive Medicine* 10, no. 2 (2012): 131.
9. "State Laws Related to Insurance Coverage for Infertility Treatment," National Conference of State Legislatures, 2014, ncsl.org/research/health /insurance-coverage-for-infertility-laws.aspx; "What Does ICSI Cost?" FertilityIQ, fertilityiq.com/topics/icsi/what-does-icsi-cost.
10. Aaron M. Bernie, Ranjith Ramasamy, and Peter N. Schlegel, "Predictive Factors of Successful Microdissection Testicular Sperm Extraction," *Basic and Clinical Andrology* 23, no. 1 (2013): 1–7.
11. Jinliang Zhu et al., "Does IVF Cleavage Stage Embryo Quality Affect Pregnancy Complications and Neonatal Outcomes in Singleton Gestations After Double Embryo Transfers?" *Journal of Assisted Reproduction and Genetics* 31, no. 12 (2014): 1635–41.
12. Centers for Disease Control and Prevention, American Society for Reproductive Medicine, Society for Assisted Reproductive Technology, *2016 Assisted Reproductive Technology National Summary Report* (Atlanta, GA: U.S. Department of Health and Human Services, 2018).
13. Celine Bouillon et al., "Obstetric and Perinatal Outcomes of Singletons After Single Blastocyst Transfer: Is There Any Difference According to Blastocyst Morphology?" *Reproductive Biomedicine Online* 35, no. 2 (2017): 197–207.

14. Centers for Disease Control and Prevention, *2016 Assisted Reproductive Technology Report.*
15. Centers for Disease Control and Prevention, American Society for Reproductive Medicine, Society for Assisted Reproductive Technology, *2010 Assisted Reproductive Technology: Fertility Clinic Success Rates Report* (Atlanta, GA: U.S. Department of Health and Human Services, 2012).
16. "Growing Embryos to Cleavage or Blastocyst Stage," FertilityIQ, fertilityiq .com/ivf-in-vitro-fertilization/cleavage-vs-blastocyst-embryos-day3-day5.
17. Manuel Viotti et al., "Using Outcome Data from One Thousand Mosaic Embryo Transfers to Formulate an Embryo Ranking System for Clinical Use," *Fertility and Sterility* 115, no. 5 (2021): 1212–24.
18. "Women with Three Normal Embryos Have 95 Percent Chance of Pregnancy, RMA Research Shows," RMA Network, 2021, rmanetwork .com/blog/women-with-three-normal-embryos-have-95-chance-of -pregnancy-rma-research-shows/.
19. Junhao Yan et al., "Live Birth with or Without Preimplantation Genetic Testing for Aneuploidy," *New England Journal of Medicine* 385, no. 22 (2021): 2047–58; Santiago Munne et al., "Preimplantation Genetic Testing for Aneuploidy Versus Morphology as Selection Criteria for Single Frozen-Thawed Embryo Transfer in Good-Prognosis Patients: A Multicenter Randomized Clinical Trial," *Fertility and Sterility* 112, no. 6 (2019): 1071–79.
20. V. A. Flores, D. A. Kelk, and P. H. Kodaman, "Trilaminar Endometrial Pattern Correlates with Higher Clinical Pregnancy Rates in Frozen Embryo Transfer Cycles," *Fertility and Sterility* 108, no. 3 (2017): e358; Jason D. Kofinas et al., "Serum Progesterone Levels Greater Than 20 ng/ dL on Day of Embryo Transfer Are Associated with Lower Live Birth and Higher Pregnancy Loss Rates," *Journal of Assisted Reproduction and Genetics* 32,

no. 9 (2015): 1395–99.

21. S. Mackens et al., "To Trigger or Not to Trigger Ovulation in a Natural Cycle for Frozen Embryo Transfer: A Randomized Controlled Trial," *Human Reproduction* 35, no. 5 (2020): 1073–81.
22. *Freezing Embryos,* Fertility Associates, fertilityassociates.co.nz/media/1075 /fertility-facts-freezing-embryos.pdf.
23. Centers for Disease Control and Prevention, *2016 Assisted Reproductive Technology Report.*
24. American Society for Reproductive Medicine, "Progesterone Supplementation During In Vitro Fertilization (IVF) Cycles," ReproductiveFacts.org, reproductivefacts.org/news-and-publications /patient-fact-sheets-and-booklets/documents/fact-sheets-and-info -booklets/progesterone-supplementation-during-in-vitro-fertilization -ivf-cycles/; Arri Coomarasamy et al., "Micronized Vaginal Progesterone to Prevent Miscarriage: A Critical Evaluation of Randomized Evidence," *American Journal of Obstetrics and Gynecology* 223, no. 2 (2020): 167–76.
25. N. King et al., "Serum hCG Values Are as Predictive of Live Birth After Single Embryo Transfer as Early Pregnancy Ultrasound," *Fertility and Sterility* 108, no. 3 (2017): e345–46.

16 面對不孕的悲痛

1. Carla Dugas and Valori H. Slane, "Miscarriage," StatPearls, 2021, ncbi.nlm .nih.gov/books/NBK532992/.
2. Practice Committee of the American Society for Reproductive Medicine, "Evaluation and Treatment of Recurrent Pregnancy Loss: A Committee Opinion," *Fertility and Sterility* 98, no. 5 (2012): 1103–11.
3. Lesley Regan, Peter R. Braude, and Paula L. Trembath, "Influence of Past Reproductive Performance on Risk of

Spontaneous Abortion," *BMJ* 299, no. 6698 (1989): 541–45.

4. Tristan D. McBain and Patricia Reeves, "Women's Experience of Infertility and Disenfranchised Grief," *The Family Journal* 27, no. 2 (2019): 156–66.

5. Marni Rosner, "Recovery from Traumatic Loss: A Study of Women Living Without Children After Infertility" (DSW diss., University of Pennsylvania, 2012), 20, repository.upenn.edu/edissertations_sp2/20/.

6. Allyson Bradow, "Primary and Secondary Infertility and Post Traumatic Stress Disorder: Experiential Differences Between Type of Infertility and Symptom Characteristics" (PsyD diss., Spalding University, 2012).

7. "The Psychological Impact of Infertility and Its Treatment: Medical Interventions May Exacerbate Anxiety, Depression, and Stress," *Harvard Mental Health Letter* 25, no. 11 (2009): 1–3.

8. Marilyn S. Paul et al., "Posttraumatic Growth and Social Support in Individuals with Infertility," *Human Reproduction* 25, no. 1 (2010): 133–41; Yongju Yu et al., "Resilience and Social Support Promote Posttraumatic Growth of Women with Infertility: The Mediating Role of Positive Coping," *Psychiatry Research* 215, no. 2 (2014): 401–05.

9. Alice D. Domar et al., "Impact of Group Psychological Interventions on Pregnancy Rates in Infertile Women," *Fertility and Sterility* 73, no. 4 (2000): 805–11.

10. Helene Gaitzsch et al., "The Effect of Mind-Body Interventions on Psychological and Pregnancy Outcomes in Infertile Women: A Systematic Review," *Archives of Women's Mental Health* (2020): 1–13.

11. "The Psychological Impact of Infertility," 1–3.

12. Jane R. W. Fisher and Karin Hammarberg, "Psychological and Social Aspects of Infertility in Men: An Overview

of the Evidence and Implications for Psychologically Informed Clinical Care and Future Research," *Asian Journal of Andrology* 14, no. 1 (2012): 121.

13. Staci Jill Rosenthal, "Birthing into Death: Stories of Jewish Pregnancy from the Holocaust" (PhD diss., Boston University, 2016), proquest.com /openview/40fe487e590961757c82a2d483e02cfc/1?pq-origsite=gscholar &cbl=18750.

17 育兒的替代方案

1. Abbie E. Goldberg, Jordan B. Downing, and Hannah B. Richardson, "The Transition from Infertility to Adoption: Perceptions of Lesbian and Heterosexual Couples," *Journal of Social and Personal Relationships* 26, no. 6–7 (2009): 938–63.
2. Carlos Figueroa, "Fulton v. City of Philadelphia: The Third Circuit's Bittersweet Advancement of LGBTQ+ Rights," *Tulane Journal of Law & Sexuality* 29 (2020): 51.
3. Kei Nomaguchi and Melissa A. Milkie, "Parenthood and Well-Being: A Decade in Review," *Journal of Marriage and Family* 82, no. 1 (2020): 198–223.
4. Ranae J. Evenson and Robin W. Simon, "Clarifying the Relationship Between Parenthood and Depression," *Journal of Health and Social Behavior* 46, no. 4 (2005): 341–58.
5. Nomaguchi and Milkie, "Parenthood and Well-Being," 198–223.

18 使用卵子、精子或胚胎捐贈

1. Samantha Fields, "The Cost of Building a Family Using Donor Sperm," Marketplace, 2019, marketplace.org/2019/10/24/the-cost-of-building-a -family-using-donor-sperm/.
2. "Donor Eggs," American Pregnancy Association, 2017, americanpregnancy .org/getting-pregnant/donor-eggs/.
3. Willem Ombelet and Johan Van Robays, "Artificial Insemination History: Hurdles and Milestones," *Facts, Views & Vision in ObGyn* 7, no. 2 (2015): 137.
4. Ombelet and Van Robays, "Artificial Insemination History," 137.
5. Peter Lutjen et al., "The Establishment and Maintenance of Pregnancy Using In Vitro Fertilization and Embryo Donation in a Patient with Primary Ovarian Failure," *Nature* 307, no. 5947 (1984): 174–75.
6. Mark V. Sauer, "Revisiting the Early Days of Oocyte and Embryo Donation: Relevance to Contemporary Clinical Practice," *Fertility and Sterility* 110, no. 6 (2018): 981–87.
7. Maria Bustillo et al., "Delivery of a Healthy Infant Following Nonsurgical Ovum Transfer," *JAMA* 251, no. 7 (1984): 889–89.
8. Centers for Disease Control and Prevention, *2018 Assisted Reproductive Technology: National Summary Report* (Atlanta, GA: U.S. Department of Health and Human Services, 2020).
9. "Meet the First Snowflake Baby," Embryo Adoption Awareness Center, 2015, embryoadoption.org/2015/12/meet-the-first-snowflake-baby/.
10. Centers for Disease Control and Prevention, *2018 Assisted Reproductive Technology Report*.

11. H. N. Sallam and N. H. Sallam, "Religious Aspects of Assisted Reproduction," *Facts, Views & Vision in ObGyn* 8, no. 1 (2016): 33.
12. Ombelet and Van Robays, "Artificial Insemination History," 137.
13. J. Brotherton, "Artificial Insemination with Fresh Donor Semen," *Archives of Andrology* 25, no. 2 (1990): 178.
14. Audrey Koh, Gabriel van Beusekom, Nanette K. Gartrell, and Henny Bos, "Adult Offspring of Lesbian Parents: How Do They Relate to Their Sperm Donors?," *Fertility and Sterility* 114, no. 4 (2020): 879–887.

19 收養與寄養

1. Ellen Herman, "The Adoption History Project," University of Oregon, 2012, pages.uoregon.edu/adoption/about.html.
2. Amanda L. Baden et al., "Delaying Adoption Disclosure: A Survey of Late Discovery Adoptees," *Journal of Family Issues* 40, no. 9 (2019): 1154–80.
3. Tik Root, "The Baby Brokers: Inside America's Murky Private-Adoption Industry," *Time,* 2021, time.com/6051811/private-adoption-america/.
4. Gretchen Sisson, " 'Choosing Life': Birth Mothers on Abortion and Reproductive Choice," *Women's Health Issues* 25, no. 4 (2015): 349–54.
5. Children's Bureau, "Trends in Foster Care & Adoption: FY 2011–2020," Administration for Children & Families, U.S. Department of Health & Human Services, 2021, acf.hhs.gov/cb/report/trends-foster-care-adoption.

6. Child Welfare Information Gateway, "Planning for Adoption: Knowing the Costs and Resources," Administration for Children & Families, U.S. Department of Health & Human Services, 2016, childwelfare.gov/pubs /s-cost/.
7. Child Welfare Information Gateway, "Exploring the Pathways to Adoption," Administration for Children & Families, U.S. Department of Health & Human Services, 2021, childwelfare.gov/pubs/f-adoptoption/.
8. Matthew Desmond, *Evicted: Poverty and Profit in the American City* (New York: Crown Publishers, 2016).
9. Child Welfare Information Gateway, "Exploring the Pathways to Adoption."

20 代理孕母

1. Bonnie Johnson, "And Baby Make Four: For the First Time a Surrogate Bears a Child Genetically Not Her Own," *People, May* 4, 1987.
2. "Noel Keane, Father of Surrogate Parenting, Dead at 58," Associated Press, January 27, 1997, apnews.com/article/f0661ef8bad583affab55d130af6fa95.
3. Eric A. Gordon, "The Aftermath of Johnson v. Calvert: Surrogacy Law Reflects a More Liberal View of Reproductive Technology," *St. Thomas Law Review* 6 (1993): 191.
4. Maria Cramer, "Couple Forced to Adopt Their Own Children After a Surrogate Pregnancy," *New York Times, January* 31, 2021, nytimes.com /2021/01/31/us/michigan-surrogacy-law.html.

21 拒絕擁有孩子

1. Carolyn Morell, "Saying No: Women's Experiences with Reproductive Refusal," *Feminism & Psychology* 10, no. 3 (2000): 313–22.
2. Amy Blackstone and Mahala Dyer Stewart, " 'There's More Thinking to Decide': How the Childfree Decide Not to Parent," *The Family Journal* 24, no. 3 (2016): 296–303.
3. Robin A. Hadley, "Ageing Without Children, Gender and Social Justice," in *Ageing, Diversity and Equality: Social Justice Perspectives,* ed. Sue Westwood (Abingdon: Routledge, 2018), 66–81; Marco Albertini and Martin Kohli, "Childlessness and Intergenerational Transfers in Later Life," in *Childlessness in Europe: Contexts, Causes, and Consequences,* eds. Michaela Kreyenfeld and Dirk Konietzka (New York: Springer Cham, 2017), 351–68.
4. Amy Blackstone and Mahala Dyer Stewart, "Choosing to Be Childfree: Research on the Decision Not to Parent," *Sociology Compass* 6, no. 9 (2012): 718–27.
5. Rebecca Harrington, "Childfree by Choice," *Studies in Gender and Sexuality* 20, no. 1 (2019): 29.

22 沒有子女的生活

1. Marcia Drut-Davis, *Confessions of a Childfree Woman: A Life Spent Swimming Against the Mainstream* (self-pub., 2013).
2. Katherine M. Franke, "Theorizing Yes: An Essay on Feminism, Law, and Desire," *Columbia Law Review* 101

(2001): 181.

3. Joyce C. Abma and Gladys M. Martinez, "Childlessness among Older Women in the United States: Trends and Profiles," *Journal of Marriage and Family* 68, no. 4 (2006): 1045–56.

4. Robin A. Hadley, "Ageing Without Children, Gender and Social Justice," in *Ageing, Diversity and Equality: Social Justice Perspectives,* ed. Sue Westwood (Abingdon: Routledge, 2018), 66–81.

5. Julia Moore, "Performative and Subversive Negotiations of Face in Parent-Child Communication about Childbearing Choice Across Generations," *Journal of Family Communication* 18, no. 2 (2018): 124–37; Debra Umberson, Tetyana Pudrovska, and Corinne Reczek, "Parenthood, Childlessness, and Well-Being: A Life Course Perspective," *Journal of Marriage and Family* 72, no. 3 (2010): 612–29.

6. Robert D. Plotnick, "Childlessness and the Economic Well-Being of Older Americans," *Journals of Gerontology Series B: Psychological Sciences and Social Sciences* 64, no. 6 (2009): 767–76.

7. Zhenmei Zhang and Mark D. Hayward, "Childlessness and the Psychological Well-Being of Older Persons," *The Journals of Gerontology Series B: Psychological Sciences and Social Sciences* 56, no. 5 (2001): S311–20.

8. Umberson et al., "Parenthood, Childlessness, and Well-Being," 612–29.

9. Ruth E. S. Allen and Janine L. Wiles, "How Older People Position Their Late-Life Childlessness: A Qualitative Study," *Journal of Marriage and Family* 75, no. 1 (2013): 206–20.

10. Emily Koert and Judith C. Daniluk, "When Time Runs Out: Reconciling Permanent Childlessness After Delayed Childbearing," *Journal of Reproductive and Infant Psychology* 35, no. 4 (2017): 342–52.

11. Jo Jones, William D. Mosher, and Kimberly Daniels, "Current Contraceptive Use in the United States, 2006–

2010, and Change in Patterns of Use Since 1995," *National Health Statistic Reports* 60 (2012): 1–25.

12. American College of Obstetricians and Gynecologists, "ACOG Practice Bulletin No. 208: Benefits and Risks of Sterilization," *Obstetrics and Gynecology* 133, no. 3 (2019): e194–e207.
13. Sharon Sung and Aaron Abramovitz, "Tubal Ligation," StatPearls, 2021, ncbi.nlm.nih.gov/books/NBK549873/.
14. Gavin Stormont and Christopher M. Deibert, "Vasectomy," StatPearls, 2021, ncbi.nlm.nih.gov/books/NBK549904/.
15. Markus J. Steiner et al., "Communicating Contraceptive Effectiveness: A Randomized Controlled Trial to Inform a World Health Organization Family Planning Handbook," *American Journal of Obstetrics and Gynecology* 195, no. 1 (2006): 85–91.

結語：那你打算什麼時候要孩子？

1. Nicoletta Balbo and Nicola Barban, "Does Fertility Behavior Spread among Friends?" *American Sociological Review* 79, no. 3 (2014): 412–31.
2. Torkild Hovde Lyngstad and Alexia Prskawetz, "Do Siblings' Fertility Decisions Influence Each Other?" *Demography* 47, no. 4 (2010): 923–34.
3. Sebastian Pink, Thomas Leopold, and Henriette Engelhardt, "Fertility and Social Interaction at the Workplace: Does Childbearing Spread among Colleagues?" *Advances in Life Course Research* 21 (2014): 113–22.
4. Angus Deaton and Arthur A. Stone, "Evaluative and Hedonic Wellbeing among Those With and Without Children at Home," *Proceedings of the National Academy of Sciences* 111, no. 4 (2014): 1328–33.

5. Dorthe Berntsen, David C. Rubin, and Ilene C. Siegler, "Two Versions of Life: Emotionally Negative and Positive Life Events Have Different Roles in the Organization of Life Story and Identity," *Emotion* 11, no. 5 (2011): 1190–1201; Gladys M. Martinez et al., "Fertility, Contraception, and Fatherhood: Data on Men and Women from Cycle 6 (2002) of the 2002 National Survey of Family Growth," *Vital Health Statistics* 23, no. 26 (2006): 1–142.
6. Thomas Hansen, "Parenthood and Happiness: A Review of Folk Theories Versus Empirical Evidence," *Social Indicators Research* 108, no. 1 (2012): 29–64; Matthias Pollmann-Schult, "Parenthood and Life Satisfaction: Why Don't Children Make People Happy?" *Journal of Marriage and Family* 76, no. 2 (2014): 319–36.
7. Kei Nomaguchi and Melissa A. Milkie, "Parenthood and Well-Being: A Decade in Review," *Journal of Marriage and Family* 82, no. 1 (2020): 198–223.
8. Rachel Margolis and Mikko Myrskyla, "Parental Well-Being Surrounding First Birth as a Determinant of Further Parity Progression," *Demography* 52, no. 4 (2015): 1147–66.
9. Kei M. Nomaguchi and Susan L. Brown, "Parental Strains and Rewards among Mothers: The Role of Education," *Journal of Marriage and Family* 73, no. 3 (2011): 621–36.
10. Megan L. Kavanaugh et al., "Parents' Experience of Unintended Childbearing: A Qualitative Study of Factors That Mitigate or Exacerbate Effects," Social Science & Medicine 174 (2017): 133–41; Jessica Houston Su, "Pregnancy Intentions and Parents' Psychological Well-Being," *Journal of Marriage and Family* 74, no. 5 (2012): 1182–96.
11. Mikko Myrskyla and Rachel Margolis, "Happiness: Before and After the Kids," *Demography* 51, no. 5 (2014):

1843–66.

12. Eyal Abraham et al., "Father's Brain Is Sensitive to Childcare Experiences," *Proceedings of the National Academy of Sciences* 111, no. 27 (2014): 9792–97.

13. Frank Newport and Joy Wilke, "Desire for Children Still Norm in U.S.," Gallup News, 2013, news.gallup.com/poll/164618/desire-children-norm .aspx.

14. Julia Moore and Jenna S. Abetz, "What Do Parents Regret about Having Children? Communicating Regrets Online," *Journal of Family Issues* 40, no. 3 (2019): 390–412.

國家圖書館出版品預行編目(CIP)資料

要不要生小孩？：給那些不確定是否、何時或如何成為父母的人 / 喬丹．戴維森 (Jordan Davidson) 著；倪志昇譯．-- 初版．-- 臺北市：日出出版：大雁文化事業股份有限公司發行，2023.11
464 面；17*23 公分

譯 自：So when are you having kids? : the definitive guide for those who aren't sure if, when, or how they want to become parents.

ISBN 978-626-7382-08-0（平裝）

1.CST: 父母 2.CST: 生育 3.CST: 家庭計畫 4.CST: 成人心理學

544.141 112017050

要不要生小孩？

給那些不確定是否、何時或如何成為父母的人

So When Are You Having Kids? The Definitive Guide for Those Who Aren't Sure If, When, or How They Want to Become Parents

作　　者　喬丹．戴維森 (Jordan Davidson)
譯　　者　倪志昇
責任編輯　李明瑾
協力編輯　鄭倖伃
封面設計　謝佳穎
內頁排版　陳佩君
發 行 人　蘇拾平
總 編 輯　蘇拾平
副總編輯　王辰元
資深主編　夏于翔
主　　編　李明瑾
行　　銷　廖倚萱
業　　務　王綬晨、邱紹溢、劉文雅
出　　版　日出出版
發　　行　大雁出版基地
地址：新北市新店區北新路三段 207-3 號 5 樓
電話：（02）8913-1005　傳真：（02）8913-1056
劃撥帳號：19983379 戶名：大雁文化事業股份有限公司
初版一刷　2023 年 11 月
定　　價　750 元

ISBN 978-626-7382-08-0